高等职业教育交通运输大类系列教材·城市轨道交通

城市轨道交通低压电器控制技术

主　编　钱海月　王海浩
副主编　李俊涛　袁钰琪
单丽清　丁相庆

北京理工大学出版社
BEIJING INSTITUTE OF TECHNOLOGY PRESS

内容提要

本书围绕轨道交通生产实际中电气控制系统的安装调试、运行维护等工作内容，主要介绍工厂的低压电器，典型电气控制线路的设计、安装和调试方法，变压器的运行与应用等内容。

全书分为 3 个模块，共计 13 个项目，每个项目又分为若干个任务，并且配备完整的任务书与工作单，便于学习者清晰地了解知识重难点内容和关键技能，使学习者的综合能力和专业得到不断提升。

本书可作为高等院校、高职院校城轨机电专业、机电一体化专业、自动控制专业等相关课程的教材，也可作为高等院校、高职院校其他相关专业学生的选修教材，还可作为企业培训人员、电控设备安装与维修人员，以及工厂技术员的学习用书。

图书在版编目（CIP）数据

城市轨道交通低压电器控制技术 / 钱海月，王海浩主编 . -- 北京：北京理工大学出版社，2022.10（2022.11 重印）
ISBN 978-7-5763-1754-1

Ⅰ . ①城…　Ⅱ . ①钱… ②王…　Ⅲ . ①城市铁路－轨道交通－低压电器－电气控制－高等学校－教材　Ⅳ . ① U239.5

中国版本图书馆 CIP 数据核字（2022）第 189618 号

出版发行 / 北京理工大学出版社有限责任公司
社　　址 / 北京市海淀区中关村南大街 5 号
邮　　编 / 100081
电　　话 /（010）68914775（总编室）
（010）82562903（教材售后服务热线）
（010）68944723（其他图书服务热线）
网　　址 / http：//www.bitpress.com.cn
经　　销 / 全国各地新华书店
印　　刷 / 河北鑫彩博图印刷有限公司
开　　本 / 787 毫米 × 1092 毫米　1/16
印　　张 / 15.5
字　　数 / 363 千字
版　　次 / 2022 年 10 月第 1 版　2022 年 11 月第 2 次印刷
定　　价 / 46.00 元

责任编辑 / 高雪梅
文案编辑 / 高雪梅
责任校对 / 周瑞红
责任印制 / 李志强

前 言

轨道交通低压电器控制技术是一门专业覆盖面广、技术应用性强的专业基础课程。本书根据高等教育的培养目标，结合编者多年的教学改革和课程改革成果，本着“工学结合、任务驱动、学做一体”的原则编写，围绕职业标准和岗位要求，突出实践应用和职业能力培养。其编写特点是企业人员参与，以实际应用为主线，通过设计不同的教学项目，引导学生将知识学习自然嵌入每个任务，做到“学做一体”。通过每个任务的完成，将精益求精等工匠精神的培养有机融入教学。

全书共分为 3 个模块，分别为轨道交通常用低压电器元件、常用基本电气控制线路和变压器。模块 1 介绍了继电器、接触器等常用低压电器元件的结构、工作原理等基本知识及各个电器元件的检测方法；模块 2 介绍了典型的电气控制线路的设计、安装、调试与故障检测；模块 3 介绍了变压器的结构与工作原理及特殊用途变压器。本书配备有完整的任务书和工作单。

本书的参考学时为 90 学时，使用时可根据具体情况酌情删减学时。本书的教学项目已在吉林电子信息职业技术学院实践过，并在实践过程中进行了优化。

本书由吉林电子信息职业技术学院钱海月、王海浩担任主编，由吉林电子信息职业技术学院李俊涛、袁钰琪、单丽清和中车长春轨道客车股份有限公司丁相庆担任副主编，吉林交通职业技术学院王珂、吉林电子信息职业技术学院高艳春、梁玉文、田军、高岩、刘爽、冯志鹏、张立娟、马莹莹、徐昕、崔景森、王留洋、许瑶、李婉珍等参与编写。全书由钱海月统稿。

由于编者水平有限，时间仓促，书中错误和不妥之处在所难免，恳请使用本书的教师、学生批评指正。

编 者

目　录

模块 1
轨道交通常用低压电器元件

项目 1　走进轨道交通低压电器控制世界

知识目标

1. 掌握低压电器的定义、作用及分类方法；
2. 掌握低压电器的技术指标；
3. 掌握低压电器的基本结构。

能力目标

1. 能够了解我国现行低压电器的选用标准；
2. 能够了解低压电器的选用原则，并能够正确地选择相应的低压电器；
3. 能够了解低压电器的基本结构，并能够进行简单的维护。

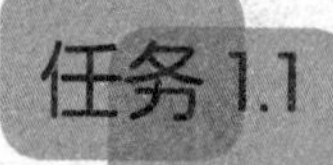

任务 1.1　低压电器概述

任务描述

由于电能与其他形式的能相比具有输送安全、经济，生产、使用方便，极易转换和便于调整、控制等优点，因此在生产、生活及一切科学技术应用领域中获得了广泛的应用，极大地促进了生产的发展和科学技术的进步，空前地改善了人类的生存环境，电能是社会现代化的基石。然而，电能从产生、输送到应用是一个复杂的过程，同时，也是需要一系列的控制、调整、保护装置的作用才能很好完成的过程。城市轨道交通车辆一般是从接触网或第三轨收取电能，由牵引电动机将电能转变为机械能从而驱动车辆运行。车辆要在既安全又简便的操纵下获得不同工况下的良好运行性能，就需要一系列不同性能、不同作用、不同型号的电气设备可靠地工作。本任务要求学习者在掌握低压电器的定义和作用的基础上，掌握低压电器的分类方式。

1.1.1　低压电器的定义

电器（Electrical Appliance）泛指所有用电的器具，但现在这一名词已经广泛地扩展到民用

角度。从普通民众的角度来讲，电器主要是指家庭常用的一些为生活提供便利的用电设备，如电视机、空调、冰箱、洗衣机、各种小家电等；从专业角度上来讲，电器主要是指用于对电路进行接通、分断，对电路参数进行变换，以实现对电路或用电设备的控制、调节、切换、检测和保护等作用的电工装置、设备和电器元件。而在实际电路中的工作电压有高低之分，工作于不同电压下的电器可分为高压电器和低压电器两大类。

低压电器通常是指在交流电压 1 200 V 或直流电压 1 500 V 以下工作的一种能根据外界的信号和要求，手动或自动地接通、断开电路，以实现对电路或非电对象的切换、控制、保护、检测、变换和调节的电器元件或设备，如图 1-1 所示。总的来说，低压电器可分为配电电器和控制电器两大类，是成套电气设备的基本组成电器元件。在工业、农业、交通、国防及用电部门中，大多数采用低压供电，因此，低压电器元件的质量将直接影响低压供电系统的可靠性。

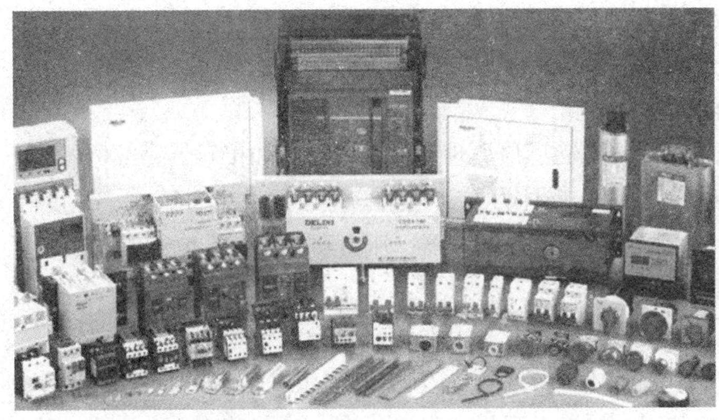

图 1-1　常用低压电器

1.1.2　低压电器的作用

低压电器能够依据操作信号或外界现场信号的要求，自动或手动地改变电路的状态、参数，实现对电路或被控对象的控制、保护、测量、指示、调节。

低压电器的作用如下：

（1）控制作用，如电梯的上下移动、快慢速自动切换与自动停层等。

（2）调节作用，低压电器可对一些电量和非电量进行调整，以满足用户的要求，如柴油机油门的调整、房间温湿度的调节、照度的自动调节等。

（3）保护作用，能根据设备的特点，对设备、环境及人身实行自动保护，如电动机的过热保护、电网的短路保护、漏电保护等。

（4）指示作用，利用低压电器的控制、保护等功能，检测出设备运行状况与电气电路工作情况，如绝缘监测、保护吊牌指示等。

1.1.3　低压电器的分类

低压电器种类繁多，功能各样，构造各异，用途广泛，工作原理各不相同，常用低压电器的分类方法也很多，通常有以下几种。

1．按用途或控制对象分类

（1）配电电器：主要用于低压配电系统。要求分断能力强、限流效果和保护性能好，系统发生故障时准确动作、可靠工作，在规定条件下具有相应的动稳定性与热稳定性，使电器不会被损坏。常用的配电电器有刀开关、转换开关、熔断器、断路器等。

（2）控制电器：主要用于电气传动系统。要求有相应的转换能力、操作频率高、寿命长、体积小、质量轻且动作迅速、准确、可靠。常用的控制电器有接触器、继电器、启动器、主令电器等。

2．按操作方式分类

（1）自动电器：是依靠自身参数的变化或外来信号的作用，自动完成接通、分断、启动和停止等动作的电器。其主要包括接触器、断路器、继电器等。

（2）手动电器：是指通过人力来完成接通、分断、启动和停止等动作的电器，是一种非自动切换的电器。其主要包括刀开关、转换开关和主令电器等。

3．按工作原理分类

（1）电磁式电器：根据电磁感应原理动作的电器，如接触器、继电器等。

（2）非电量控制电器：依靠外力或非电量信号（如速度、压力、温度等）的变化而动作的电器，如转换开关、行程开关、速度继电器、压力继电器、温度继电器等。

4．按触点类型分类

（1）有触点电器：利用触点的接通和分断来切换电路，如接触器、刀开关、按钮等。

（2）无触点电器：无可分离的触点。其主要利用电子电器元件的开关效应，即导通和截止来实现电路的通、断控制，如接近开关、霍尔开关、电子式时间继电器、固态继电器等。

5．按低压电器型号分类

为了便于了解文字符号和各种低压电器的特点，采用我国《低压电器产品型号编制方法》（JB/T 2930—2007）的分类方法，将低压电器分为 15 个大类。每个大类用一位汉语拼音字母作为该产品型号的首字母，第二位汉语拼音字母表示该类电器的各种形式。

（1）刀开关 H，如 HL 为隔离开关，HZ 为组合开关。

（2）熔断器 R，如 RZ 为自复式熔断器，RM 为密闭管式熔断器。

（3）断路器 D，如 DW 为万能式断路器，DZ 为塑料外壳式断路器。

（4）控制器 K，如 KT 为凸轮控制器，KG 为鼓型控制器。

（5）接触器 C，如 CJ 为交流接触器，CZ 为直流接触器。

（6）起动器 Q，如 QJ 为减压启动器，QX 为星三角启动器。

（7）控制继电器 J，如 JR 为热继电器，JS 为时间继电器。

（8）主令电器 L，如 LA 为按钮，LX 为行程开关。

（9）电阻器 / 变阻器 Z，如 ZL 为励磁电阻器，ZP 为频敏电阻器。

（10）自动转换开关电器 T，如 TJ 为接触器式自动转换开关电器，TW 为万能断路器式自动转换开关电器。

（11）总线电器 B，如 BT 为接口总线电器。

（12）电磁铁 M，如 MY 为液压电磁铁，MZ 为制动电磁铁。

（13）组合电器 P，如 PZ 终端组合电器。

（14）其他 A，如 AD 为信号灯，AL 为电铃。

（15）辅助电器 F，如 FG 导线分流器。

6. 按工作条件分类

（1）一般工业用电器：这类电器用于机械制造等正常环境条件下的配电系统和电力拖动控制系统，是低压电器的基础产品。

（2）化工电器：化工电器的主要技术要求是耐腐蚀。

（3）矿用电器：矿用电器的主要技术要求是能防爆。

（4）牵引电器：牵引电器的主要技术要求是耐振动和冲击。

（5）船用电器：船用电器的主要技术要求是耐潮湿、颠簸和冲击。

（6）航空电器：航空电器的主要技术要求是体积小、质量轻、耐振动和冲击。

1.1.4　我国低压电器产品的发展

我国低压电器行业经历了 60 多年的发展，从修配、仿制再到自主研发，已经迭代了四代产品，基本形成了较为完整的生产体系，整体品类已经超过 1 000 个系列，生产企业达到 2 000 家左右。目前，国际最先进的低压电器技术主要掌握在以施耐德、ABB、西门子为代表的海外企业手中，国内部分低压电器企业已经掌握了第三代产品的核心技术和知识产权，正在进行第四代产品的研发制造。低压电器四代产品对比见表 1–1。

表 1–1　低压电器四代产品对比

代际	研发时间	与国际比较	特点
第一代	20 世纪 60 年代	相当于国际 20 世纪 50 年代水平	性能指标低、产品体积大、功能单一。目前已经基本淘汰
第二代	20 世纪 70 年代末—80 年代末	相当于国际 20 世纪 70 年代水平	性能指标比第一代产品水平有较大提高，体积明显缩小，保护功能扩大，性能指标符合当时的国际标准（IEC）。第二代产品与第一代相比由于产品体积缩小，结构上可以适应成套装置的要求
第三代	20 世纪 90 年代	相当于国际 20 世纪 80 年代水平	具有高性能、小型化、电子化、智能化、模块化、多功能化、组合化的特点，目前已成为我国低压电器的主流产品。与第二代相比，电磁技术和芯片技术的应用使得低压电器开始具有智能化的功能
第四代	21 世纪至今	基本达到并接近国际水平	具有高性能、多功能、小体积、高可靠、绿色环保、节能与节材等特性，以及双向高速通信和智能控制等功能，包含了现场总线技术和微机处理器的大量应用

目前，技术路线正沿着体积小、质量轻、安全可靠、使用方便的方向发展。国内各企业大力发展电子化的新型控制电器，如接近开关、光电开关、电子式时间继电器、固态继电器与接触器等，以适应控制系统迅速电子化的需要。

任务1.2 认识低压电器

任务描述

电器部件的工作贯穿车辆的整个操纵过程。例如，对电路实行通、断控制，对电动机实行启动、制动、正转和反转控制，对用电设备进行过载、短路、过电压等故障的保护，在电路中传递、转换、放大电或非电的信号，自动检测电器设备的电压、电流、频率等信号，以及控制车门开、关等，都需要用不同的电器来完成。所以，对于不同的低压电器元件都有着不同的技术指标和使用标准等准则来满足不同场合的需求。本任务要求学习者在掌握低压电器的技术指标和使用标准的基础上，掌握低压电器的选用原则。

1.2.1 低压电器的技术指标

为保证电器设备安全可靠地工作，国家对低压电器的设计、制造规定了严格的标准，合格的电器产品符合国家标准规定的技术要求，在使用电器元件时，必须按照产品说明书中规定的技术条件选用。低压电器的主要技术指标有以下几项。

1．绝缘强度

绝缘强度是指电器元件的触点处于分断状态时，动静触点之间耐受的电压值（无击穿或闪络现象）。低压电器应能承受标准所规定的各项相关条件，如使用场所的海拔高度、电器的使用电压、电器触点的开距及交流 50 Hz 的耐压试验。

2．耐潮湿性能

耐潮湿性能是指保证电器可靠工作的允许环境潮湿条件。低压电器在型式试验中都要按耐潮湿试验周期条件进行考核。电器经过几个周期试验，其绝缘水平不应低于前项要求的绝缘水平。

3．极限允许温升

电器的导电部件通过电流时将引起发热和温升，极限允许温升是指为防止过度氧化和烧熔而规定的最高温升值（温升值＝测得实际温度－环境温度）。低压电器内部的零部件由各种材质制成。电器运行中的温升对不同材质的零部件会产生一定的影响，如温升过高会影响正常工作、降低绝缘水平及使用寿命。为此，低压电器要按零部件的材质、使用场所的海拔高度及不同的工作制，规定电器内各部位的允许温升。

4．操作频率

操作频率是指电器元件在单位时间（1 h）内允许操作的最高次数。

5．寿命

寿命包括电寿命和机械寿命两项指标。电寿命是指电器元件的触点在规定的电路条件下，正常操作额定负荷电流的总次数；机械寿命是指电器元件在规定使用条件下，正常操作的总次数。

6．低压电器的结构要求

低压电器产品的种类多、数量大，用途极为广泛。为了保证不同产地、不同企业生产的低压电器产品的规格、性能和质量一致，通用和互换性好，低压电器的设计和制造必须严格按照国家的有关标准，尤其是基本系列的各类开关电器必须保证执行三化（标准化、系列化、通用化）、四统一（型号规格、技术条件、外形及安装尺寸、易损零部件统一）的原则。在购置和选用低压电器元件时，也要特别注意检查其结构是否符合标准，防止给今后的运行和维修工作留下隐患与麻烦。

1.2.2　低压电器的使用标准

目前，我国的低压电器标准主要涉及低压开关设备和控制设备、家用断路器及其类似设备、低压熔断器、低压系统的绝缘配合等范畴内的标准。现有国家标准 37 项（另有部分国家标准正在制定中），行业标准 30 项，为与国际接轨，我国低压电器的标准体系按照国际电工委员会（IEC）的标准体系建立。在制定、修订标准时遵循等同、修改（等效）采用 IEC 标准的原则，逐步使我国的低压电器标准与 IEC 标准接轨。现行的国家标准版本大多是 2000 年以后制定、修订的。

现行的低压电器使用标准见表 1-2。

表 1-2　现行的低压电器使用标准

标准编号	标准名称	发布部门	实施日期	状态
CB/T 3246—1994	船舶专用低压电器基本技术条件	中国船舶工业总公司	1995-08-01	现行
CNCA-01C-010—2013	强制性产品认证实施规则 低压电器 低压成套开关设备	中国国家认证认可监督管理委员会	2013-07-01	现行
CNCA 01C-011—2007	电气电子产品强制性认证实施规则 低压电器 开关和控制设备			现行
CNCA 01C-012—2007	电气电子产品强制性认证实施规则 低压电器 整机保护设备			现行
CNCA 01C-20011—2001	电气电子产品强制性认证实施规则 低压电器 开关和控制设备		2002-05-01	现行
CNCA 01C-20012—2001	电气电子产品强制性认证实施规则 低压电器 整机保护设备		2002-05-01	现行
DL/T 5161.12—2018	电气装置安装工程质量检验及评定规程 第 12 部分：低压电器施工质量检验	国家能源局	2019-05-01	现行
GB/T 17478—2004	低压直流电源设备的性能特性	国家质量监督检验检疫总局，国家标准化管理委员会	2005-02-01	现行

续表

标准编号	标准名称	发布部门	实施日期	状态
GB/Z 17625.3—2000	电磁兼容限值对额定电流大于 16 A 的设备在低压供电系统中产生的电压波动和闪烁的限制	国家质量监督检验检疫总局	2000-12-01	现行
GB/T 20297—2006	静止无功补偿装置（SVC）现场试验	国家质量监督检验检疫总局，国家标准化管理委员会	2007-01-01	现行
GB/T 20298—2006	静止无功补偿装置（SVC）功能特性	国家质量监督检验检疫总局，国家标准化管理委员会	2007-01-01	现行
GB/T 20645—2021	特殊环境条件 高原用低压电器技术要求	国家市场监督管理总局，国家标准化管理委员会	2021-10-01	现行
GB/T 21705—2008	低压电器电量监控器	国家质量监督检验检疫总局，国家标准化管理委员会	2008-12-01	现行
GB/T 24975.1—2010	低压电器环境设计导则 第 1 部分：总则	国家质量监督检验检疫总局，国家标准化管理委员会	2011-02-01	现行
GB/T 24975.2—2010	低压电器环境设计导则 第 2 部分：隔离器	国家质量监督检验检疫总局，国家标准化管理委员会	2011-02-01	现行
GB/T 24975.3—2010	低压电器环境设计导则 第 3 部分：断路器	国家质量监督检验检疫总局，国家标准化管理委员会	2011-02-01	现行
GB/T 24975.4—2010	低压电器环境设计导则 第 4 部分：接触器	国家质量监督检验检疫总局，国家标准化管理委员会	2011-02-11	现行
GB/T 24975.5—2010	低压电器环境设计导则 第 5 部分：熔断器	国家质量监督检验检疫总局，国家标准化管理委员会	2011-02-01	现行
GB/T 24975.6—2010	低压电器环境设计导则 第 6 部分：按钮信号灯	国家质量监督检验检疫总局，国家标准化管理委员会	2011-02-01	现行
GB/T 24975.7—2010	低压电器环境设计导则 第 7 部分：接线端子	国家质量监督检验检疫总局，国家标准化管理委员会	2011-02-01	现行
GB/T 24976.7—2010	电器附件环境设计导则 第 7 部分：家用和类似用途低压电器用连接器件	国家质量监督检验检疫总局，国家标准化管理委员会	2011-02-01	现行
GB/T 27745—2011	低压电器通信规范	国家质量监督检验检疫总局，国家标准化管理委员会	2012-05-01	现行
GB/T 27746—2011	低压电器用金属氧化物压敏电阻器（MOV）技术规范	国家质量监督检验检疫总局，国家标准化管理委员会	2012-05-01	现行
GB/T 2900.18—2008	电工术语 - 低压电器	国家质量监督检验检疫总局，国家标准化管理委员会	2009-01-01	现行
GB/Z 32513—2016	低压电器可靠性通则	国家质量监督检验检疫总局，国家标准化管理委员会	2016-09-01	现行

续表

标准编号	标准名称	发布部门	实施日期	状态
GB/T 3783—2019	船用低压电器基本要求	国家市场监督管理总局，国家标准化管理委员会	2019-10-01	现行
GB 50254—2014	电气装置安装工程 低压电器施工及验收规范	住房和城乡建设部	2014-12-01	现行
JB/T 10709—2007	低压电器通信适配器	国家发展和改革委员会	2007-09-01	现行
JB/T 12486—2015	低压电器用复铜钢片（带）	工业和信息化部	2016-01-01	现行
JB/T 2930—2007	低压电器产品型号编制方法	国家发展和改革委员会	2007-09-01	现行
JB/T 3019—1999	户内、户外防爆防腐低压电器	国家机械工业局	2000-01-01	现行
JB/T 7083—2013	低压电器冲击电压试验仪	工业和信息化部	2014-07-01	现行
JB/T 834—1999	热带型低压电器 技术要求	机械工业部	2000-01-01	现行
JB/T 9536-2013	户内户外防腐低压电器 环境技术要求	工业和信息化部	2014-07-01	现行
QB/T 4030—2010	电话纸	工业和信息化部	2010-10-01	现行
SHS 06005—2004	低压电器维护检修规程		2004-06-21	现行
SHS 06006—2004	电源装置维护检修规程		2004-06-21	现行
SN/T 1431.1—2011	进出口低压电器检验规程 第 1 部分：通用要求	国家质量监督检验检疫总局	2012-04-01	现行
SN/T 1431.2—2011	进出口低压电器检验规程 第 2 部分：家用和类似场所用通电流保护断路器	国家质量监督检验检疫总局	2012-04-01	现行
SN/T 1431.3-2011	进出口低压电器检验规程 第 3 部分：家用和类似用途剩余电流动作断路器	国家质量监督检验检疫总局	2012-04-01	现行
SN/T 1431.4-2011	进出口低压电器检验规程 第 4 部分：机电式接触器和电动机启动器	国家质量监督检验检疫总局	2012-04-01	现行

1.2.3　低压电器的选用原则

低压电器产品标准内容包括产品的用途、适用范围、环境条件、技术性能要求、试验方法、包装运输的要求等，可归纳为“三化、四统一”，即标准化、系列化、通用化，统一型号规格、统一技术条件、统一外形及安装尺寸、统一易损零部件，这是制造厂及用户验收的依据。

在电力拖动和传输系统中使用的主要低压电器元件，据不完全统计，我国生产 120 多个系列，近 600 个品种，上万个规格。这些低压电器具有不同的用途和不同使用条件，因而也就有不同的选用方法，正确选用低压电器的要求是选用合理，使用正确，兼顾技术和经济。

但是总的要求应遵循以下两个基本原则。

1．安全原则

使用安全可靠是对任何开关电器的基本要求，保证电路和用电设备的可靠运行，是使生产和生活得以正常进行的重要保障。

2．经济原则

经济性考虑又可分为开关电器本身的经济价值和使用开关电器产生的价值。前者要求选择得合理、适用；后者则考虑在运行中必须可靠，而不致因故障造成停产或损坏设备，危及人身安全等构成的经济损失。

任务 1.3 低压电器的电磁机构与执行机构

任务描述

低压电器一般都有两个基本部分：一个是感测部分，它感测外界的信号，做出有规律的反应，感测部分大多由电磁机构组成，在受控电器中，感测部分通常为操作手柄等；另一个是执行部分，如触点是根据指令进行电路的接通或切断的。电磁式低压电器大都有两个主要组成部分，即感测部分（电磁机构）和执行部分（触点系统）。本任务要求学习者在掌握低压电器的基本结构的基础上，掌握低压电器各组成结构的特性。

1.3.1 电磁机构

电磁机构实际上就是一个电磁铁，是电器的感测部分。它接受外界的信号，并通过转换、放大、判断，做出相应的反应，使电器的执行机构动作，并输出相应的指令，实现控制的目的。电磁机构是一种通过电磁铁将电磁能转变成机械能来驱使电器触点动作的机构，完成接通和分断电路的任务，是电磁式电器的重要组成部分之一。

1．电磁机构的组成及工作原理

电磁机构主要由吸引线圈、铁芯、弹簧、空气隙和衔铁等几部分组成。铁芯和衔铁一般用软磁材料制成。衔铁又称为动铁芯，铁芯线圈通电后，铁芯和衔铁被磁化，成为极性相反的两块磁铁，它们之间产生电磁吸力。当吸力大于弹簧的反作用力时，衔铁开始向着铁芯方向运动。当线圈中的电流小于某一定值或中断供电时，电磁吸力小于弹簧的反作用力，衔铁将在弹簧反作用力的作用下返回原来的释放位置。

电磁机构的形式有很多，如螺管式、直动式、E 形、U 形等，但它们的基本组成和工作原理是相同的。拍合式电磁机构的结构原理如图 1–2 所示。

图 1–3 所示为直流继电器常用的拍合式电磁机构。它由线圈、极靴、铁芯、铁轭、衔铁、反力弹簧、气隙和触点等组成。线圈套装在铁芯上，极靴与衔铁之间的气隙称为工作气隙；铁轭与衔铁之间的气隙称为棱角气隙。极靴用来增大气隙磁导，并可以压住线圈。

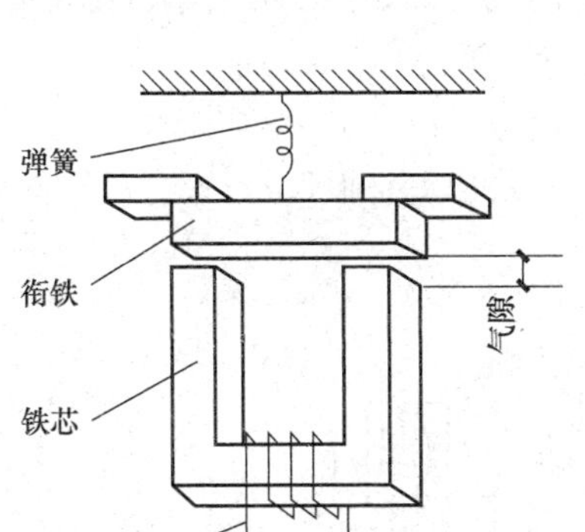

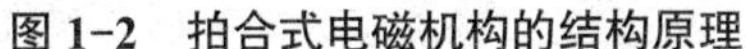

图 1-2　拍合式电磁机构的结构原理

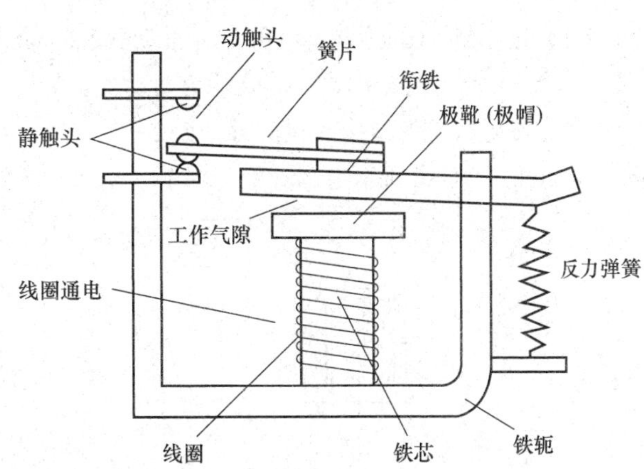

图 1-3　直流拍合式电磁机构的结构原理

电磁机构工作原理：在线圈未通电时，衔铁在反力弹簧的作用下，处于打开位置，衔铁与极靴之间保持一个较大的气隙。当线圈接通电源后，线圈中产生磁势，在磁系统和工作气隙所构成的回路中产生磁通 Φ，根据磁力线流入端为 S 极，流出端为 N 极的规定，在工作气隙两端的极靴和衔铁相对的端面上产生异性磁极。由于异性磁极相吸，于是在铁芯和衔铁之间产生电磁吸力。当电磁吸力产生的转矩大于反力弹簧反作用力产生的转矩时，衔铁被吸向铁芯，直到与极靴接触为止，并带动触点动作。这个过程称为衔铁的吸合过程，衔铁与极靴接触的位置称为衔铁闭合位置；当线圈中的电流减小或中断时，铁芯中的磁通变小，吸力也随之减小，如果吸力小于反力弹簧的反力，衔铁在反力弹簧的作用下返回至打开位置，并带动触点处于另一工作位置，这个过程称为衔铁释放过程。

由此可见，只要控制线圈电流（或电压）就能通过触点来控制其他电器。通常规定：当线圈失电时，触点若是打开的，称为动合触点（也称常开触点）；触点若是闭合的，则称为动断触点（也称常闭触点）。

电磁机构的用途很广，如在接触器中，利用电磁机构带动触点运动，只要控制线圈电流的通断，就能使电磁机构完成某一工作任务，实现自动控制及远距离操纵的目的。在许多继电器中利用电磁机构做感受电器元件，它可以反映出电路中电压、电流、功率等参数的变化，对电路及电气设备进行保护和控制。

2．电磁机构的分类

电磁机构可以按线圈通电电流种类、衔铁运动方式、磁系统结构形状、连接方式等进行分类。

（1）按吸引线圈通电电流的性质，可分为直流电磁机构和交流电磁机构。直流电磁机构线圈通的是直流电流，当电流达到稳定以后，磁通是恒定的，磁通不随时间而变化，在铁芯中没有涡流和磁滞损耗，铁芯可用整块钢或工程纯铁制造。为了便于制造，铁芯和极靴一般制成圆形，线圈也制成圆形，形状细高，与铁芯配合较紧密。

交流电磁机构的吸引线圈通的是交流电流，导磁体中磁通 Φ 是交变的，在铁芯中有涡流和磁滞损耗，铁芯一般用硅钢片叠制而成。为了便于制造，把铁芯制成方形的，线圈往往也制成方形，且为“矮胖形”，线圈与铁芯之间的间隙较大，以利于线圈散热。

（2）按衔铁的运动方式，可分为直动式和转动式电磁机构两大类，如图 1–4 所示。图 1–4（a）、（b）所示为转动式，其余均为直动式。

（3）按磁系统的结构形状，可分为 U 形、E 形和螺管形。图 1–4（a）、（c）所示为 U 形；图 1–4（d）、（e）所示为螺管型；图 1–4（b）、（f）、（g）所示均为 E 形。

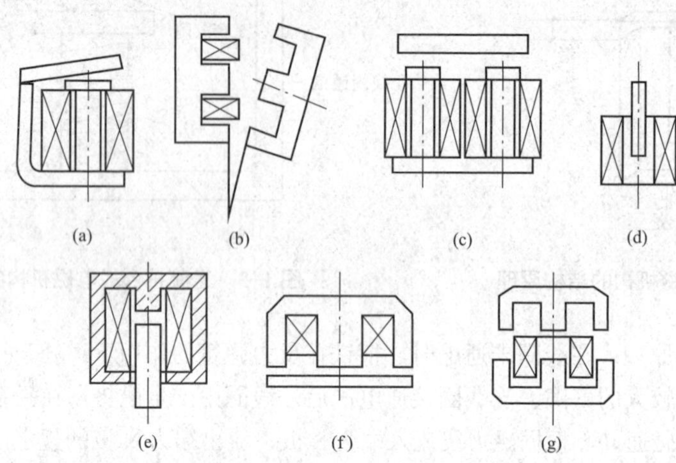

图 1–4　常见电磁机构的结构模式

（a）拍合式；（b）双 E 转动式；（c）单 U 直动式；（d）螺管式；（e）装甲螺管式；（f）盘式；（g）双 E 直动式

（4）按吸引线圈与电路的连接方式，可分为串联电磁机构和并联电磁机构。

串联电磁机构的线圈与负载串联反映的是电流量，其线圈称为串联线圈或电流线圈，其阻抗要求小，故其匝数少且导线粗，应用较少，如图 1–5（a）所示；并联电磁机构的线圈与电源并联，输入电量是电压，其线圈称为并联线圈或电压线圈，其阻抗要求大，电流小，故线圈匝数多且线径细，这种电磁机构应用较为广泛，如图 1–5（b）所示。

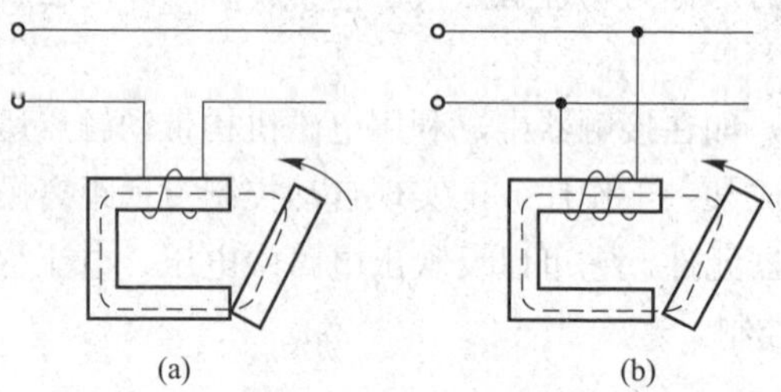

图 1–5　电磁机构接入电路的方式

（a）串联电磁机构；（b）并联电磁机构

3．电磁机构的吸力特性

吸力特性是指电磁机构的吸力与工作气隙的关系，即 $F=f(\delta)$。根据电磁机构的吸力计算公式分析：当工作气隙 δ 小时，磁路磁阻小，衔铁上的电磁吸力 F 大；当工作气隙 δ 大时，衔铁上的电磁吸力 F 小。所以，吸力特性近似双曲线，如图 1–6 所示。对于直流电磁机构来说，由于其为恒磁势系统，即 I_N 基本不变，当工作气隙 δ 变化时，磁阻变化，磁通也变化，所以，吸力也随着工作气隙变化，故其特性陡峭。对于交流电磁机构来说，由于其为恒磁链系统，其

磁通有效值基本不变，所以吸力随工作气隙变化较小，故其特性曲线相对平坦。有时为了改变直流电磁机构的吸力特性，使其曲线较平坦些，以减少闭合时机械冲击，在磁极端上加一极靴可使特性变得平坦。

交流电磁机构的静铁芯在靠近工作气隙处装有分磁环，分磁环是用紫铜或黄铜制成的短路环，如图 1–7 所示。交流电磁机构的磁通是交变的，当磁通过零时，电磁机构的吸力为零，吸合后的衔铁在反力弹簧的作用下被拉开。磁通过零后吸力又增加，当吸力大于弹簧反力时，衔铁又吸合。如此反复动作，使衔铁产生强烈振动和噪声，严重会使铁芯松散。因此，交流电磁机构铁芯端面上都装有铜质短路环。短路环包围铁芯断面 2/3 左右的面积，短路环把铁芯中的磁通分成两个部分，即不穿过短路环的磁通 Φ_1 和穿过短路环的磁通 Φ_2，且 Φ_2 滞后于 Φ_1，它们不仅相位不同而且幅值也不同，如图 1–8 所示。由这两个磁通产生的电磁力 F_1 与 F_2 在不同时刻过零点，如果短路环设计得比较合理，使 Φ_1、Φ_2 的相位 φ 相差 90°，并且 F_1、F_2 的大小近似相等，则合成的磁力曲线就会相当平坦。只要最小吸力大于反作用力，那么衔铁将会牢牢地被吸住，不会产生振动和噪声。

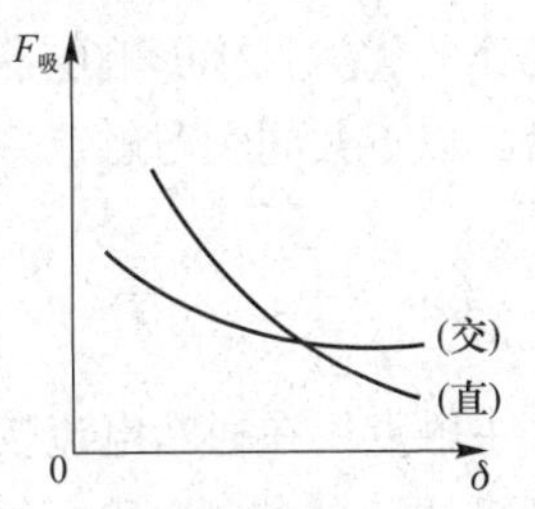

图 1–6　电磁机构的吸力特性

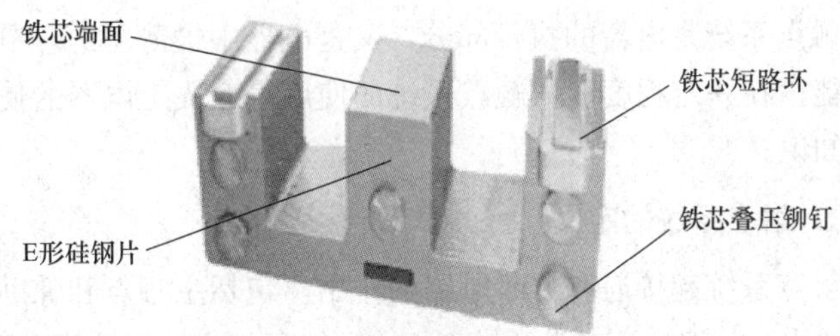

图 1–7　短路环

4．电磁机构的反力特性

反力特性是归算到工作气隙中心的所有反力 F 与工作气隙 δ 的关系，即 $F=f(\delta)$。可能的反力有反力弹簧力（主要）、触点弹簧力、摩擦阻力、重力等。图 1–9 所示为直流接触器的反力特性。曲线 1 为动合触点弹簧力，它只存在于动静触点刚接触到完全闭合的这个过程中；曲线 2 为反力弹簧力，它随工作气隙减少而增大，在触点由开断状态向闭合状态变化时，始终存在一斜直线；曲线 1 和曲线 2 合成的结果，即反力特性，这里没有考虑其他反力。

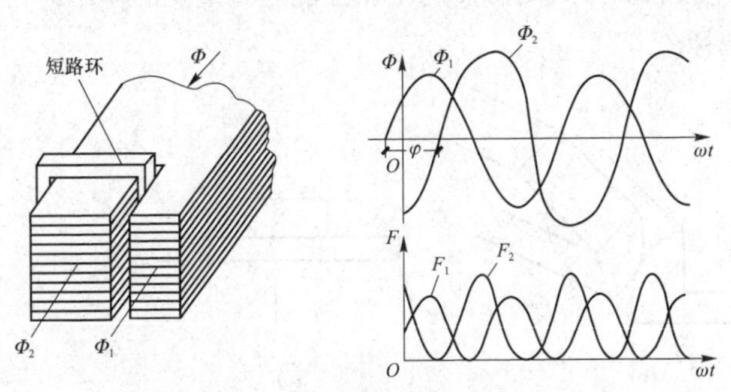

图 1–8　交流电磁机构的短路环及其工作原理

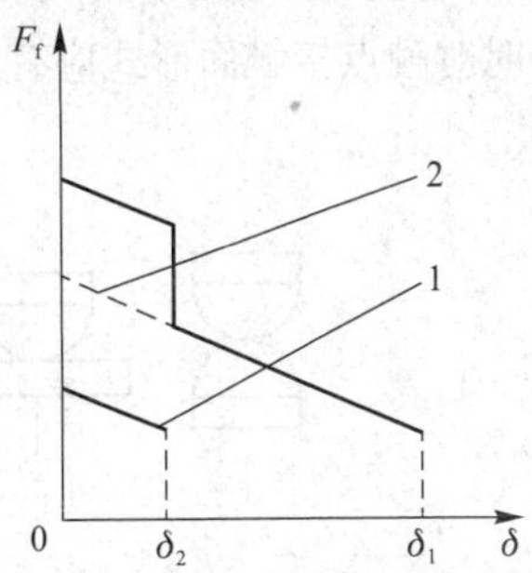

图 1–9　电磁机构的反力特性

1—触点弹簧力；2—反力弹簧力

5．电磁机构的吸力特性与反力特性的配合关系

对电磁机构的吸力特性与反力特性要进行适当的配合，以便保证衔铁产生可靠吸合动作的前提下能尽量减少衔铁和铁芯柱端面间的机械磨损与触点间的电磨损。因此，在整个吸合过程中，吸力都应大于反作用力，即吸力特性曲线高于反力特性曲线，但吸力不能过大或过小。

吸力过大时会产生很大的冲击力，使衔铁与铁芯柱端面造成严重的机械磨损。另外，过大的冲击力有可能使触点产生弹跳现象，从而导致触点熔焊或烧损，也就会引起严重的电磨损，降低触点的使用寿命。吸力过小时可能使衔铁无法吸合而导致线圈严重过热乃至烧坏，即使衔铁能够吸合也会使衔铁运动速度降低，难以满足电器高频率操作的要求。

在实际应用中，可通过调整释放弹簧或触点初压力来改变反力特性，使之与吸力特性有良好的配合。

1.3.2 触点系统

触点系统是电器的执行部分，又是电器中最薄弱的环节。其工作的优劣直接影响电器的使用性能，在一定程度上，触点系统的使用寿命决定电器的使用寿命。以下共同学习触点系统的相关知识。

1．触点系统的定义

触点系统起接通和分断电路的作用，包括主触点和辅助触点。主触点用在通断电流较大的主电路中，一般由 3 对常开触点组成，体积较大；辅助触点用来通断小电流的控制电路，体积较小。触点由动触点、静触点两部分成对出现，固定不动的触点称为静触点；可以活动的触点称为动触点。电路是依靠动触点的动作来实现接通和断开的。触点系统有“常开”“常闭”触点（“常开”“常闭”是指电磁系统未通电动作前触点的状态）。常开触点（又称动合触点）是指线圈未通电时，其动、静触点是处于断开状态的，当线圈通电后就闭合；常闭触点（又称动断触点）是指在线圈未通电时，其动、静触点是处于闭合状态的，当线圈通电后，则断开。

2．触点的接触形式

触点的接触形式可分为点接触、线接触和面接触三种，如图 1-10 所示。触点对电路的接通，是通过其接触面来实现的，所以，接触面形式对触点的工作性能起着重要的作用。在设计电器时对触点接触面形式应有合理的选择。

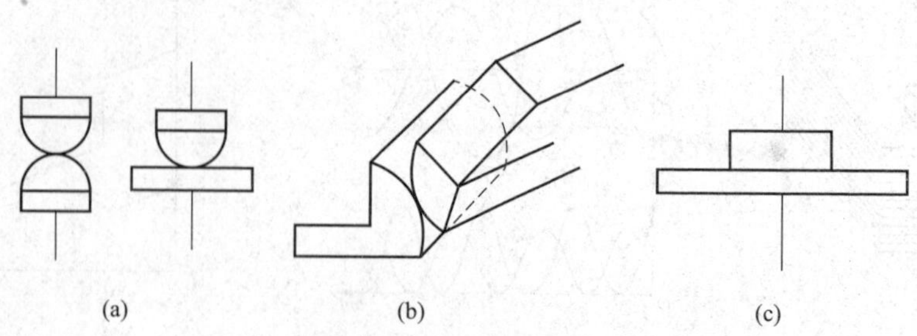

图 1-10　触点的接触形式

（a）点接触；（b）线接触；（c）面接触

（1）点接触。点接触是指在一个很小的区域内若干个点接触的触点。如点与点（球面与球面）的接触或点与面（球面对平面）的接触，用于 20 A 以下的场合，如继电器的触点、接触器和自动开关的连锁触点等。由于接触面积较小，保证其可靠工作所需的接触压力也相对较小，一般用于控制电路。

（2）线接触。线接触是指两个导体沿着线或较狭窄的面积接触的触点。如圆柱面对圆柱面或圆柱面对平面的接触，其接触压力适中，适合电流在几十安到几百安的中等容量电器，如接触器、自动开关及高压开关电器的触点。

（3）面接触。面接触是指两个导体平面对平面的接触，接触面积和接触压力均较大，多用于大电流的电器，如大容量的接触器和断路器的主触点，适合电流较大的场合。

3．触点系统的工作情况

（1）触点处于闭合状态。触点处于闭合状态时的主要任务是保证能通过规定的电流，且触点温升不超过允许值。主要问题是触点的发热及电动稳定性，触点的发热是由接触电阻引起的，故应设法减小接触电阻。

（2）触点闭合过程。从动、静触点刚开始接触到触点完全闭合，由于会发生振动，使它不是一次接触就能闭合，而是有一个过程的，这个过程称为触点的闭合过程。接触电阻瞬时由无穷大变为零。

（3）触点处于断开状态。触点处于断开状态时，必须有足够的开距，以保证可靠地熄灭电弧和开断电路。

（4）触点的开断过程。触点开断过程是触点最繁重的工作过程。由于在触点开断电路时，一般会在触点间产生电弧，因此这个过程的主要问题是熄灭电弧，减小由电弧而产生的触点电磨损。

由于触点间会有一定的电阻，所以，在实际应用中，需采取相应措施减小接触电阻。

4．触点的接触电阻

（1）接触电阻的产生。两个实行电连接的导体，其导电能力显然比相同尺寸的完整导体要差。

图 1–11（a）所示为一段完整的导体，通以电流 I，用电压表测量出其 AB 长度上的电压降为 U，则 AB 段导体的电阻 $R = U/I$。如果将此导体截断，仍通以原来的电流，测得 AB 两点之间的电压降为 U_c，如图 1–11（b）所示，U_c 比 U 大得多，AB 点之间的电阻 $R_c = U_c/I$。R_c 除含有该段导体材料的电阻 R 外，还有附加电阻 R_j，即 $R_c = R + R_j$。

附加电阻为收缩电阻与表面膜电阻之和，由于是接触层之间直接产生的电阻，故称附加电阻 R_j 为接触电阻。动、静触点接触时同样也存在接触电阻。

①收缩电阻。接触处的表面无论经过多么细致的加工处理，从微观角度分析，其表面总是凹凸不平的，它们不是整个面积接触，而是只有若干小的凸起部分相接触，如图 1–12 所示，实际接触面积比视在接触面积小得多。当电流通过实际接触面积时，电流只从接触点上通过，在这些接触点附近，迫使电流线发生收缩。由于有效接触面积（实际接触面积）小于视在接触面积，由此产生的附加电阻称为收缩电阻。

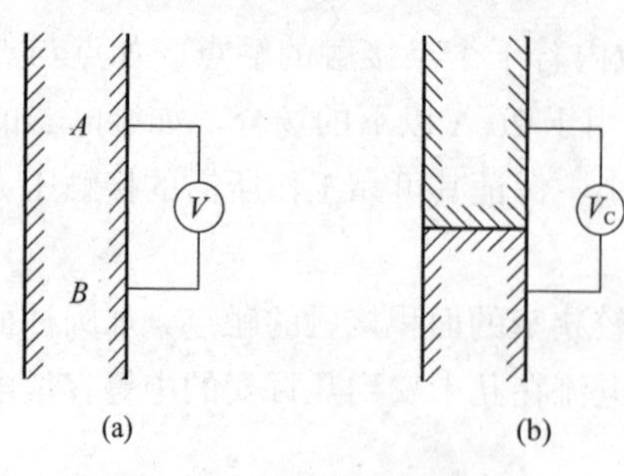

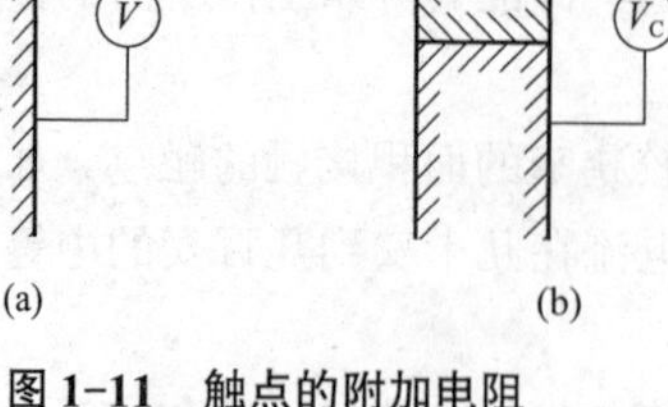

图 1-11　触点的附加电阻

（a）完整导体；（b）截断导体

图 1-12　触点接触处放大图

②表面膜电阻。由于触点表面暴露在空气中，加之电弧的高温等多种原因，在触点的接触表面上覆盖着一层导电性很差的薄膜，如金属的氧化物、硫化物等，其导电性很差，也可能是落在接触表面上的灰尘、污物或夹在接触面间的油膜、水膜等，由此而形成的附加电阻，称为表面膜电阻。

（2）影响接触电阻的因素。一般希望得到低值而稳定的接触电阻，以保证电接触的可靠工作。

接触压力对接触电阻的影响最大，当接触压力很小时，接触压力微小的变化都会使接触电阻值产生很大的波动。加大压力可使接触电阻减小。触点材料对接触电阻的影响主要取决于触点材料的电阻系数、材料的抗压强度、材料的化学性能等；触点材料的电阻系数越低，接触电阻就越小。触点的接触电阻与它本身的金属电阻一样，也受温度的影响，随着触点温度的升高，接触电阻一般会有所增加。触点表面情况也会影响接触电阻的大小，包括触点表面加工方法、触点表面氧化膜、触点表面清洁状况、触点表面的电化学腐蚀等情况。

（3）减小接触电阻的方法。当电流通过闭合触点时，如果接触电阻过大，就会产生过大的附加损耗，使触点本身及周围的物体温度升高，加速绝缘材料的老化，使之寿命减少。触点的过度发热还会使触点表面加速氧化，而多数金属（除银外）氧化后产生高电阻的氧化膜，使电阻增加，这样造成恶性循环。为了避免触点超过允许温升，一方面要尽量减小接触电阻；另一方面应具有足够的触点散热面积。

根据接触电阻的形成原因，减小接触电阻一般可采用下列方法：

①增加接触点数目。选择适当的接触形式，用适当的方法加工接触表面，并在接触处加一定的压力。

②选择合适的材料。采用本身电阻系数小，且不易氧化或氧化膜电阻较小的材料作为接触导体，或作为接触面的覆盖层。

③触点在开闭过程中应具有研磨过程，以擦去氧化膜。

④经常对触点清扫，使触点表面无油污、尘埃，保持干燥。

5．触点的工作特点

触点是广泛应用于继电器、接触器、负荷开关、中低压断路器及家用电器、汽车电器（喇叭、车灯、点火）等开关电器的主导电接触材料。开关电器广泛应用于分断闭合电路中的电压或电流，其可靠性直接影响整个电力系统的可靠运行，而电触点又是开关电器的重要部件之一。触点产品是这些产品的“心脏”部件。

轨道交通车辆在运行过程中，特别是机车在行驶弯道、启动、加速、制动时会引起较大的振动和冲击，从而引起电器的振动和冲击，可能引起紧固件松动或触点误动作，造成电器误动作。触点的工作频率比较高，长时间工作后，触点本身温度上升，触点表面氧化加剧，接触电阻增加，电阻损耗增加，又使触点表面温升增加，如此形成恶性循环，最终使触点由于温度过高发生熔焊，动、静触点熔化成一体而失去分断电路的作用，严重的可能造成事故。由于空气中的粉尘、水分及油污等污染物会使触点表面发生锈蚀，从而使接触电阻增加，损耗增加，进而导致触点极易损坏。另外，触点在分断电路时会伴随着电弧燃烧现象的发生，电弧燃烧的高温会烧伤触点表面，出现凹凸不平的毛刺，最后又容易发生熔焊现象，使触点不能分断，失去触点的作用。因而，触点是电器中最薄弱的环节，其工作的优劣直接影响电器的性能。

1.3.3　电弧产生与熄灭

电弧是由于电场过强，气体发生电崩溃而持续形成等离子体，使得电流通过通常状态下的绝缘介质（如空气）的现象，如图 1–13 所示。

非控制下产生的电弧会对输电系统、配电系统及电子设备造成损害，如城轨电车受电弓拉弧，第三轨与集电靴之间的电弧等会对接触轨和供电网造成危害，必须尽量避免电弧的产生，并且各种有触点低压电器是通过触点的开、闭来通、断电路的，其触点在闭合和断开（包括熔体在熔断时）的瞬间，都会在触点间隙中由电子流产生弧状的火花，这种由电器原因造成的火花，也是电弧。触点间的电压越高，电弧就越大。在开断电路时产生电弧，一方面使电路仍然保持导通状态，延迟了电路的开断；另一方面会烧损触点，缩短电器的使用寿命。因此，要采取一些必要的措施来灭弧。

一个灭弧装置可以采用某一种方法进行熄弧。但在大多数情况下，则是综合采用几种方法，以增加灭弧效果。例如，拉长电弧和冷却电弧往往是一起运用的。

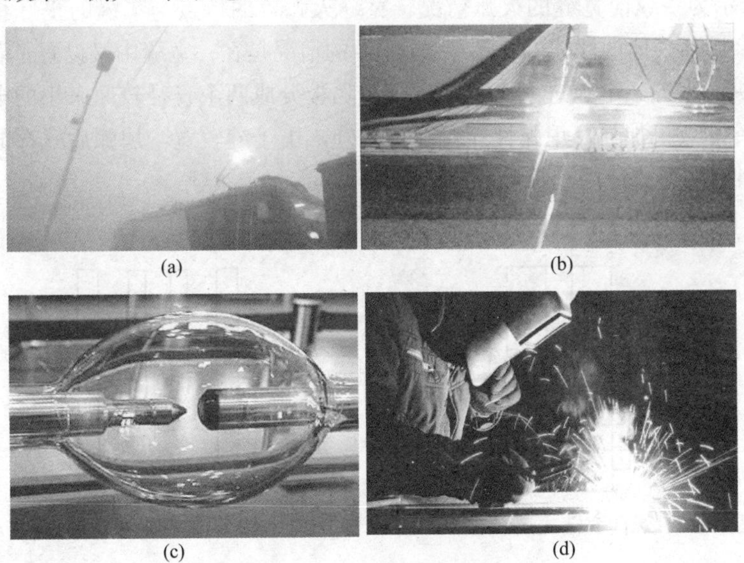

(a)　(b)　(c)　(d)

图 1–13　电弧的现象与利用

（a）受电弓拉弧现象；（b）第三轨拉弧现象；（c）利用电弧原理的电弧灯；（d）利用电弧原理的电焊

1. 拉长电弧

电弧拉长以后，电弧电压会增大，改变了电弧的伏安特性。在直流电弧中，其静伏安特性上移，电弧可以熄灭。在交流电弧中，由于燃弧电压的提高，电弧重燃困难。电弧的拉长可以沿电弧的轴向（纵向）拉长，也可以沿垂直于电弧轴向（横向）拉长。

（1）机械力拉长：电弧沿轴向拉长的情况是很多的，电器触点分断过程实际上就是将电弧不断地拉长。刀开关中闸刀的拉开也拉长电弧，电焊过程中将焊钳提高可使电弧拉长并熄灭。

（2）回路电动力拉长：载流导体之间会产生电动力，如果将电弧看作一根软导体，那么受到电动力它就会发生变形，即拉长。

因利用回路本身灭弧的电动力不够大，电弧拉长和运动的速度都较小，所以这种方法一般仅用于小容量的电器中。开断大电流时，为了有较大的电动力而专门设置了一个产生磁场的吹弧线圈，这种利用磁场力使电弧运动而熄灭的方法称为磁吹灭弧。

2. 灭弧罩

灭弧罩是让电弧与固体介质相接触，降低电弧温度，从而加速电弧熄灭的比较常用的装置。其结构形式是多种多样的，但其基本构成单元为“缝”。将灭弧罩壁与壁之间构成的间隙称为“缝”。根据缝的数量可分为单缝和多缝；根据缝的宽度与电弧直径之比可分为窄缝与宽缝，缝的宽度小于电弧直径的称为窄缝；反之，大于电弧直径的称为宽缝；根据缝的轴线与电弧轴线间的相对位置关系可分为纵缝与横缝。缝的轴线和电弧轴线相平行的称为纵缝；两者相垂直的则称为横缝。

（1）纵缝灭弧罩。图 1-14 所示为一纵向窄缝的灭弧情况，当电弧受力被拉入窄缝后，电弧与缝壁能紧密接触。在继续受力情况下，电弧在移动过程中能不断改变与缝壁接触的部位，因而冷却效果好，对熄弧有利。但是在频繁开、断电流时，缝内残余的游离气体不易排出，这对熄弧不利。所以，此种形式适用操作频率不高的场合。

图 1-15 所示为一纵向宽缝的灭弧情况。宽缝灭弧罩的特点与窄缝的正好相反，冷却效果差，但排出残余游离气体的性能好。图 1-15 所示的情况是在一宽缝中又设置了若干绝缘隔板，这样就形成了纵向多缝。电弧进入灭弧罩后，被隔板分成两个直径较原来小的电弧，并与缝壁接触而冷却，冷却效果加强，熄弧性能提高。另外，由于缝较宽，熄弧后残存的游离气体容易排出，所以这种结构形式适用较频繁开、断的场合。

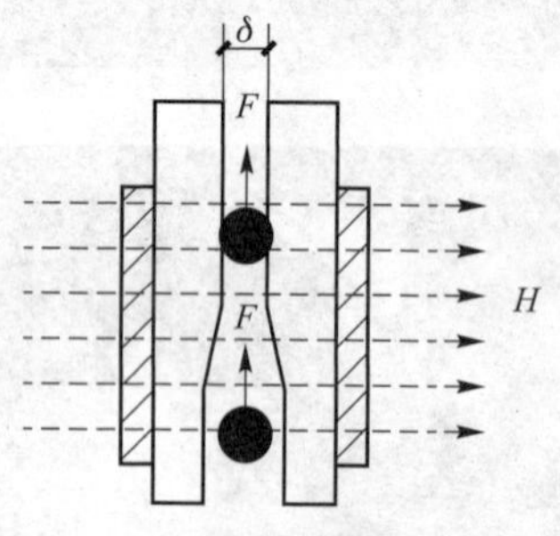

图 1-14　纵向窄缝式灭弧罩

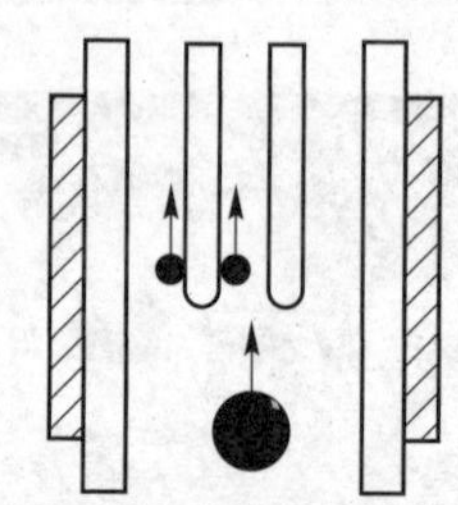

图 1-15　纵向宽缝式灭弧罩

纵向曲缝式又称迷宫式。纵向曲缝式灭弧罩的缝壁制成凹凸相间的齿状，上下齿相互错开。同时，在电弧进入处齿长较短，越往深处，齿长越长。当电弧受到外力作用从下向上进入灭弧罩

的过程中，它不仅与缝壁接触面积越来越大，而且长度也越来越长。这就加强了冷却作用，具有很强的灭弧能力。但是，也正因为缝隙越往深处越小，电弧在缝内运动时受到的阻力越来越大。所以，这种结构的灭弧罩，一定要配合以较大的让电弧运动的力。否则，其灭弧效果反而不好。

（2）横缝灭弧罩。为了加强冷却效果，横缝灭弧罩往往以多缝的结构形式使用，也称为横向绝缘栅片，如图 1-16 所示。当电弧进入灭弧罩后，受到绝缘栅片的阻挡，电弧在外力作用下便发生弯曲，从而拉长了电弧，并加强了冷却。为了分析电弧与绝缘栅片接触时的情况，如图 1-17 所示，放大说明：设磁通方向为垂直向里，电弧 *AB*、*BC* 和 *CD* 段所受的电动力都使电弧压向绝缘栅片顶部，而 *DE* 段所受的电动力使电弧拉长，*CD* 段和 *EF* 段相互作用产生斥力。这样一些力的作用，使电弧拉长并与缝壁接触面积增大而且紧密，所以能收到比较好的灭弧效果。

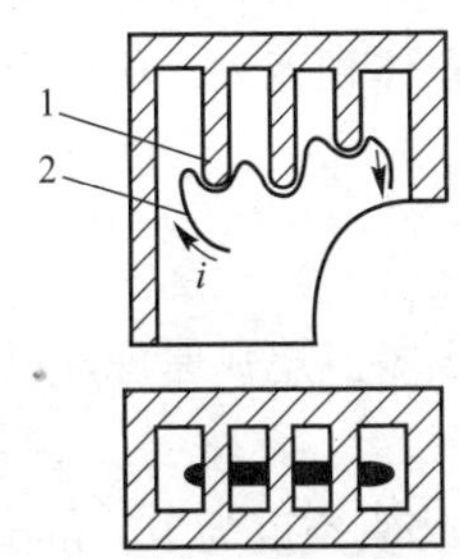

图 1-16　横向绝缘栅片式灭弧罩

1—绝缘栅片；2—电弧

图 1-17　电弧在横向绝缘栅片灭弧罩中的放大图

由于灭弧罩要受电弧高温的作用，所以对灭弧罩的材料也有一定的要求，如受电弧高温作用不会因热变形、绝缘性能不能下降，机械强度好且易加工制造等。灭弧罩材料过去广泛采用石棉水泥和陶土材料，逐渐改为采用耐弧陶瓷和耐弧塑料，它们在耐弧性能与机械强度方面都有所提高。

3. 油冷灭弧装置

油冷灭弧是将电弧置于液体介质（一般为变压器油）中，电弧将油汽化、分解而形成油气。油气中主要成分是氢，在油中以气泡的形式包围电弧。氢气具有很高的导热系数，这就使电弧的热量容易散发。另外，由于存在着温度差，所以气泡产生运动，又进一步加强了电弧的冷却。若再要提高其灭弧效果，可在油箱中加设一定机构，使电弧定向发生运动，这就是油吹灭弧。由于电弧在油中灭弧能力比大气中拉长电弧大得多，所以这种方法一般用于高压电器，如油开关。

4. 气吹灭弧装置

气吹灭弧是利用压缩空气来熄灭电弧的。压缩空气作用于电弧，可以很好地冷却电弧，提高电弧区的压力，很快带走残余的游离气体，所以有较高的灭弧性能。按照气流吹弧的方向，它可分为横吹和纵吹两类。横吹灭弧装置的绝缘件结构复杂，电流小时横吹过强会引起很高的过电压，故已被淘汰。图 1-18 所示为纵吹（径向吹）的一种形式。压缩空气沿电弧径向吹入，然后通过动触点的喷口、内孔向大气排出，电弧的弧根能很快被吹离触点表面，因而，触点接触表面不易烧损。因为压缩空气的

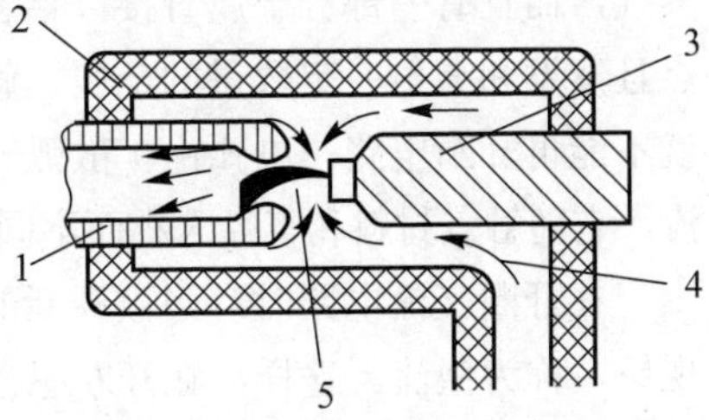

图 1-18　气吹灭弧装置

1—动触头；2—灭弧室瓷罩；3—静触头；4—压缩空气；5—电弧

压力与电弧本身无关，所以使用气吹灭弧时要注意熄灭小电流电弧时容易引起过电压。由于气吹灭弧的灭弧能力较强，故一般运用在高压电器中，例如，韶山系列机车的空气断路器（主断路器）。

5．横向金属栅片灭弧

横向金属栅片又称去离子栅，它利用的是短弧灭弧原理。用磁性材料的金属片置于电弧中，将电弧分成若干短弧，利用交流电弧的近阴极效应和直流电弧的近极压降来达到熄灭电弧的目的。

横向金属栅片灭弧装置主要用于交流电器，因为它可将起始介质强度成倍地增长。对于直流电弧而言，因无近阴极效应，只能靠成倍提高极旁压降来进行灭弧。由于极旁压降值较小，要想达到较好的灭弧效果，金属栅片的数量太大，会造成灭弧装置体积庞大。所以金属栅片灭弧在直流电器中很少采用。

6．真空灭弧装置

真空灭弧是使触点电弧的产生和熄灭在真空中进行，它是依据零点熄弧原理，以真空为熄弧介质工作的。

在真空中气体很稀薄，电子的自由行程远大于触点间的距离。当真空度为 10^{-5} mm 汞柱时，电子的自由行程达 43 m。自由电子在弧隙中做定向运动时几乎不会和气体分子或原子相碰撞，不会产生碰撞游离。所以，将触点置于真空中断开时产生的电弧则是由于阴极发射电子和产生的金属蒸气被电离而形成的。当电弧电流接近零时，阴极发射的电子和金属蒸气减少，弧隙中残留的金属蒸气和等离子体向周围真空迅速扩散。这样，弧隙可以在数微秒之内由导电状态恢复到真空间隙的绝缘水平。因此，在真空中触点有很高的介质恢复速度、绝缘能力和分断电流的能力。

真空电弧按其电流的大小可分为扩散弧和收缩弧两种。扩散弧的电流较小（几百至几千安培），此时电弧分裂为许多并联的支弧。每一支弧有自己的阴极斑点和弧柱，阴极斑点互相排斥且均匀分布在阴极上。在电磁场的作用下阴极斑点不断地沿左旋方向运动，触点表面的平均温度较低且分布均匀。阳极此时不存在阳极斑点。阴极斑点既发射电子又产生金属蒸气。当电流接近于零值时，最终只剩下一个斑点。电流过零时，电弧自行熄灭。当扩散弧的电流增加到足够大时，阴极斑点相互聚成一团，运动速度很慢甚至不再运动。阴极表面不但产生大量的金属蒸气，而且有一部分金属直接以颗粒或液滴的形式向弧隙喷射。阳极此时也出现炽热的阳极斑点且蒸发和喷射一定数量的金属，触点的电磨损迅速增加。当真空灭弧装置中出现收缩弧后，就不能再开断电路。电弧由扩散弧转变为收缩弧的电流，也就是该真空灭弧装置的极限开断电流，它随触点材料和直径大小而不同。

在开断交流电路时，当被开断的电流减小到某一数值时，扩散弧会发生电流突然被截断的现象，称为截流。这样，在开断感性负载电流时，弧隙上将产生很高的过电压，这是使用真空灭弧装置应注意的问题。

项目1任务书

<table>
<tr><td>项目编号</td><td>1</td><td>项目名称</td><td>低压电器的认识</td></tr>
<tr><td colspan="4">

任务描述：

城市轨道交通车辆一般是从接触网或第三轨受取电能，由牵引电动机将电能转变为机械能从而驱动车辆运行。车辆要在既安全又简便的操纵下获得不同工况下的良好运行性能，就需要一系列不同性能、不同作用、不同型号的电器设备可靠地工作。电器部件的工作贯穿车辆的整个操纵过程。例如，对电路实行通、断控制，对电动机实行启动、制动、正转和反转控制，对用电设备进行过载、短路、过电压等故障的保护，在电路中传递、转换、放大电或非电的信号，自动检测电气设备的电压、电流、频率等信号，以及控制车门开、关等，都需要用不同的电器来完成。通过本任务的学习，可以了解低压电器的结构、分类及作用，能够更好地选择所需电器元件或对其进行简单的维护。

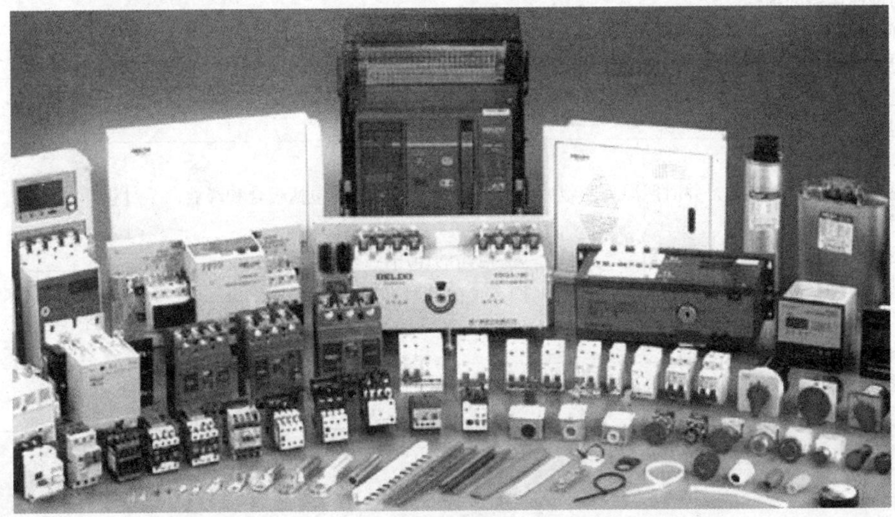

图 1　低压电器

</td></tr>
<tr><td colspan="4">

学习目标

☆知识目标：

1. 掌握低压电器的定义、作用及分类方法；
2. 掌握低压电器的技术指标；
3. 掌握低压电器的基本结构。

☆技能目标：

1. 能够了解我国现行低压电器的选用标准；
2. 能够了解低压电器的选用原则，能够正确地选择相应的低压电器；
3. 能够了解低压电器的基本结构，并且能够进行简单的维护。

☆情感目标：

1. 培养学生理论联系实际的良好学习习惯；
2. 激发浓厚的学习兴趣，培养严谨的学习态度；
3. 培养良好的质量意识、节约意识和安全意识。

</td></tr>
</table>

续表

知识学习

1．学习什么是低压电器

引导性问题

（1）说出低压电器的定义，并举例说出自己所知道的低压电器的名称，以及该低压电器的作用与用途。

（2）根据低压电器的分类方法，对列举出的低压电器设备进行分类联系，强化低压电器的概念。

（3）电气元件布置图是根据电器元件在控制板上的__________，采用简化的图形符号绘制的一种简图。

（4）电气安装接线图是根据设备和电器元件的__________和__________绘制的，并在图中标出导线类型和规格、线号与端子等内容，便于工程技术人员安装接线、检测电路。

（5）三相交流电源引入线采用__________、__________和__________标记，中性线采用__________标记。

2．学习低压电器的技术指标

引导性问题

（1）现有国家标准__________项，行业标准__________项，为与国际接轨，我国低压电器的标准体系按照__________的标准体系建立。

（2）低压电器的选用原则有__________和__________。

3．学习低压电器的结构

引导性问题

（1）电磁式低压电器大都有两个主要组成部分，即__________部分—__________机构和__________部分—__________系统。

（2）电磁机构主要由__________、__________、__________、__________和__________等几部分组成。

（3）说出电磁机构的形式，并对照原理图叙述电磁机构的工作过程（包括吸合和释放两个过程）。

（4）简述短路环的作用。

（5）触点系统起__________和__________电路的作用，包括__________和__________。

（6）触点由动触点、静触点两部分成对出现，固定不动的触点称为__________，可以活动的触点称为__________。

（7）触点接触形式分为__________、__________和__________三种。

（8）说明电弧的定义，并且说明电弧现象是否都是有害的。

项目1工作单

项目编号	1	项目名称	低压电器的认识	成绩	
班级		小组		日期	
小组成员					

1. 实践准备

若干低压电器元件。

2. 根据所得低压电器元件，回答以下问题。

（1）电器元件名称。

（2）属于哪类低压电器。

（3）低压电器型号。

（4）简述电磁机构的作用、结构及工作原理。

（5）简述触点系统的作用、分类、接触形式及工作情况。

（6）简述电弧的产生与灭弧方式。

项目2 认识低压断路器

知识目标

1. 掌握万用表、剥线钳等工具的使用方法；
2. 掌握常用低压断路器的基本结构；
3. 掌握常用低压断路器工作原理；
4. 掌握常用低压断路器的技术参数；
5. 掌握常用低压断路器的文字及图形符号；
6. 掌握常用低压断路器的选用原则及标准。

能力目标

1. 能够正确使用万用表、剥线钳等工具拆装和测试常用低压断路器；
2. 能够对常用低压断路器进行分类；
3. 能够读懂低压断路器的铭牌；
4. 能够通过电工检测仪表判断电器元件各接线端子功能；
5. 能够使用电工检测仪表判断电器元件的好坏；
6. 能够根据电气控制线路的参数合理选择电器元件。

任务2.1 低压断路器的用途与结构

任务描述

断路器可用来分配电能，不频繁地启动异步电动机，对电源线路及电动机等实行保护，当它们发生严重的过载或短路及欠电压等故障时能自动切断电路，其功能相当于熔断器式开关与过载热继电器等组合。而且在分段故障电流后一般不需要变更零部件。目前，断路器已获得了广泛应用。本任务要求学习者在掌握断路器结构的基础上，能够了解断路器的用途。

2.1.1　低压断路器简介

1．低压断路器的定义和特点

低压断路器又称自动空气开关或自动空气断路器，是指能够关合、承载和开断正常回路条件下的电流，并能关合、在规定的时间内承载和开、断异常回路条件（包括短路条件）下电流的开关装置。其外形如图 2-1 所示。

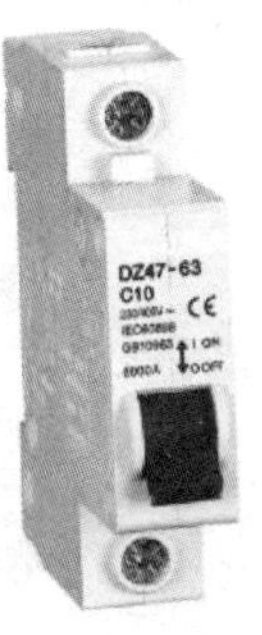

图 2-1　低压断路器

低压断路器是一种结构较为复杂、动作性能较为完善的配电保护电器，可用来接通和分断负载电路，也可用来控制不频繁启动的电动机。它的功能相当于刀开关、过流继电器、失电压继电器、热继电器及漏电保护器等电器部分或全部的功能总和，是低压配电网中一种重要的保护电器。与其他开关电器相比较，自动开关具有以下特点：

（1）能开断较大的短路电流，分断能力较强。

（2）具有对电路过载、短路的双重保护功能。

（3）允许操作频率低。

（4）动作值可调，动作后一般不需要更换零部件。

2．低压断路器的作用

由于低压断路器功能相当于熔断器式开关与过载热继电器等的组合，所以其作用是不仅可以在电路正常时不频繁接通或断开电路，而且当电路发生过载、短路、失压或欠压等故障时能自动切断电路故障的一种保护电器。而且在分断故障电流后一般不需要变更零部件。目前，已获得了广泛的应用。

3．低压断路器的分类

低压断路器种类很多，可按结构形式、灭弧介质、用途、极数、操作方式等来分类。

（1）按结构形式分，有万能式（又称框架式）、塑料外壳式、小型模数式。

（2）按灭弧介质分，有空气断路器和真空断路器等。

（3）按用途分，有配电用断路器、电动机保护用断路器、照明用断路器和漏电保护断路器等。具体用途见表 2-1。

表 2-1　按用途分类的断路器特性

<table>
<tr><th>断路器类型</th><th>电流类型和范围</th><th colspan="3">保护特性</th><th>主要用途</th></tr>
<tr><td rowspan="6">配电线路保护</td><td rowspan="4">交流
200 ～ 400 A</td><td rowspan="2">选择型 B 类</td><td>二段保护</td><td>瞬时
短延时</td><td rowspan="2">电源总开关和支路近电源端开关</td></tr>
<tr><td>三段保护</td><td>瞬时
短延时
长延时</td></tr>
<tr><td rowspan="2">非选择型
A 类</td><td>限流型</td><td rowspan="2">长延时
瞬时</td><td rowspan="2">支路近端开关和支路末端开关</td></tr>
<tr><td>一般型</td></tr>
<tr><td rowspan="2">直流
600 ～ 6 000 A</td><td>快速型</td><td colspan="2">有极性、无极性</td><td>保护晶闸管交流设备</td></tr>
<tr><td>一般型</td><td colspan="2">长延时、瞬时</td><td>保护一般直流设备</td></tr>
<tr><td rowspan="3">电动机保护</td><td rowspan="3">交流
60 ～ 600 A</td><td rowspan="2">直接启动</td><td>一般型</td><td>过电流脱扣器瞬动倍数（8 ～ 15）I_N</td><td>保护笼形电动机</td></tr>
<tr><td>限流型</td><td>过电流脱扣器瞬动倍数 $12I_N$</td><td>保护笼形电动机，还可装于靠近变压器端</td></tr>
<tr><td>间接启动</td><td colspan="2">过电流脱扣器瞬动倍数（3 ～ 8）I_N</td><td>保护笼形和绕形电动机</td></tr>
<tr><td>照明用及导线保护</td><td>交流 5 ～ 50 A</td><td colspan="3">过载长延时，短路瞬时</td><td>单极，除用于照明线路，尚可用于生活建筑内电器设备和信号二次回路</td></tr>
<tr><td>漏电保护</td><td>交流 20 ～ 200 A</td><td colspan="3">15 mA、30 mA、50 mA、75 mA、100 mA，0.1 s 内分断</td><td>确保人身安全，防止漏电引起火灾</td></tr>
<tr><td>特殊用途</td><td>交流或直流</td><td colspan="3">一般只需瞬时动作</td><td>如灭磁开关等</td></tr>
</table>

（4）按主电路极数分，有单极、两极、三极、四极断路器。小型断路器还可以拼装组合成多极断路器。

（5）按保护脱扣器种类来分，有短路瞬时脱扣器、短路短延时脱扣器、过载长延时反时限保护脱扣器、欠电压瞬时脱扣器、欠电压延时脱扣器、漏电保护脱扣器等。脱扣器是断路器的一个组成部分，根据不同的用途，断路器可配备不同的脱扣器。以上各类脱扣器在断路器中可单独或组合成非选择性或选择性保护断路器。而智能化保护，其脱扣器由微机控制，保护功能更多，选择性更好，这种断路器称为智能型断路器。

（6）按操作方式分，有手动操作、电动操作和储能操作断路器。

（7）按是否具有限流性能分，有一般型不限流和快速限流型断路器。

（8）按安装方式分，有固定式、插入式和抽屉式断路器等。

2.1.2　低压断路器的结构

各类低压断路器在结构上基本相同，主要由触点系统、灭弧系统、操作机构、自由脱扣机构和脱扣器组成，如图 2-2 所示。

图 2-2　低压断路器内部结构

1．触点系统

触点系统是自动开关的执行电器元件，主要承担电路的接通、分断任务。对触点系统的一般要求是能可靠接通和分断一定次数的极限短路电流及额定电流以下的任何电流；具有一定的电寿命，不需要经常更换触点；有足够的热稳定性和电动稳定性，不会因长期使用后触点接触不良导致温升过高，或不能经受极限短路电流的冲击而自动弹开。

2．灭弧系统

灭弧系统的功能是在开关分断电路的过程中保护断路器的触点，以减少触点的磨损。其主要有纵窄缝灭弧装置和去离子栅灭弧装置两种。

3．操作机构

操作机构用于操纵触点的闭合和断开。其传动方式有手操纵直接传动式、手操纵弹簧传动式、电磁铁传动、电动机传动、压缩空气传动等几种。

4．自由脱扣机构

自由脱扣机构是与触点系统和保护装置相联系的，通过自由脱扣机构的作用可使触点自动断开。“自由脱扣”是指人为操纵手柄处于闭合位置，当手还未离开手柄就发生短路、过载和欠电压等故障时，保护装置作用于自由脱扣机构，自动开关也能自动断开，起保护作用。

5．脱扣器

脱扣器是断路器的感测电器元件，当脱扣器感测到电路的故障信号后，作用于操作机构，使其脱扣，带动自动开关的触点断开。

自动开关通常采用电磁脱扣器和热脱扣器两种。电磁脱扣器可分为过流脱扣器和欠电压脱扣器，它们实际上是一个小型电磁机构——装电压线圈的欠电压脱扣器和装电流线圈的过流脱扣器。

热脱扣器由热组件和双金属片等组成。电流通过热组件产生电阻损耗而发热，其温度升高，加热双金属片。双金属片是一个将热能转换为机械能的组件，如图 2-3 所示。它由两种不同膨胀系数的金属片焊接而成，其中，膨胀系数较大的金属片贴近热电器元件。双金属片一端固定，另一端处于自由状态。当热组件由于间接加热或直接通电流加热时，即将热能传递给双金属片，双金属片受热后温度升高。由于两种金属片膨胀系数不同，结合面的伸长要相同，迫使双金属片向着膨胀系数较小的一侧弯曲。双金属片弯曲时产生作用力，作用于扣板的钩子上，使之脱扣，自动开关断开，即可保护电气设备不因过载而损坏。由于双金属片是因受热而弯曲，所以双金属片弯曲时作用于脱扣机构的动作时间与过载电流大小有关：电流大，动作时间短；电流小，动作时间长，即动作时间与电流大小近似成反比。

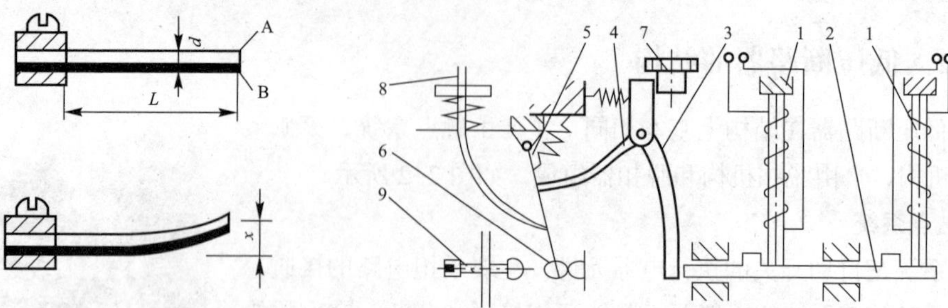

图 2-3 双金属片工作原理

1—主双金属片；2—导板；3—补偿金属片；4—推杆；5—弹簧；
6—动静触点；7—电流调节旋钮；8—恢复按钮；9—手动自动复位螺钉
A—膨胀系数小金属片；B—膨胀系数大金属片

任务 2.2 低压断路器的工作原理及型号含义

任务描述

低压断路器比起闸刀开关有很大优越性：一是它能够分断较大的电流，有灭弧装置，这正适合负荷增大的情况。另外，它的热稳定性、寿命也比闸刀开关要好。二是在故障发生时，能自动切断电路。断路器内部装有两个脱扣器，一个是双金属片热脱扣器，用作过载延时保护；另一个是电磁脱扣器，用作短路瞬时保护。在一部分民用电路中，用了断路器之后不再安装熔断器，调有故障时脱扣器自动脱扣（俗称跳闸），以切断电路。当故障排除之后，只需重新合闸而不需更换零部件即可重新使用。图 2-4 所示为低压断路器的结构。那么断路器是如何工作的呢？本任务要求学习者在掌握断路器工作原理的基础上，能够识别不同型号的断路器并能绘制断路器的图形文字符号。

2.2.1 低压断路器的工作原理

低压断路器的主触点靠操作机构（手动或电动）合闸，自由脱扣机构是一套连杆机构，当主触点闭合以后，将主触点锁在合闸位置。其工作原理如图 2-4 所示。

在正常工作情况下，自由脱扣机构的锁钩 2 扣住触点杆，使主触点 1 保持在合闸位置。

过电流脱扣器 3 的电磁线圈与被保护电路串联，在正常电流下，脱扣器的弹簧力使衔铁释放；当过载或短路时，强大的电磁吸力使衔铁吸合，带动衔铁另一端的顶杆向上运动，顶开自由脱扣机构中的锁钩 2，在开断弹簧的作用下，主触点 1 迅速开断，将故障电路分断。

分励脱扣器 4 通过按钮 7 实现远距离分闸。正常工作时，分励脱扣器的线圈没有电流。当需要远距离操作时，按下按钮使线圈得电，电磁铁带动自由脱扣机构动作，使断路器跳闸，切断电路。

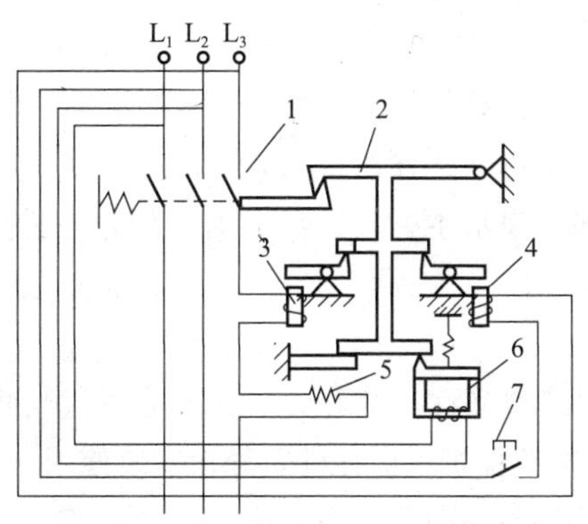

图 2-4　低压断路器工作原理

1—主触点及开断弹簧；2—自由脱扣机构的锁钩；3—过电流脱扣器；

4—分励脱扣器；5—热电器元件；6—失电压脱扣器；7—按钮

热电器元件 5 串接在电路中，与双金属片配合相当于一个无触点的热继电器，对电路实现过载保护。正常工作时，断路器保持合闸状态。当电路发生过载时，过载电流流过热电器元件 5，使双金属片弯曲，顶杆向上运动，顶开自由脱扣机构中的锁钩 2，在开断弹簧的作用下，主触点 1 迅速开断，将故障电路分断。

失电压脱扣器 6 的电磁线圈与被保护电路并联。在正常电压下，衔铁吸合，锁钩 2 不脱扣；当失电压时，电磁吸力很小，在失电压脱扣器弹簧力的作用下，衔铁释放，其顶杆顶开锁钩 2，主触点 1 在开断弹簧的作用下迅速开断，切断电路。

在电力机车上，为便于维修和检查故障，低压断路器用于手动非频繁地切换正常电路，同时，也可对辅助电路和控制电路进行过载、短路保护。

2.2.2　低压断路器的符号及型号含义

1．低压断路器的图形符号和文字符号

断路器的图形符号和文字符号如图 2-5 所示。

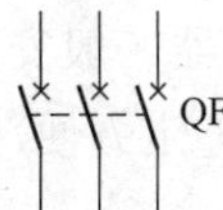

图 2-5　断路器的图形符号和文字符号

2．低压断路器的型号和含义

低压断路器型号和含义如下：

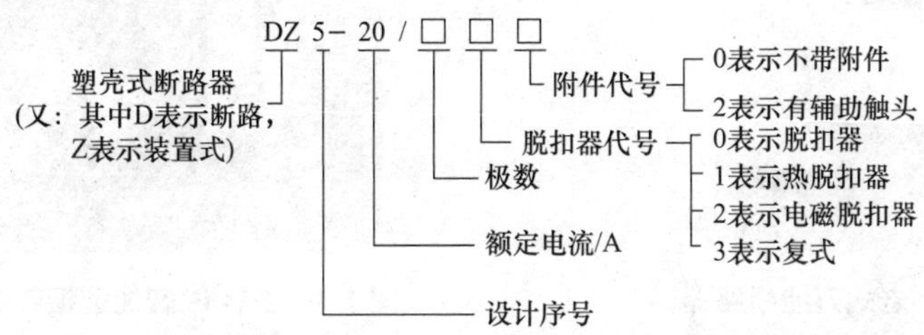

3. 低压断路器的典型产品

低压断路器结构种类很多，按结构可分为塑壳式和框架式。国产断路器名称的第一部分第一个字母 D 表示低压，第二个字母 Z 表示塑壳式，W 表示框架式。第二部分表示设计序号。第三部分表示额定电流。第四部分表示主触头极数。第五部分是脱扣器代号。最后一个部分是附件代号。

常见的断路器有以下几种：

（1）DZ47。DZ47 小型断路器又称空气开关，是具有过载与短路双重保护的限流型高分断小型断路器，作为线路过载和短路保护电器元件。导轨安装使用方便，如图 2-6 所示。

（2）DZ20。DZ20 塑壳断路器一般作为配电电器元件，额定电流为 225 A 及以下和 400Y 型的断路器也可用于保护电动机。在正常情况下，断路器可分别作为线路不频繁开关之用，如图 2-7 所示。

图 2-6　DZ47-63 断路器

图 2-7　DZ20C-160/3300 160 A 低压断路器

（3）DW15。DW15 万能式断路器，具有过载、欠电压、短路保护作用。壳架等级额定电流 630 A 及以下的断路器也能作电动机的过载、欠电压和短路保护。作为老型号断路器，国内依然有在使用，在不发达地区使用还十分普遍，如图 2-8 所示。

（4）DW45。DW45 智能型万能式断路器一般安装在低压配电柜中作主开关，起总保护作用，额定电流为 630 ～ 6 300 A，额定电流整定方便，具有过载、欠电压、短路、单相接地等保护功能，如图 2-9 所示。

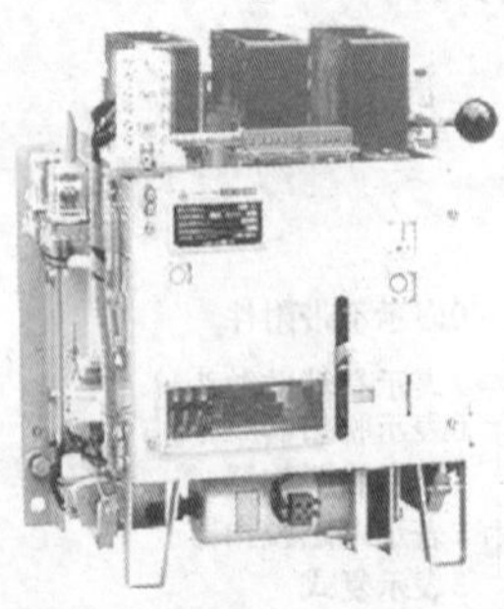

图 2-8　老式万能断路器

图 2-9　DW45 智能型框架断路器

任务 2.3　低压断路器的选用

任务描述

在使用低压断路器的过程中如何科学地选型，避免因断路器选型不当及安装不合理，造成其不能发挥应有控制与保护作用，并在运行中存在一定安全隐患，既降低系统保护运行的可靠性，又对使用人员的人身安全构成相应威胁。所以，如何科学合理地选择使用低压断路器是保证系统安全有效运行的关键。本任务要求学习者在掌握断路器主要技术参数的基础上，能够正确选用断路器。

2.3.1　低压断路器的主要技术参数

低压断路器除额定电压、额定电流、脱扣器类型外，还有通断能力和分断时间等主要技术参数。

1．额定电压

断路器的额定电压可分为额定工作电压、额定绝缘电压和额定脉冲电压。额定工作电压在数值上取决于电网的额定电压等级，我国电网标准规定的额定电压等级为 220、380、660、1 140（V）（交流），220、440（V）（直流）等。同一断路器可以在几种额定工作电压下使用，但通断能力并不相同。额定绝缘电压是指断路器的最大额定工作电压。额定脉冲电压是指断路器工作时所能承受的系统中发生开关动作时的过电压值。

2．额定电流

额定电流是指过电流脱扣器的额定电流，一般是指断路器的额定持续电流。

3．脱扣器类型

（1）电磁脱扣器：只提供磁保护，也即短路保护。

（2）热磁脱扣器：提供磁保护和热保护，热保护即过载保护。一般来说，电路中都用热磁脱扣器来提供短路和过载保护，只有一些特殊场合用电磁脱扣器提供短路保护，而由其他电器元件（如热继电器）来提供过载保护。但其只能提供二段保护；动作值误差比较大，不可以调节。

（3）电子脱扣器可以有以上所有功能，并可以方便地进行整定，且能够提供三段甚至四段保护，动作比较精准，可以调节。

4．通断能力

通断能力是指开关电器在规定的条件（电压、频率及交流电路的功率因数和直流电路的时间常数）下，能在给定的电压下接通和分断的最大电流值，也称为额定短路通断能力。

5．分断时间

分断时间是指切断故障电流所需的时间，包括固有的断开时间和燃弧时间。

2.3.2　低压断路器的选用技术标准及原则

1．选用技术标准

低压断路器的选用应符合《低压开关设备和控制设备　第2部分：断路器》（GB/T 14048.2—2020）等国家标准要求。

2．选用原则

（1）断路器类型的选择：应根据电路的额定电流及保护的要求来选用。如一般应用场合选用塑壳式；短路电流很大的选用限流型；额定电流比较大或有选择性保护要求的选框架式；控制和保护含半导体器件的直流电路选用直流快速断路器等。

（2）断路器的额定工作电压应大于或等于线路或设备的额定工作电压。对于配电线路来说，应注意区别是电源端保护还是负载保护，按照电源端电压比负载端电压高出约5%来选择。

（3）断路器主电路额定工作电流大于或等于负载工作电流。

（4）断路器的过电流脱扣器的整定电流应大于或等于线路的最大负载电流。

（5）断路器的欠电压脱扣器的额定电压等于主电路额定电压。

（6）断路器的额定通断能力大于或等于电路的最大短路电流。

任务2.4　低压断路器的检测

任务描述

低压断路器是电力拖动与自动控制系统的基本组成电器元件之一，控制系统的优劣与所用低压电器的性能有直接的关系。作为电气工程技术人员，必须掌握其使用与维护等方面的知识和技能。本任务要求学习者在掌握常用低压断路器的结构与工作原理的基础上，完成常用低压断路器的识别与测试。

1．低压断路器的安装、使用与维护

（1）安装前核实装箱单上的内容，核对铭牌上的参数与实际需要是否相符，再用螺钉（或螺栓）将低压断路器垂直固定在安装板上。

（2）板前接线的低压断路器允许安装在金属支架或金属底板上，剥去铜导线适当长度的绝缘外皮，插入线箍的孔，将线箍的外包层压紧，包牢导线，然后将线箍的连接孔与低压断路器接线端用螺钉紧固；对于铜排，先将接线板在断路器上固定，再与铜排紧固。

（3）板后接线的低压断路器必须安装在绝缘底板上。固定低压断路器的支架或底板必须平坦。

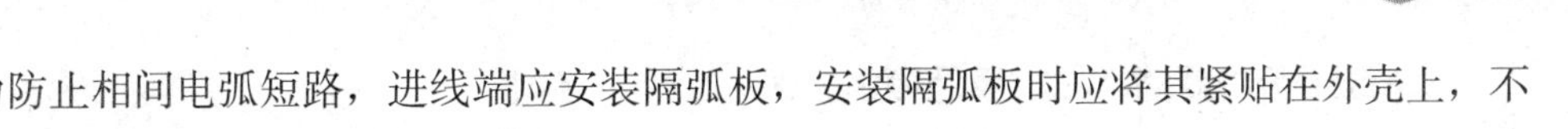

（4）为防止相间电弧短路，进线端应安装隔弧板，安装隔弧板时应将其紧贴在外壳上，不要留有缝隙，或在进线端包扎 200 mm 黄蜡带。

（5）低压断路器的上接线端为进线端，下接线端为出线端，N 极为中性板，不允许倒装。

（6）在低压断路器工作前应对照安装要求对其进行检查，其固定连接部分应牢靠；反复操作低压断路器几次，其操作机构应灵活、可靠。用 500 V 兆欧表检查低压断路器的极与极、极与安装面（金属板）的绝缘电阻应不小于 5 MΩ，如低于 5 MΩ 则该产品不能使用。

（7）当低压断路器用作总开关或电动机的控制开关时，在低压断路器的电源进线侧必须加装隔离开关、刀开关或熔断器，作为明显的断开点。凡设有接地螺钉的产品，均应可靠接地。

（8）低压断路器各种特性与附件由制造厂整定，使用中不可任意调节。

（9）低压断路器在过载或短路保护后，应先排除故障，再进行合闸操作。

（10）低压断路器的手柄在自由脱扣或分闸位置时，低压断路器应处于断开状态，此时不能对负载起保护作用。

（11）低压断路器承载的电流过大，手柄已处于脱扣位置而低压断路器的触点并没有完全断开，此时负载端处于非正常运行状态，需人为切断电流，更换低压断路器。

（12）低压断路器在使用或储存、运输过程中，不得受雨水侵蚀和掉落。

（13）低压断路器断开短路电流后，应打开低压断路器检查触点、操作机构。若发现触点完好，操作机构灵活，试验按钮操作可靠，则允许继续使用；若发现有弧烟痕迹，可用干布抹净；若弧触点已烧毛，可用细锉小心修整；若烧毛严重，则应更换低压断路器以避免事故发生。

（14）对于用电动机操作的断路器，如要拆卸电动机，一定要在原处先做标记，然后拆卸，这样再将电动机装上时就不会因错位而影响其性能。

（15）低压断路器长期使用后，可清除触点表面的毛刺和金属颗粒，保持良好电接触。

（16）低压断路器应做周期性检查和维护，检查时应切断电源。周期性检查项目包括：在传动部位加润滑油；清除外壳表层尘埃，保持良好绝缘；清除灭弧室内壁和栅片上的金属颗粒和黑烟灰，保持良好灭弧效果。如灭弧室损坏，低压断路器则不能继续使用。

2．如何测试低压断路器的好坏

低压断路器集控制和多种保护功能于一体，在线路工作正常时，它作为电源开关接通和分断电路；当电路中发生短路、过载和失压等故障时，能自动跳闸切断故障电路，从而保护线路和电气设备。作为电气工程技术人员，必须掌握常用低压电器的结构与工作原理，掌握其使用与维护等方面的知识和技能。在使用低压断路器前，必须先检查低压断路器能否正常使用。

首先将开关扳到合闸位置，然后用万用表电阻挡测量各对触点之间的接触情况。当将万用表置于 $R\times1\ \Omega$ 挡，欧姆调零后，将两表笔分别搭接在低压断路器的进、出线端子上，合上低压断路器时，阻值为 0，组合开关断开；断开低压断路器时，阻值为无穷大时，当前低压断路器可用；否则，则需要进一步检测或更换低压断路器。

3. 低压断路器的常见故障及检修方法

低压断路器的常见故障及检修方法见表 2–2。

表 2–2　低压断路器的常见故障及检修方法

序号	故障现象	原因	处理方法
1	手动操作断路器不能闭合	1．欠电压脱扣器无电压或线圈损坏 2．储能弹簧变形，导致闭合力减小 3．反作用弹簧力过大 4．机构不能复位再扣	1．检查线路，施加电压或更换线圈 2．更换储能弹簧 3．重新调整弹簧反力 4．调整再扣接触面至规定值
2	电动操作断路器不能闭合	1．电源电压不符合 2．电源容量不够 3．电磁拉杆行程不够 4．电动机操作定位开关变位 5．控制器中整流管或电容器损坏	1．更换电源 2．增大操作电源容量 3．重新调整 4．重新调整 5．更换损坏电器元件
3	有一相触点不能闭合	1．一般型断路器的一相连杆断裂 2．限流断路器拆开机构的可折连杆的角度变大	1．更换连杆 2．调整至原技术条件规定值
4	分励脱扣器不能使断路器分断	1．线圈短路 2．电源电压太低 3．再扣接触面太大 4．螺钉松动	1．更换线圈 2．更换电源电压 3．重新调整 4．拧紧
5	欠电压脱扣器不能使断路器分断	1．反力弹簧变小 2．如为储能释放，则储能弹簧变形或断裂 3．机构卡死	1．调整弹簧 2．调整或更换储能弹簧 3．消除结构卡死原因，如生锈等
6	启动电动机时断路器立即分断	1．过电流脱扣瞬时整定值太小 2．脱扣器某些零件损坏，如半导体橡皮膜等 3．脱扣器反力弹簧断裂或落下	1．重新调整 2．更换 3．调整触点压力或更换弹簧
7	断路器闭合后经一定时间自行分断	1．过电流脱扣器长延时整定值不对 2．热电器元件或半导体延时电器元件参数变动	1．调整长延时整定值； 2．更换损坏零件
8	断路器温升过高	1．触点压力过低 2．触点表面过分磨损或接触不良 3．两个导电零件连接螺钉松动 4．触头表面油污氧化	1．调整触头压力或更换弹簧； 2．更换触头或清理接触面，不能更换者，只好更换整台断路器； 3．拧紧螺栓； 4．清除油污或氧化层
9	欠电压脱扣器噪声	1．反力弹簧太大 2．铁芯工作面有油污 3．短路环断裂	1．重新调整 2．清除油污 3．更换衔铁或铁芯
10	辅助开关不通	1．辅助开关的动触桥卡死或脱离 2．辅助开关传动杆断裂或滚轮脱落 3．触点不接触或氧化	1．拨正或重新装好触桥 2．更换传动杆或更换辅助开关 3．调整触点，清理氧化膜
11	带半导体脱扣器之断路器误动作	1．半导体脱扣器电器元件损坏 2．外界电磁干扰	1．更换损坏电器元件 2．清除外界干扰，例如邻近的大型电磁铁的操作，接触器的分断、电焊等，予以隔离或更换
12	漏电断路器经常自行分断	1．漏电动作电流变化 2．线路有漏电	1．送制造厂重新校正 2．找出原因，如系导线绝缘损坏，则更换之
13	漏电断路器不能闭合	1．操作机构损坏 2．线路某处有漏电或接地	1．送制造厂处理 2．清除漏电处或接地故障

项目 2 任务书

<table>
<tr><td>项目编号</td><td>2</td><td>项目名称</td><td>认识低压断路器</td></tr>
<tr><td colspan="4">任务描述：
低压断路器集控制和多种保护功能于一体，在线路工作正常时，它作为电源开关接通和分断电路；当电路中发生短路、过载和失压等故障时，能自动跳闸切断故障电路，从而保护线路和电气设备。作为电气工程技术人员，必须掌握常用低压电器的结构与工作原理，掌握其使用与维护等方面的知识和技能。</td></tr>
<tr><td colspan="4">学习目标
☆知识目标：
1．掌握万用表、剥线钳等工具的使用方法；
2．掌握常用低压断路器的基本结构；
3．掌握常用低压断路器的工作原理；
4．掌握常用低压断路器的技术参数；
5．掌握常用低压断路器的文字及图形符号；
6．掌握常用低压断路器的选用原则及标准。
☆技能目标：
1．能够正确使用万用表、剥线钳等工具拆装和测试常用低压断路器；
2．能够对常用低压断路器进行分类；
3．能够读懂低压断路器的铭牌；
4．能够通过电工检测仪表判断电器元件各接线端子功能；
5．能够使用电工检测仪表判断电器元件的好坏；
6．能够根据电气控制线路的参数合理选择电器元件。
☆情感目标：
1．培养学生理论联系实际的良好学习习惯；
2．激发浓厚的学习兴趣，培养严谨的学习态度；
3．培养良好的职业道德。</td></tr>
<tr><td colspan="4">知识学习
低压断路器的基础知识
引导性问题
1．低压断路器又称____________或____________，是指能够关合、承载和开断正常回路条件下的电流，并能关合、在规定的时间内承载和开断异常回路条件（包括短路条件）下电流的开关装置。
2．低压断路器作用是不仅可以在电路正常时不频繁接通或断开电路，而且当电路发生____________、____________、____________或____________等故障时能自动切断电路故障的一种保护电器。
3．低压断路器在结构上基本相同，主要由____________、____________、____________、____________和____________组成。
4．对照图 1，简述低压断路器的工作原理。</td></tr>
</table>

续表

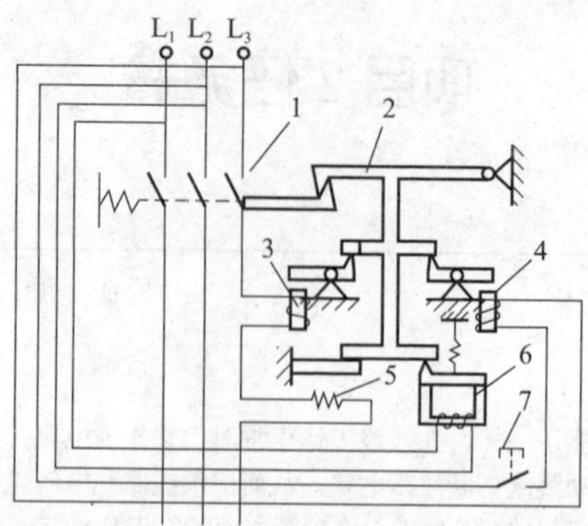

图 1　低压断路器工作原理

5．国产低压断路器的型号名称含义、图形符号和文字符号。

国产断路器名称				图形符号	文字符号
第一部分字母	第二部分字母	第三部分字母	最后部分		

6．简述低压断路器的选用原则。

7．简述低压断路器的常见故障及检修方法。

项目 2 工作单

项目编号	2	项目名称	认识低压断路器	成绩	
班级		小组		日期	
小组成员					

1．实践准备

（1）在 630 mm×700 mm 网孔板上完成低压断路器的安装。

（2）设备、工具及材料。任务实施所需的工具、材料明细见表 1。

表 1 工具、材料明细表

分类	名称	型号或规格	数量
耗材	旧导线	随机	若干
仪表	万用表	MF47 或自定	1 块
工具	电工通用工具	钢丝钳、螺钉旋具（一字和十字）、尖嘴钳、剥线钳等	1 套
	配线板	630 mm×700 mm×20 mm	1 块

2．认一认

观察低压断路器的符号和型号，填入表 2 中。

表 2 低压断路器的符号和型号

名称	图形符号及文字符号	型号
低压断路器		

3．拆一拆

拆卸和组装低压断路器，并能够识别图 1 所示电器元件的名称。

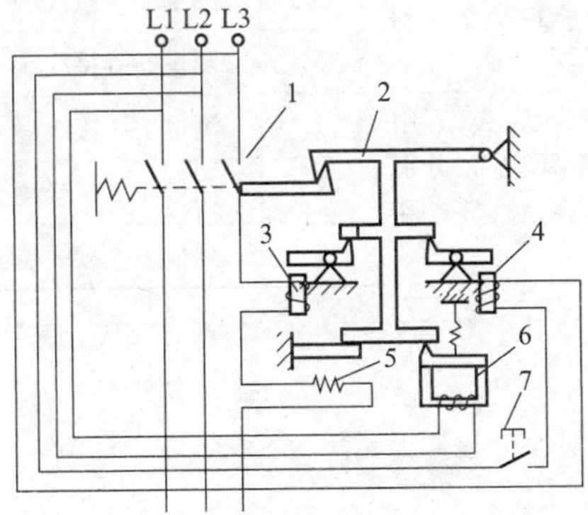

图 1 低压断路器结构

1___________；2___________；3___________；

4___________；5___________；6___________；

7___________。

续表

4．查一查

查询实训室低压断路器的主要技术参数，了解低压断路器的主要技术参数。

5．选一选

查询低压断路器的用途和选用原则。

6．测一测

使用万用表测试低压断路器的好坏，将测试结果填入表3中。

表3　低压断路器的识别与测试

测量过程				测量阻值	器件是否完好
测量任务	总工序	工序	操作方法		
断开状态测量	将断路器置于断开状态，万用表置于 $R\times1\ \Omega$ 挡并调零后，分别测量进线和出线端子1–2、3–4和5–6的阻值	1	测量1–2接线端子		
		2	测量3–4接线端子		
		3	测量5–6接线端子		
闭合状态测量	将断路器置于闭合状态，万用表置于 $R\times1\ \Omega$ 挡并调零后，分别测量进线和出线端子1–2、3–4和5–6的阻值	4	测量1–2接线端子		
		5	测量3–4接线端子		
		6	测量5–6接线端子		
短路测量	将断路器置于闭合状态，万用表置于 $R\times1\ \Omega$ 挡并调零后，分别测量进线和出线端子1–3、3–5和5–1的阻值	7	测量1–3接线端子		
		8	测量3–5接线端子		
		9	测量1–5接线端子		

7. 本小组总结

项目 3　认识接触器

知识目标

1. 掌握接触器的基本结构；
2. 掌握接触器的工作原理；
3. 掌握接触器的文字及图形符号；
4. 掌握接触器的选用原则及标准。

能力目标

1. 能够正确拆装接触器；
2. 能够读懂接触器的铭牌；
3. 能够使用电工检测仪表判断接触器的好坏；
4. 能够根据电气控制线路的参数合理选择接触器。

任务 3.1　接触器的结构

任务描述

车辆启动、运行、调速、制动等都需要对电动机进行一系列的控制，无论是简单还是复杂的电动机控制线路，都是由断路器、熔断器、按钮开关、继电器、行程开关、接触器等电器设备构成的，其共同的特点都是经过接触器的主触点接通电动机回路，而把接触器的线圈连接在控制回路中，这样既可以实现远距离控制，又可以用低电压、小电流来控制高电压、大电流，从而保证设备和人身安全。本任务要求学习者在掌握接触器的结构和用途的基础上，完成接触器的拆装。

3.1.1　接触器的特点、作用和分类

1. 接触器的特点

接触器是工业控制中应用非常广泛的一种电器。广义上是指工业电中利用线圈流过电流产

生磁场，使触点闭合，以达到控制负载的电器。与其他开关电器相比，它具有动作次数频繁，能通、断较大电流，可以实现一定距离的控制的特点。接触器外形如图 3-1 所示。

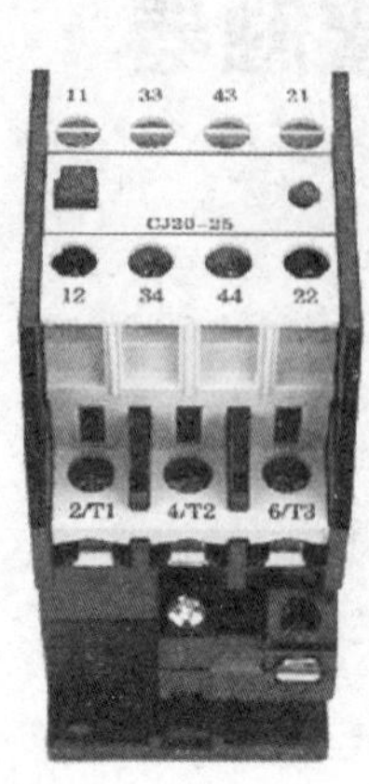

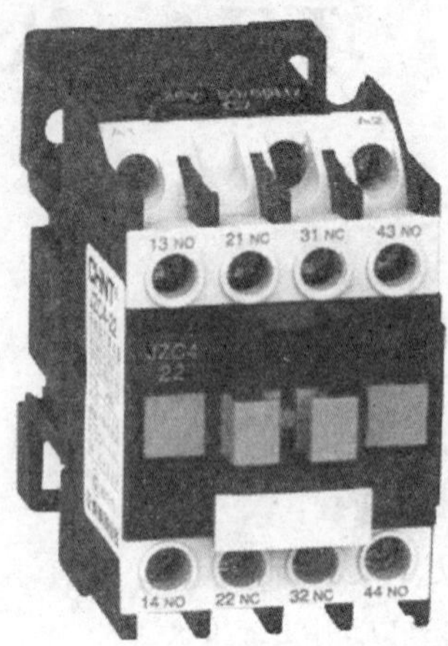

图 3-1　接触器外形

2．接触器的作用

由于接触器可快速切断交流与直流主回路和可频繁地接通与关断大电流控制（达 800 A）电路的装置，所以经常运用于电动机作为控制对象，也可用于控制工厂设备、电热器、工作母机和各样电力机组等电力负载，接触器不仅能接通和切断电路，而且具有低电压释放保护作用。接触器控制容量大，适用频繁操作和远距离控制，是自动控制系统中的重要电器元件之一。在工业电器中，接触器的型号很多，工作电流为 5 ～ 1 000 A，其用处相当广泛。

总的来说，接触器是用来接通或切断带有负载的较大电流电路的自动控制电器。在电力机车上它用于频繁地接通或切断正常工作情况的带有负载的主电路和辅助电路或大容量的控制电路。

3．接触器的分类

接触器的用途很广，种类繁多，一般有以下几种分类方法：

（1）按传动方式可分为电磁式接触器和电空式接触器。电磁式接触器采用电磁传动装置；电空式接触器采用电空传动装置。电磁式接触器一般应用于机车的辅助电路中；电空式接触器应用于主电路中，用较小的控制功率，实现较大行程和接触压力的控制。

（2）按主触点通断电流的性质可分为交流接触器和直流接触器。

（3）按接触器主触点所处的介质可分为空气式接触器、真空式接触器和油浸式接触器。空气式接触器的主触点敞在大气中，采用的是一般的、常用的灭弧装置；而真空式接触器的主触点密封在真空装置中，它利用的是真空灭弧原理，具有很高的切换能力。

（4）按接触器主触点数目可分为单极接触器和多极接触器。单极接触器只有一对主触点；多极接触器有两对以上的主触点。它们分别用于控制单相和多相电路。

（5）按接触器线圈接入电路的方式可分为串联接触器和并联接触器。

3.1.2　接触器的结构

接触器按电流种类不同可分为交流接触器和直流接触器两类。本任务主要介绍电磁式交流

接触器，电磁式交流接触器内部结构及外形如图 3-2 所示。其主要由电磁机构、触点系统、灭弧系统和其他部件等组成。

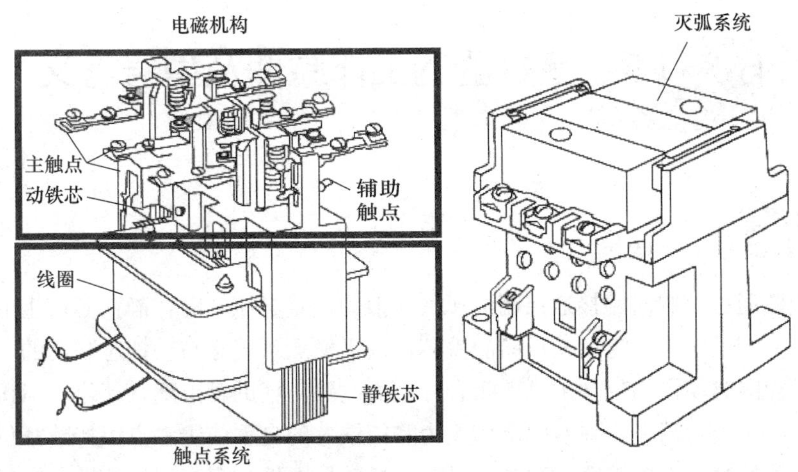

图 3-2　电磁式交流接触器内部结构及外形

1．电磁机构

电磁机构的作用是将电磁能转换成机械能，控制触点的闭合或断开。交流接触器一般采用衔铁绕轴转动的拍合式电磁机构和衔铁做直线运动的电磁机构。电磁机构包括驱使触点闭合的装置和开断触点的弹簧机构及缓冲装置，用来可靠地驱使触点按规定要求动作，以实现接触器的职能。为了减小机械振动和噪声，在静铁芯极面上要装有短路环。

2．触点系统

触点系统可分为主触点和连锁触点两部分。主触点由动、静主触点和触点弹簧等组成。它是接触器的执行部分，用于直接实现电路的通、断。主触点接通和分断的是主电路，额定电流比较大，通常为数安到数百安，甚至可能高达数千安。

3．灭弧系统

灭弧系统一般与主触点配合使用，主要用于熄灭触点开断电路时产生的电弧，减少电弧对触点的破坏作用，切断电路并保证触点可靠地工作。根据电流的性质、灭弧方法和原理可以制成各种灭弧装置。小容量的接触器可采用桥式双断点触点灭弧、电动力灭弧；大容量的接触器可采用删片灭弧和灭弧罩灭弧。

4．其他部件

支架和固定装置属于非工作部分，用于合理地安装和布置电器各部件，使接触器构成一个整体。支架和固定装置应有足够的机械强度，并能对内部部件起到保护作用，保证接触器达到一定的使用寿命。

任务 3.2 接触器的工作原理及型号含义

任务描述

当电磁线圈通过控制回路接通控制电压（一般为额定电压）时，静铁芯产生电磁吸力，电磁吸力克服弹簧的反作用力将衔铁吸向静铁芯，由于触点系统是与动铁芯联动的，因此动铁芯带动 3 条动触片同时动作，带动主触点闭合，接通电路，辅助触点随之动作。当接触器电磁线圈不通电时，电磁吸力消失，弹簧的反作用力和衔铁芯的自重使主触点保持断开位置，切断电源。交流接触器的触点由银钨合金制成，具有良好的导电性和耐高温烧蚀性。本任务要求学习者在掌握接触器的工作原理的基础上，能够识别不同型号的接触器，并能绘制接触器的图形文字符号。

3.2.1 接触器的工作原理

在图 3-3 中，接触器上标有标号，线圈为 A1、A2，主触点 1、3、5 接电源侧，2、4、6 接负载侧。辅助触点用两位数表示，前一位为辅助触点顺序号，后一位的 3、4 表示动合触点，1、2 表示动断触点。

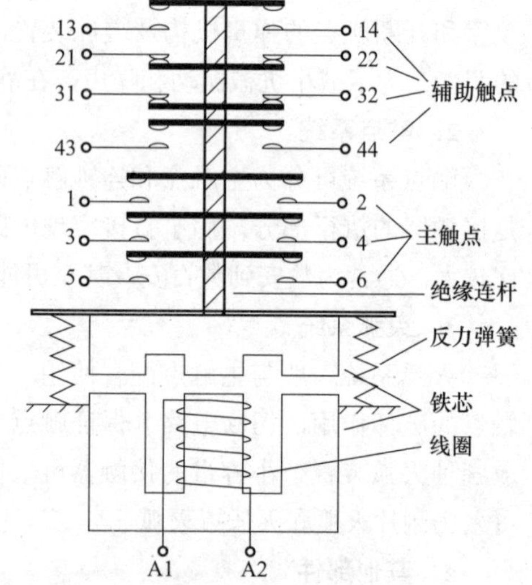

图 3-3 电磁式交流接触器结构示意

交流接触器的工作原理如下：当交流接触器电磁系统中的线圈 A1、A2 间通入交流电流后，铁芯被磁化，产生大于反力弹簧弹力的电磁力，将衔铁吸合。一方面，带动了动合主触点的闭合，接通主电路；另一方面，动断辅助触点首先断开，接着动合辅助触点闭合。当线圈断电或外加电压太低时，在反力弹簧的作用下衔铁释放，动合主触点断开，切断主电路；动合辅助触点先断开，动断辅助触点后恢复闭合。

3.2.2 接触器的电气符号及型号含义

1．接触器的文字符号及图形符号

接触器的文字符号及图形符号如图 3-4 所示。

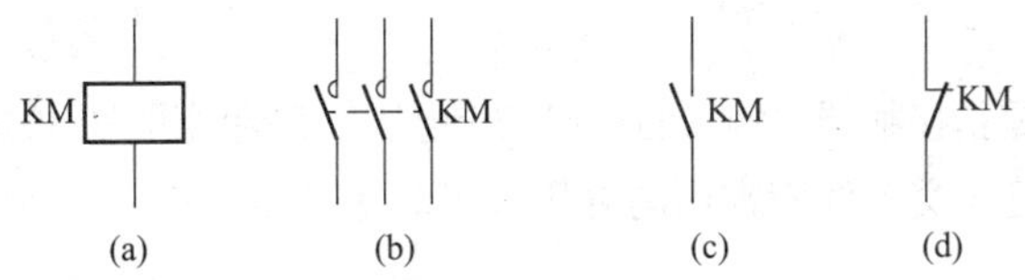

图 3-4　接触器的文字符号及图形符号

（a）线圈；（b）主触点；（c）动合（常开）辅助触点；（d）动断（常闭）辅助触点

2．接触器的型号含义

接触器的标志组成及其含义如下：

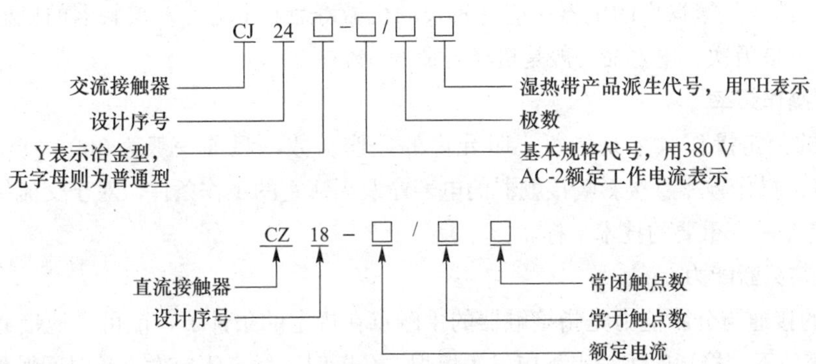

目前，常用的交流接触器有 CJ20、CJ24、CJ26、CJ28、CJ29、CJT1、CJ40 和 CJX1、CJX2、CJX3、CJX4、CJX5、CJX8，以及 NC2、NC6、B、CDC、CK1、CK2、EB、HC1、HUC1、CKJ5、CKJ9 等系列。

常用的直流接触器有 CZ0、CZ18、CZ21、CZ22 等系列。

任务 3.3　接触器的技术参数和选用

任务描述

接触器作为通断负载电源的设备，接触器的选用应按满足被控制设备的要求进行，除额定工作电压与被控设备的额定工作电压相同外，被控设备的负载功率、使用类别、控制方式、操作频率、工作寿命、安装方式、安装尺寸及经济性是选择的依据。本任务要求学习者在掌握接触器主要技术参数的基础上，能够正确选用接触器。

3.3.1　接触器的技术参数

接触器的主要技术参数有额定电压、额定电流、寿命、操作频率等。

1．额定电压

接触器的额定电压是指接触器主触点的额定工作电压。直流线圈常用的电压等级为 24 V、48 V、110 V、220 V、440 V 等，交流线圈常用的电压等级为 36 V、127 V、220 V 及 380 V 等。

2．额定电流

接触器的额定电流是指接触器主触点的额定工作电流。其是在规定条件下（额定工作电压、使用类别、额定工作制和操作频率等），保证电器正常工作的电流值。若改变使用条件，额定电流也要随之改变。

3．机械寿命与电寿命

接触器是需要频繁操作的电器，应有较长的机械寿命和电寿命，接触器的机械寿命一般为数百万次至 1 000 万次；电寿命一般是机械寿命的 5% ～ 20%。

4．额定操作频率

接触器的额定操作频率是指每小时允许的操作次数，目前一般为 300 次 /h、600 次 /h、1 200 次 /h 等。操作频率直接影响接触器的电寿命及灭弧室的工作条件，对于交流接触器还影响线圈温升，它是一个重要的技术指标。

5．接通与分断能力

接触器的接通与分断能力是指接触器的主触点在规定的条件下，能可靠地接通和分断电流值。在此电流值下，接通时主触点不应发生熔焊；分断时主触点不应发生长时间燃弧。

6．线圈消耗功率

线圈消耗功率可分为启动功率和吸持功率。对于直流接触器，两者相等；对于交流接触器，一般启动功率为吸持功率的 5 ～ 8 倍。

7．动作值

接触器的动作值是指接触器的吸合电压和释放电压。规定接触器的吸合电压大于线圈额定电压的 85% 时应可靠吸合，释放电压不高于线圈额定电压的 70%。

3.3.2　接触器的选用

为了保证系统正常工作，必须根据以下原则正确选择接触器，使接触器的技术参数满足控制线路的要求。

1．接触器类型的选择

接触器的类型应根据电路中负载电流的种类来选择。即交流负载应选用交流接触器，直流负载应选用直流接触器。

2．接触器主触点的额定电压选择

被选用的接触器主触点的额定电压应大于或等于负载的额定电压。

3．接触器主触点额定电流的选择

对于电动机负载，接触器主触点额定电流按下式计算：

$$I_N = \frac{P_N \times 10^3}{\sqrt{3}U_N \cos\varphi \times \eta} \tag{3-1}$$

式中　P_N——电动机功率（kW）；

U_N——电动机额定线电压（V）；

$\cos\varphi$——电动机功率因数，其值为 0.85 ～ 0.9；

η——电动机的效率，其值一般为 0.8 ～ 0.9。

在选用接触器时，其额定电流应大于计算值。也可以根据相关的电气设备手册中给出的被控制电动机的容量和接触器额定电流对应的数据选择。

根据式（3-1），在已知接触器主触点额定电流的情况下，可以计算出所控制电动机的功率。例如，CJ20-63 型交流接触器在 380 V 时的额定工作电流为 63 A，故它在 380 V 时能控制的电动机的功率为

$$P_N=\sqrt{3}\times 380\times 63\times 0.9\times 0.9\times 10^{-3}\approx 34(\mathrm{kW}) \tag{3-2}$$

其中，$\cos\varphi$、η 均取 0.9。

由此可见，在 380 V 的情况下，63 A 接触器的额定控制功率为 34 kW。

在实际应用中，接触器主触点的额定电流也常常按下面的经验公式计算：

$$I_N=\frac{P_N\times 10^3}{KU_N} \tag{3-3}$$

式中　K——经验系数，取 1 ～ 1.4。

在确定接触器主触点电流等级时，如果接触器的使用类别与所控制负载的工作任务相对应时，一般应使主触点的电流等级与所控制的负载相当，或者稍大一些。

4．接触器吸合线圈电压的选择

如果控制线路比较简单，所用接触器的数量较少，则交流接触器线圈的额定电压一般直接选用 380 V 或 220 V。如果控制线路比较复杂，使用的电器又比较多，为了安全起见，线圈的额定电压可选低一些。例如，交流接触器线圈电压可选择 36 V、127 V 等，这时需要附加一个控制变压器。

直流接触器吸合线圈电压的选择应视控制回路的具体情况而定，要选择吸合线圈的额定电压与直流控制电路的电压一致。

直流接触器的线圈加的是直流电压，交流接触器的线圈一般加的是交流电压。有时为了提高接触器的最大操作频率，交流接触器也可采用直流线圈。

任务 3.4　接触器的检测

任务描述

接触器是用于远距离频繁地接通或断开交直流主电路及大容量控制电路的一种自动切换电器。在大多数的情况下，其控制对象是电动机，也可用于其他电力负载，如电热器、电焊机、

电炉变压器等。接触器具有控制容量大、操作频率高、寿命长、能远距离控制等优点，同时，还具有低压释放保护功能，所以，在电气控制系统中应用十分广泛。本任务要求学习者在掌握接触器的结构和工作原理的基础上，完成接触器的拆装及检测。

接触器的检测通常使用万用表的 $R\times1\ \Omega$ 挡或 $R\times10\ \Omega$ 挡，具体测量时通常分继电检测和通电检测两个步骤。

3.4.1 断电检测

1. 触点测量

如图 3-5 所示，表针指向 0，此时按下试验按钮，表针指向∞，说明所测的为常闭触点；若表针指向∞，按下试验按钮后，表针指向 0，则为常开触点；若表针指向∞，按下试验按钮后，表针仍指向∞，则说明不是一对触点。

2. 线圈测量

如图 3-6 所示，将万用表的表笔放置在线圈两端，正常阻值大于 0（几十至几千欧之间），若表针指向 0，说明线圈短路；若表针指向∞，说明线圈开路。

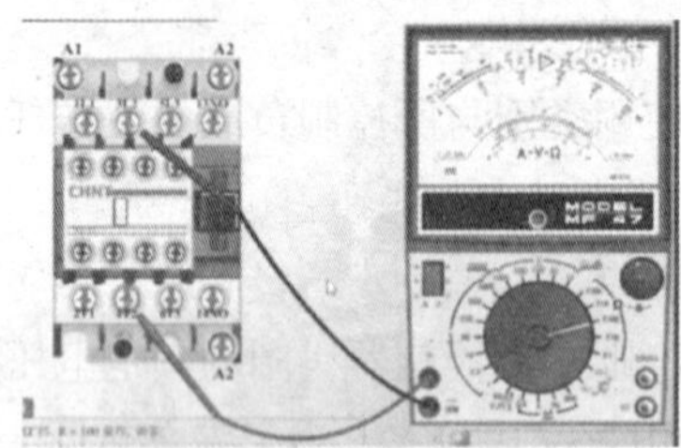

图 3-5 触点测量

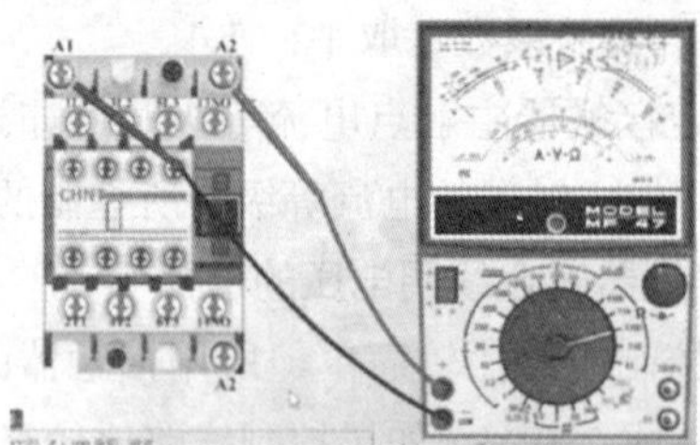

图 3-6 线圈测量

3.4.2 通电检测

给接触器的绕组接线端加控制电压，如图 3-7 所示，让接触器内部各触点产生动作，然后使用万用表测量每对触点接线端之间的阻值，如果接触器正常，则这次测得的每对接线端之间的阻值应与断电测量时的值正好相反，如未加电压时，阻值为 0，那么加电压后，阻值应为无穷大。

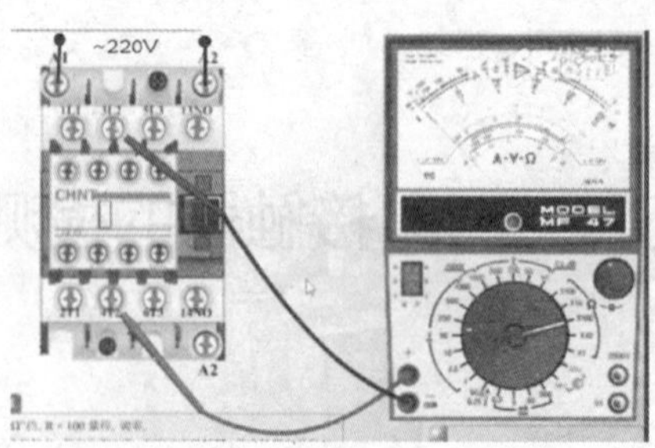

图 3-7 通电检测

在测量时，若发现某对接线端两次测量的阻值相同，则说明该接线端内部的触点状态不能切换，此时可以拆开接触器进行检修。

项目 3 任务书

<table>
<tr><td>项目编号</td><td>3</td><td>项目名称</td><td>认识接触器</td></tr>
<tr><td colspan="4">任务描述：
接触器是用于远距离频繁地接通或断开交直流主电路及大容量控制电路的一种自动切换电器。在大多数的情况下，其控制对象是电动机，也可用于其他电力负载，如电热器、电焊机、电炉变压器等。接触器具有控制容量大、操作频率高、寿命长、能远距离控制等优点，同时，还具有低压释放保护功能，所以，在电气控制系统中应用十分广泛。学习本任务，在掌握接触器的结构和工作原理的基础上，完成接触器的拆装及检测。</td></tr>
<tr><td colspan="4">学习目标
☆知识目标：
1. 掌握接触器的基本结构；
2. 掌握接触器的工作原理；
3. 掌握接触器的文字及图形符号；
4. 掌握接触器的选用原则及标准。
☆技能目标：
1. 能够正确拆装常用接触器；
2. 能够读懂接触器的铭牌；
3. 能够使用电工检测仪表判断接触器的好坏；
4. 能够根据电气控制线路的参数合理选择接触器。
☆情感目标：
1. 培养学生理论联系实际的良好学习习惯；
2. 激发浓厚的学习兴趣，培养严谨的学习态度；
3. 培养良好的职业道德。</td></tr>
<tr><td colspan="4">知识学习
1. 学习接触器的结构
引导性问题
（1）接触器特点：__________，__________，可以实现__________控制。
（2）接触器是用来__________带有负载的较大电流电路的__________控制电器。
（3）按主触点通断电流的性质可分为__________和__________。
（4）接触器主要由__________、__________、__________和其他部件等组成。
2. 学习接触器的工作原理
引导性问题
（1）对照图 1，简述接触器的工作原理。
（2）接触器的图形文字符号为__________。
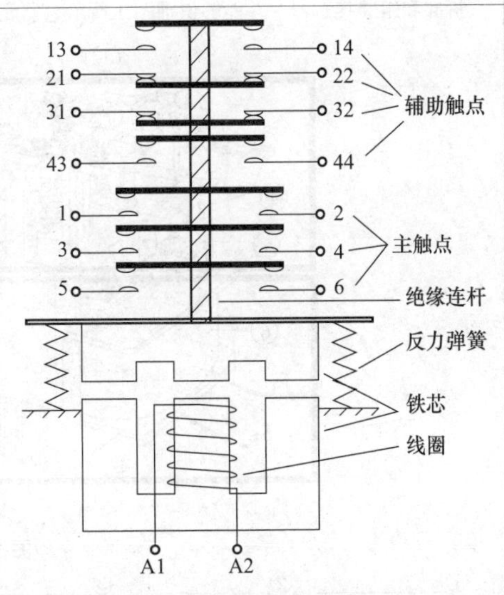

图 1　电磁式交流接触器结构示意</td></tr>
</table>

项目3工作单

项目编号	3	项目名称	认识接触器		成绩	
班级		小组			日期	
小组成员						

1. 实践准备

工具、材料明细见表1。

表1　工具、材料明细表

分类	名称	型号或规格	数量
仪表	万用表	MF47或自定	1块
工具	电工通用工具	钢丝钳、螺钉旋具（一字和十字）、尖嘴钳、剥线钳等	1套

2. 认一认

识别接触器，并按要求完成表2。

表2　接触器的符号和型号

名称	图形符号及文字符号	型号
接触器		

3. 拆一拆

拆卸和组装接触器，并能够识别图1所示电器元件的名称。

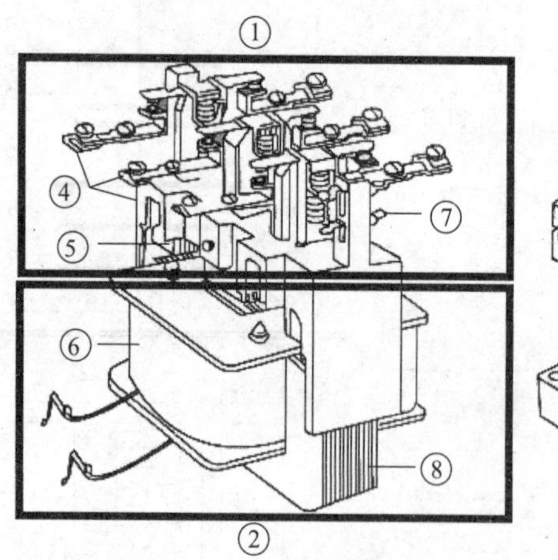

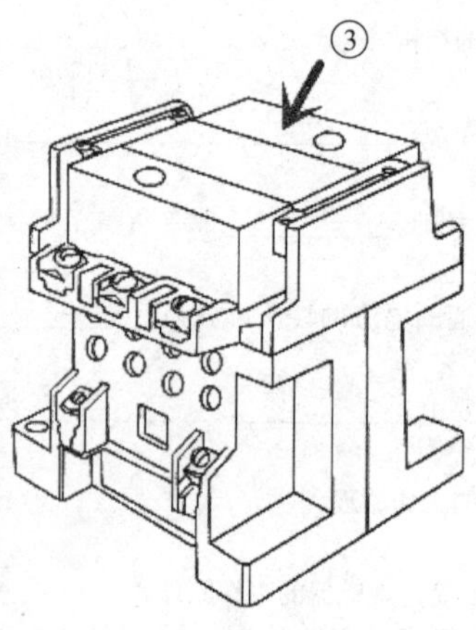

图1　接触器电器元件

①__________；②__________；③__________；

④__________；⑤__________；⑥__________；

⑦__________；⑧__________。

续表

4．查一查

通过不同途径检索资料，查询型号为 CJ24-100 的主要技术参数。并完成表 3。

表 3　接触器 CJ24-100 主要技术参数

额定工作电压 /V	额定工作电流 /A		机械寿命	电寿命	额定操作频率 /（次 · h^{-1}）
	AC-1，AC-2，AC-3	AC-4			

5．选一选

根据接触器选用原则选用合适的接触器。

有一台额定电压为 380 V、额定功率为 18 kW 的三相交流异步电动机，请问如何选择接触器？

6．测一测

用万用表测试接触器，判别器件的好坏，将测试结果填入表 4 中。

表 4　接触器的识别与测试

测试内容	测量过程				测量阻值	器件是否完好
	测量任务	总工序	工序	操作方法		
接触器	主触点测量	万用表置于 $R\times1\ \Omega$ 或 $R\times10\ \Omega$ 挡并调零后，用万用表表笔测量触点 1-2、3-4 和 5-6	1	未有任何操作		
			2	拨动试验按钮		
	常开触点测量	万用表置于 $R\times1\ \Omega$ 或 $R\times10\ \Omega$ 挡并调零后，用万用表表笔测量触点 53-54 和 53-84	3	未有任何操作		
			4	拨动试验按钮		
	常闭触点测量	万用表置于 $R\times1\ \Omega$ 或 $R\times10\ \Omega$ 挡并调零后，用万用表表笔测量触点 61-62 和 71-72	5	未有任何操作		
			6	拨动试验按钮		
	线圈测量	万用表置于 $R\times1\ \Omega$ 或 $R\times10\ \Omega$ 挡并调零后，用万用表表笔测量触点 A1-A2	7	未有任何操作		

7. 本小组总结

项目 4　认识继电器

知识目标

1. 掌握继电器的基本结构与用途；
2. 掌握继电器的工作原理；
3. 掌握不同类型的继电器文字及图形符号；
4. 掌握继电器的选用原则及标准。

能力目标

1. 能够正确使用继电器；
2. 能够读懂继电器的铭牌；
3. 能够使用电工检测仪表检测不同类型继电器的好坏；
4. 能够根据电气控制线路的参数合理选择继电器。

任务 4.1　热继电器的识别与检测

任务描述

继电器是一种根据电量（电压、电流等）或非电量（热、时间、转速、压力等）的变化使触点动作，接通或断开控制电路，以实现自动控制、安全保护、转换电路等功能的自动电器。

继电器的种类繁多、应用广泛，按用途可分为控制继电器和保护继电器；按工作原理可分为电磁式继电器、感应式继电器、热继电器、机械式继电器、电动式继电器和电子式继电器等；按反应的参数（动作信号）可分为电流继电器、电压继电器、时间继电器、速度继电器、压力继电器等；按动作时间可分为瞬时继电器（动作时间小于 0.05 s）和延时继电器（动作时间大于 0.15 s）；按输出形式可分为有触点继电器和无触点继电器。

常用的继电器有电磁式继电器、时间继电器、热继电器、速度继电器、温度继电器、压力继电器、液位继电器等。

本任务以热继电器为例进行讲述，如图 4-1 所示。学习者学习本任务后在掌握热继电器的结构与工作原理的基础上，能够独立完成热继电器的识别与检测。

图 4-1　热继电器

4.1.1　热继电器的结构与工作原理

热继电器是利用电流的热效应原理来工作的保护电器。电动机在运行过程中常会遇到过载情况，但只要过载不严重，绕组不超过允许温升，这种过载是允许的。如果过载情况严重，时间较长，则会引起电动机过热，损坏绕组的绝缘，缩短电动机的使用寿命，甚至烧毁电动机。

热继电器是专门用来对连续运行的电动机实现过载及断相保护，以防止电动机因过热而烧毁的一种保护电器。

热继电器的外形结构如图 4-2 所示。

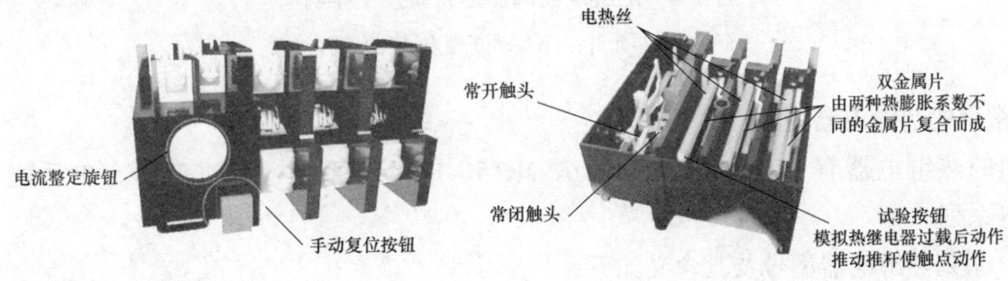

图 4-2　热继电器的外形结构

热继电器的形式有多种，其中以双金属片最多。双金属片式热继电器主要由热电器元件、双金属片和触点三部分组成。热电器元件由发热电阻丝制成；双金属片是热继电器的感测机构，由两种膨胀系数不同的金属片碾压而成。热继电器的工作原理示意如图 4-3 所示。

在实际应用中，热电器元件串联在电动机定子绕组中，电动机定子绕组电流即流过热元件的电流。热继电器的常闭触电串接于电动机的控制电路中。当电动机正常运行时，热电器元件产生的热量使双金属片弯曲，但不足以使热继电器动作；当电动机过载时，流过热电器元件的

电流增大，热电器元件产生的热量增加，加上时间效应，从而使双金属片的弯曲程度加大，最终使双金属片推动导板使热继电器的常闭触点断开，切断电动机的控制电路，使电动机停转，达到过载保护的目的。待双金属片冷却后，才能使触电复位。复位有手动复位和自动复位两种方式。

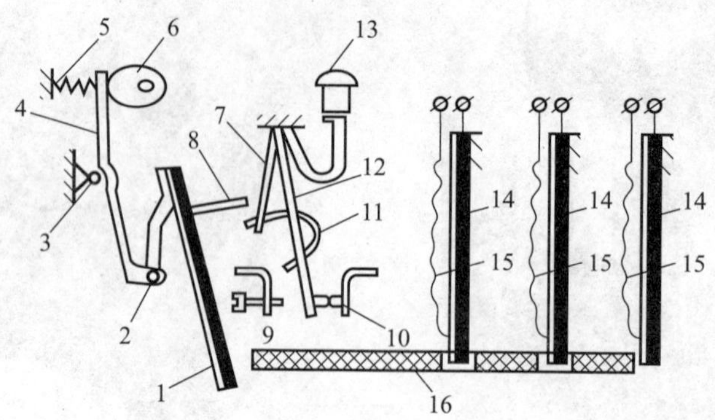

图 4-3　热继电器的工作原理示意

1—补偿双金属片；2—销子；3—支撑；4—杠杆；5—弹簧；6—凸轮；7、12—片簧；8—推杆；9—调节螺钉；10—触点；11—弓簧；13—复位按钮；14—双金属片；15—发热电器元件；16—导板

4.1.2　热继电器电气符号及型号含义

1．热继电器的电气符号

热继电器的图形符号及文字符号如图 4-4 所示。

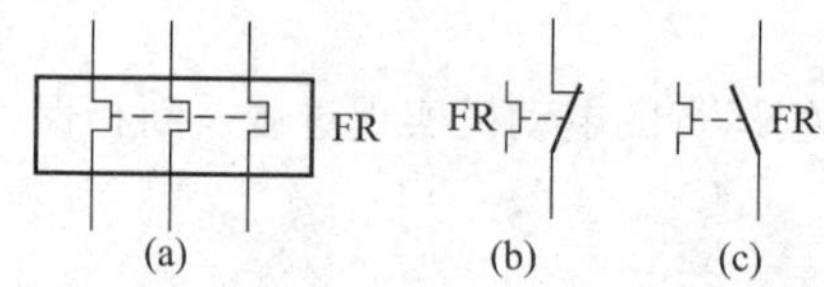

图 4-4　热继电器的图形符号及文字符号

（a）热电器元件；（b）动断触点；（c）动合触点

2．常用的热继电器型号

常用的热继电器有 JRS1、JR20、JR16、JR15、JR14 等系列，引进产品有 T 系列，3UP、LR1-D 等系列。

JR20 系列热继电器型号及其含义如下：

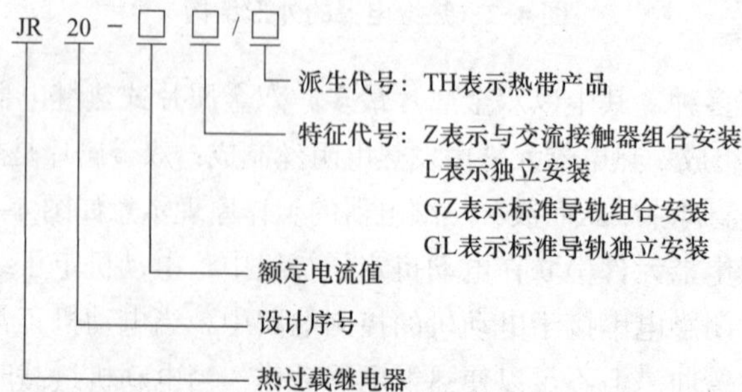

JR20系列产品共有8个额定电流等级，46个热电器元件规格，可适用0.1～630 A保护范围。

4.1.3　热继电器的选用与维护

热继电器主要用于电动机的过载保护，在使用过程中要考虑电动机的工作环境、启动情况、负载性质等因素，具体应按以下几个方面来选择：

（1）热继电器结构形式的选择：星形接法的电动机可选用两相或三相结构热继电器；三角形接法的电动机应选择带断电保护的三相结构热继电器。

（2）根据被保护电动机的实际启动时间选取6倍额定电流下具有相应可返回时间的热继电器。一般热继电器的可返回时间为6倍额定电流下动作时间的50%～70%。

（3）热电器元件额定电流一般可按下式确定：

$$I_N=(0.95\sim1.05)I_{MN} \tag{4-1}$$

式中　I_N——热电器元件额定电流；

I_{MN}——电动机的额定电流。

对于工作环境恶劣、启动频繁的电动机，则按下式确定：

$$I_N=(1.05\sim1.15)I_{MN} \tag{4-2}$$

当热电器元件选择好以后，还需用电动机的额定电流来调节整定值。

（4）对于重复短时工作的电动机（如起重机、电动机），由于电动机不断重复升温，热继电器双金属片的温升跟不上电动机绕组的温升，电动机将得不到可靠的过载保护。因此，不宜选用双金属片热继电器，而应选用过电流继电器或能反映绕组实际温度的温度继电器来进行保护。

4.1.4　热继电器的检测

热继电器的检测通常用万用表的$R\times10$挡，检测时一般分两个步骤。热继电器的检测包含热电器元件主接线柱位置是否完好和动断接线柱与动合接线柱的位置是否完好，具体过程如下。

1．区分热电器元件主接线柱位置及是否完好

图4-5所示为热电器元件的检测，通过表笔接触主接线柱的任意两点，由于热电器元件的电阻值比较小，几乎为零。测得的电阻，若为零，说明这两点是热电器元件的一对接线柱，热电器元件完好；若为无穷大，说明这两点不是热电器元件的一对接线柱或热电器元件损坏。

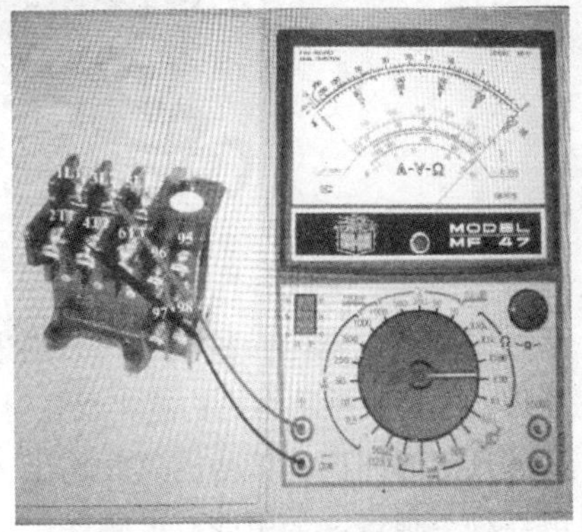

图4-5　热电器元件的检测

2．区分动断接线柱和动合接线柱的位置及是否完好

将万用表的表笔跨接在任意两接线柱上，若指针为零，说明这是一对动断接线柱；若指针不动，则可能是动合接线柱，若要确定，须拨动机械按键，模拟继电器动作。

拨动机械试验按键，若表针从无穷大指向零，说明这对接线柱是动合接线柱，如图4-6所示；若表针从零指向无穷大，说明这对接线柱是动断接线柱，如图4-7所示；若表针不动，说明这两点不是一对接线柱。

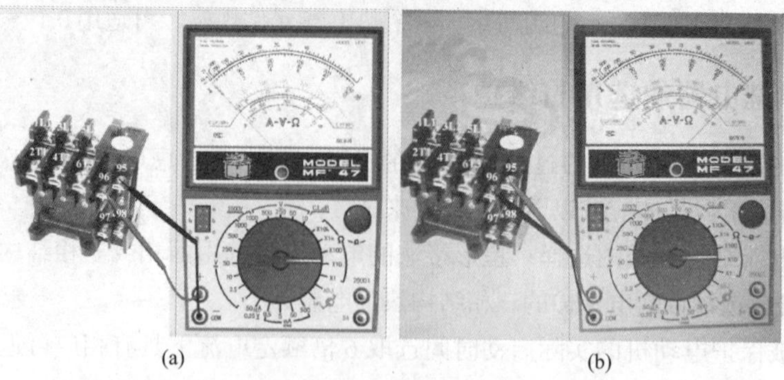

(a)　(b)

图 4-6　动合触点的检测

（a）按机械试验按钮前；（b）按机械试验按钮后

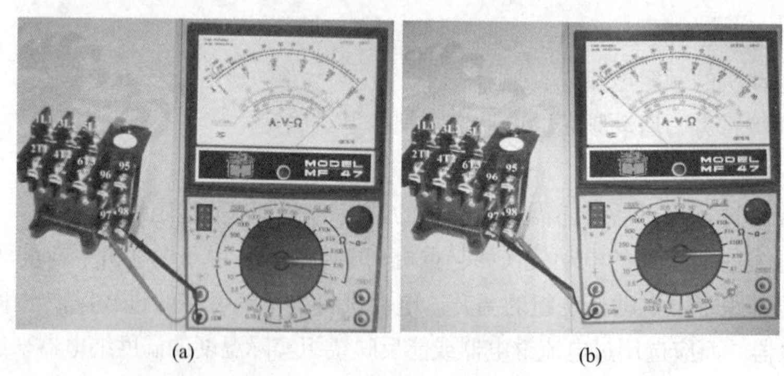

(a)　(b)

图 4-7　动断触点的检测

（a）按机械试验按钮前；（b）按机械试验按钮后

任务 4.2　时间继电器的识别

任务描述

时间继电器是一种按时间原则进行控制的继电器。它利用电磁原理，配合机械动作机构能实现在得到信号输入（线圈通电或断电）后的预定时间内的信号的延时输出（触点的闭合或断开）。时间继电器种类很多，常用的有电磁式、空气阻尼式、电动式和晶体管式等。本任务以空气阻尼式时间继电器为例进行讲述，如图 4-8 所示。要求学习者在掌握时间继电器的结构与工作原理的基础上，能够独立完成时间继电器的识别与检测。

图 4-8　时间继电器

4.2.1　时间继电器的结构与工作原理

空气阻尼式时间继电器利用空气通过小孔时产生阻尼的原理获得延时。其结构由电磁机构、触点系统和延时机构 3 部分组成。电磁机构为双 E 直动式；触点系统为微动开关；延时机构采用气囊式阻尼器。图 4-8 所示为 JS7 系列空气阻尼式时间继电器的外形。

空气阻尼式时间继电器既有通电延时型，也有断电延时型。只要改变电磁机构的安装方向，便可实现不同的延时方式：当衔铁位于铁芯和延时机构之间时为通电延时［图 4-9（a）］；当铁芯位于衔铁和延时机构之间时为断电延时［图 4-9（b）］。

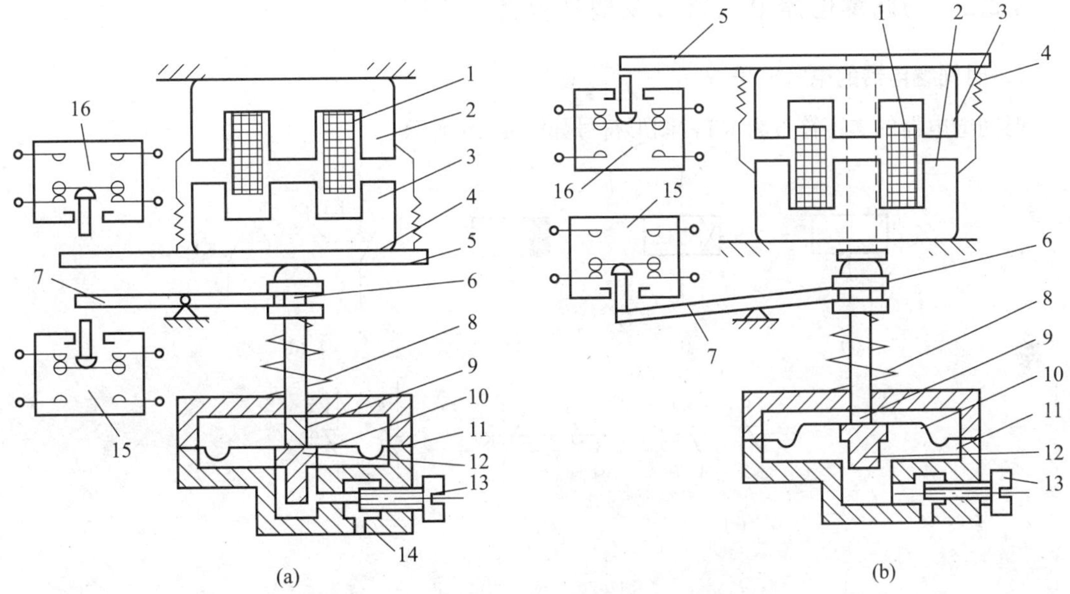

图 4-9　JS7 系列空气阻尼式时间继电器的外形

（a）通电延时型；（b）断电延时型

1—线圈；2—静铁芯；3—衔铁；4，8，9—弹簧；5—推板；6—活塞杆；7—杠杆；

10—橡皮膜；11—空气室壁；12—活塞；13—调节螺杆；14—气孔；15，16—微动开关

图 4-9（a）所示为通电延时型时间继电器，当线圈 1 通电后，静铁芯 2 将衔铁 3 吸合，活塞杆 6 在塔形弹簧的作用下，带动活塞 12 及橡皮膜 10 向上移动，由于橡皮膜下方气室空气稀薄，形成负压，因此活塞杆 6 不能上移。当空气由气孔 14 进入时，活塞杆 6 才逐渐上移。移动到最上端时，杠杆 7 才使微动开关动作。延时时间即自电磁铁吸引线圈通电时刻起到微动开关动作时为止的这段时间。通过调节螺杆 13 调节进气口的大小，就可以调节延时时间。

当线圈 1 断电时，衔铁 3 在复位弹簧 4 的作用下将活塞 12 推向最下端。因活塞被往下推时，橡皮膜下方气孔内的空气，都通过橡皮膜 10、弱弹簧 9 和活塞 12 肩部所形成的单向阀，经上气室缝隙顺利排掉，因此，线圈 1 通电或断电时，微动开关 15 与 16 在推板 5 的作用下均能瞬时动作。

将电磁机构翻转 180°安装后，可得到图 4-9（b）所示的断电延时型时间继电器。它的工作原理与通电延时型相似，微动开关 15 是在吸合线圈 1 断电后延时动作的。

综上所述，时间继电器触点的过程如下：

（1）通电延时型：线圈通电，延时一定时间后延时触点才闭合或断开；线圈断电，触点瞬时复位。

（2）断电延时型：线圈通电，延时触点瞬时闭合或断开；线圈断电，延时一定时间后延时触点才复位。

空气阻尼式时间继电器的优点是结构简单、寿命长、价格低廉；缺点是准确度低、延时误差大，在延时精度要求高的场合不宜采用。

4.2.2　时间继电器电气符号及型号含义

1．时间继电器的电气符号

时间继电器的文字符号为 KT，图形符号如图 4-10 所示。

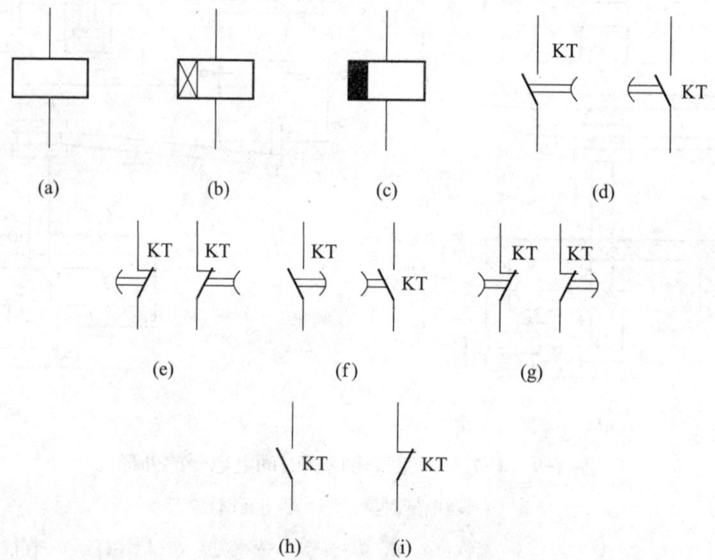

图 4-10　时间继电器的图形及文字符号

（a）线圈一般符号；（b）通电延时线圈；（c）断电延时线圈；（d）延时闭合常开触点；（e）延时断开常闭触点；（f）延时断开常开触点；（g）延时闭合常闭触点；（h）瞬时常开触点；（i）瞬时常闭触点

2．时间继电器的型号

时间继电器的型号和含义如图 4-11 所示。

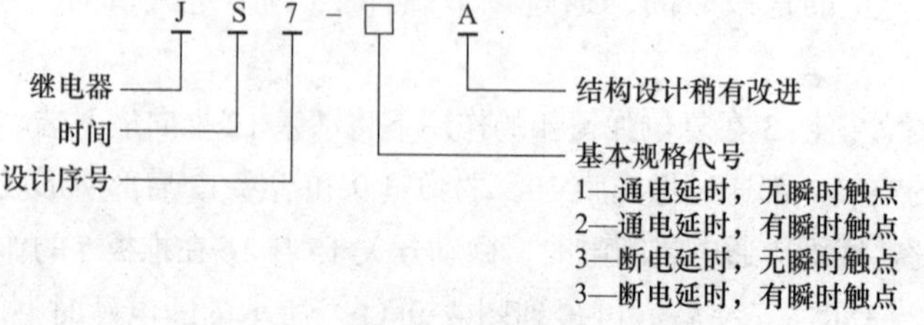

图 4-11　时间继电器的型号和含义

任务 4.3　其他类型的继电器

4.3.1　电压、电流继电器

根据输入线圈电流（或电压）大小而动作的继电器称为电流（或电压）继电器。

1．电流继电器

电流继电器线圈与被测电路串联，以反映电路电流的变化，主要用于电动机、发电动机或其他负载的过载及短路保护、直流电动机磁场控制或失磁保护等。电流继电器的线圈串联在被测量的电路中，其线圈匝数少、导线粗、阻抗小。电流继电器除用于电流型保护的场合外，还经常用于按电流原则控制的场合。电流继电器有过电流继电器和欠电流继电器两种。

过电流继电器在电路正常工作时，衔铁是释放的；一旦电路发生过载或短路故障时，衔铁才吸合，带动相应的触点动作，即常开触点闭合，常闭触点断开。

欠电流继电器在电路正常工作时，衔铁是吸合的，其常开触点闭合，常闭触点断开；一旦线圈中的电流降至额定电流的 20%以下时，衔铁释放，发出信号，从而改变电路的状态。

2．电压继电器

触点的动作与加在线圈上的电压大小有关的继电器称为电压继电器，它用于电力拖动系统的电压保护和控制。电压继电器反映的是电压信号，它的线圈并联在被测电路的两端，所以匝数多、导线细、阻抗大。电压继电器按动作电压值的不同，可分为过电压继电器和欠电压继电器两种。

一般来说，过电压继电器在电压为额定电压的 110% 以上时动作，对电路进行过压保护，其工作原理与过电流继电器相似；欠电压继电器在电压为额定电压的 40% ～ 70% 时动作，对电路进行欠电压保护，其工作原理与欠电流继电器相似；零电压继电器在电压减小至额定电压的 5% ～ 25% 时动作，对电路进行零电压保护。

4.3.2　中间继电器

中间继电器在结构上是一个电压继电器，但它的触点数量多、触点容量大（额定电流为 5 ～ 10 A），是用来转换控制信号的中间电器元件。其输入是线圈的通电或断电信号，输出信号为触点的动作。其主要用途是当其他继电器的触点数或触点容量不够时，可借助中间继电器来扩大它们的触点数或触点容量，起中间转换的作用。

4.3.3　速度继电器

速度继电器又称反接制动继电器，是用来反映转速和转向变化的继电器。其主要用于三相异步电动机反接制动的控制电路。在制动时，控制电路将三相电源的相序改变，产生与

实际转子转动方向相反的旋转磁场和制动力矩，从而使电动机在制动状态下速度迅速降低。在电动机转速接近零时，速度继电器发出信号，切断电源使之停车（否则电动机开始反方向启动）。

速度继电器应用广泛，可以用来监测船舶、火车的内燃机引擎，以及监测气体、水和风力涡轮机，还可以用于造纸业、箔的生产和纺织业生产。在船用柴油机及很多柴油发电动机组的应用中，速度继电器作为一个二次安全回路，当紧急情况产生时，迅速关闭引擎。

1．速度继电器的结构和原理

速度继电器依靠旋转速度的快慢作为指令信号，并将信号通过触点的分合传递给接触器，从而实现对电动机反接制动控制。速度继电器的实物及其结构示意如图 4-12 所示。

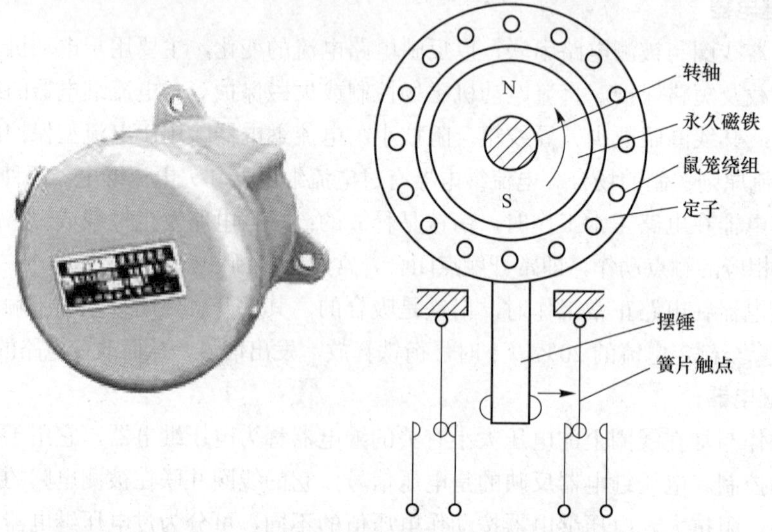

图 4-12　速度继电器的实物及其结构示意

从结构上看，速度继电器主要由转子、定子和触点三部分组成。转子是一个圆柱形永久磁铁；定子是一个笼形空心圆环，由硅钢片叠成，并装有笼形绕组。

速度继电器与电动机同轴相连，当电动机旋转时，速度继电器的转子随之转动。在空间产生旋转磁场，切割定子绕组，在定子绕组中感应出电流。此电流又在旋转的转子磁场作用下产生转矩，使定子随转子转动方向而旋转，与定子安装在一起的摆锤推动动触点动作，使常开触点闭合，常闭触点断开。当电动机速度低于某一值时，动作产生的转矩减小，动触点复位。

速度继电器有两组触点（每组各有一对动合触点和动断触点），可分别控制电动机正、反转的反接制动。通常，当速度继电器转轴的转速达到 120 r/min 时，触点即动作；当转速低于 100 r/min 时，触点即复位。

2．速度继电器的型号和电气符号

（1）型号。速度继电器的标志组成及其含义如下：

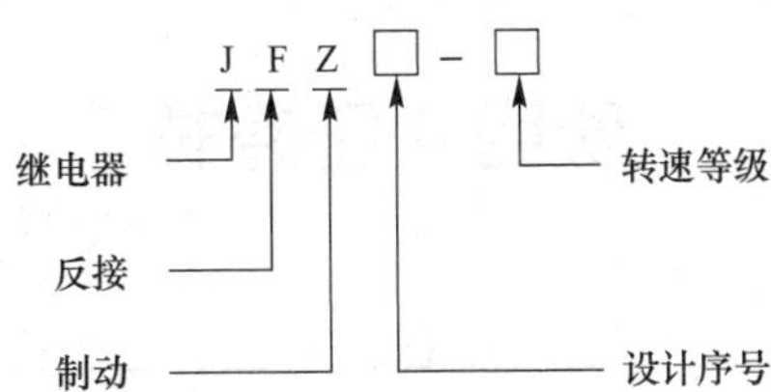

（2）电气符号。速度继电器的图形符号及文字符号如图 4-13 所示。

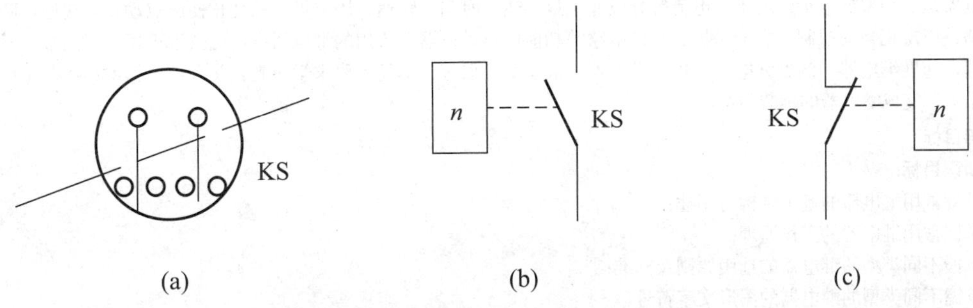

图 4-13　速度继电器的图形符号及文字符号

（a）转子；（b）动合触点；（c）动断触点

3．速度继电器的安装与使用

（1）速度继电器的转轴应与电动机同轴连接，使两轴的中心线重合。速度继电器的轴可用联轴器与电动机的轴连接，如图 4-14 所示。

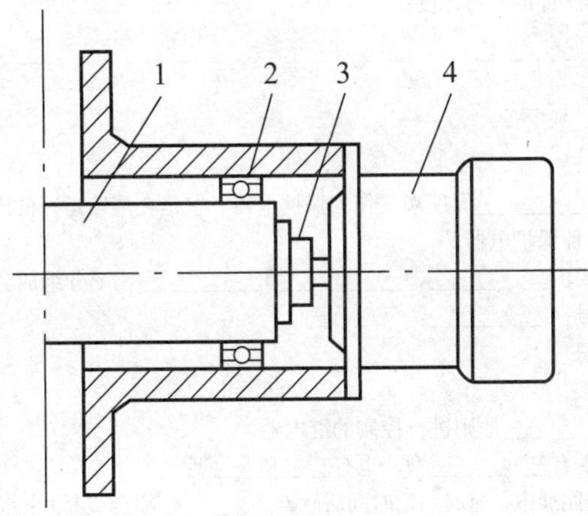

图 4-14　速度继电器的安装

1—电动机轴；2—电动机轴承；3—联轴器；4—速度继电器

（2）速度继电器安装接线时，正反向的触点不能接错，否则不能起到反接制动时接通和断开反向电源的作用。

（3）金属外壳应可靠接地。

项目4任务书

<table>
<tr><td>项目编号</td><td>4</td><td>项目名称</td><td>认识继电器</td></tr>
<tr><td colspan="4">任务描述：
继电器是一种根据电量（电压、电流等）或非电量（热、时间、转速、压力等）的变化使触点动作，接通或断开控制电路，以实现自动控制、安全保护、转换电路等功能的自动电器。常用的继电器有电磁式继电器、时间继电器、热继电器、速度继电器、温度继电器、压力继电器、液位继电器等。本任务要求学习者在掌握继电器的结构与工作原理的基础上，完成继电器的拆装与检测。</td></tr>
<tr><td colspan="4">学习目标
☆知识目标：
1. 掌握常用继电器的基本结构与用途；
2. 掌握常用继电器的工作原理；
3. 掌握不同类型的继电器的选用原则及标准；
4. 掌握不同类型的继电器的图形文字符号。
☆技能目标：
1. 能够正确拆装常用继电器；
2. 能够读懂继电器的铭牌；
3. 能够使用电工检测仪表判断不同类型继电器的好坏；
4. 能够根据电气控制线路的参数合理选择继电器。
☆情感目标：
1. 培养学生理论联系实际的良好学习习惯；
2. 激发浓厚的学习兴趣，培养严谨的学习态度；
3. 培养良好的职业道德。</td></tr>
<tr><td colspan="4">知识学习
1．学习热继电器的基础知识
引导性问题
（1）热继电器是利用电流的＿＿＿＿＿原理来工作的保护电器。它是在连续运行的电动机实现及＿＿＿＿＿保护，以防止电动机因过热而烧毁的一种保护电器。
（2）双金属片式热继电器主要由＿＿＿＿＿、＿＿＿＿＿和＿＿＿＿＿三部分组成。
（3）热继电器的电气图形符号：＿＿＿＿＿。
2．学习时间继电器的基础知识
引导性问题
（1）时间继电器是一种按＿＿＿＿＿原则进行控制的继电器。
（2）空气阻尼式时间继电器既有＿＿＿＿＿型，也有＿＿＿＿＿型。
（3）通电延时型时间继电器线圈通电，延时一定时间后触点＿＿＿＿＿闭合或断开；线圈断电，触点＿＿＿＿＿复位。
（4）断电延时型时间继电器线圈通电，延时触点＿＿＿＿＿闭合或断开；线圈断电，延时一定时间后延时触点才＿＿＿＿＿。
3．其他类型继电器
（1）根据输入线圈电流大小而动作的继电器称为＿＿＿＿＿继电器。
（2）电流继电器线圈与被测电路＿＿＿＿＿联，以反映电路电流的变化。
（3）触点的动作与加在线圈上的电压大小有关的继电器称为＿＿＿＿＿继电器。
（4）电压继电器反映的是电压信号，它的线圈＿＿＿＿＿联在被测电路的两端。
（5）速度继电器又称＿＿＿＿＿继电器，是用来反映＿＿＿＿＿和＿＿＿＿＿变化的继电器。</td></tr>
</table>

项目 4 工作单

项目编号	4	项目名称	认识继电器	成绩	
班级		小组		日期	
小组成员					

1. 实践准备

工具、材料明细见表 1。

表 1　工具、材料明细表

分类	名称	型号或规格	数量
仪表	万用表	MF47 或自定	1 块
工具	电工通用工具	钢丝钳、螺钉旋具（一字和十字）、尖嘴钳、剥线钳等	1 套

2．认一认

识别继电器，并按要求完成表 2。

表 2　继电器的符号与型号

名称	图形符号及文字符号	型号
热继电器		
时间继电器		
速度继电器		
中间继电器		

3．拆一拆

拆卸和组装热继电器，并能够识别图 1 所示电器电器元件的名称。

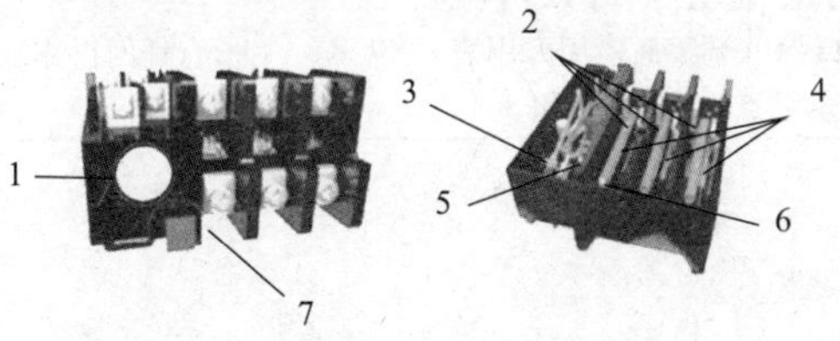

图 1　热继电器

1______________；2______________；3______________；

4______________；5______________；6______________；

7______________。

4．查一查

通过不同途径检索资料，查询型号不同类型继电器的主要技术参数，了解其技术参数。

续表

5．选一选

根据热继电器选用原则选用合适的继电器。

有一台额定电压为 380 V、额定功率为 10 kW 的三相交流异步电动机，请问如何选择热继电器？

6．测一测

用万用表测试热继电器，判别电器元件的好坏，将测试结果填入表 3 中。

表 3　继电器的识别与测试

测试内容	测量过程				测量阻值	器件是否完好
	测量任务	总工序	工序	操作方法		
热继电器	主触点测量	万用表置于 $R\times1\ \Omega$ 挡或 $R\times10\ \Omega$ 挡并调零后，用万用表表笔测量触点 1-2、3-4 和 5-6	1	未有任何操作		
			2	拨动试验按钮		
	常闭触点测量	万用表置于 $R\times1\ \Omega$ 挡或 $R\times10\ \Omega$ 挡并调零后，用万用表表笔测量触点 97-98	3	未有任何操作		
			4	拨动试验按钮		
	常开触点测量	万用表置于 $R\times1\ \Omega$ 挡或 $R\times10\ \Omega$ 挡并调零后，用万用表表笔测量触点 95-96	5	未有任何操作		
			6	拨动试验按钮		
	短路测量	万用表置于 $R\times1\ \Omega$ 挡或 $R\times10\ \Omega$ 挡并调零后，用万用表表笔测量触点 1-3、3-5 和 5-1	7	未有任何操作		

7. 本小组总结

项目 5　认识熔断器

知识目标

1．掌握熔断器的基本结构；
2．掌握熔断器的工作原理；
3．掌握熔断器的文字及图形符号；
4．掌握熔断器的选用原则及标准。

能力目标

1．能够正确拆装熔断器；
2．能够读懂熔断器的铭牌；
3．能够使用电工检测仪表检测熔断器的好坏；
4．能够根据电气控制线路的参数合理选择熔断器。

任务 5.1　熔断器的结构

任务描述

熔断器主要用于线路及电力变压器等电器设备的短路及过载保护。当电力系统由于过载引起电流超过某一数值、电气设备或线路发生短路事故时，熔断器应能在规定的时间内迅速动作，切断电源以起到保护设备、保证正常部分免遭短路事故破坏的作用。本任务要求学习者在掌握熔断器的结构的基础上，完成熔断器的拆装。

熔断器主要由金属熔断体、载熔件和底座组成。有的熔断器还具有熔管、充填物、熔断指示器等结构部件。不同类型的熔断器其结构也会略有不同。常见的熔断器的结构如图 5-1 和图 5-2 所示。

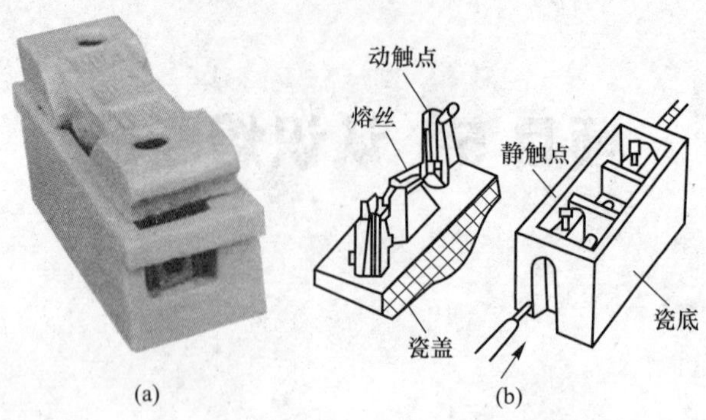

图 5-1　RC1 瓷插式熔断器的结构

（a）外形图；（b）内部结构图

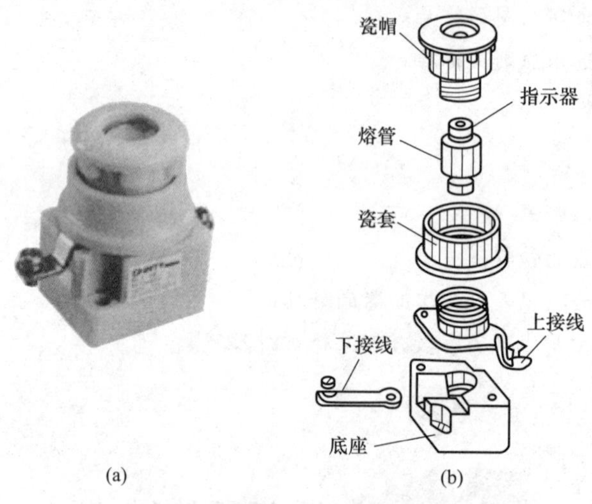

图 5-2　螺旋式熔断器的结构

（a）外形图；（b）内部结构图

（1）熔体：熔断器的主要部分，也称熔体。熔体是熔断器的核心部件，它是一个最薄弱的导电环节，正常工作时起导通电路的作用，在故障情况下熔体将首先熔化，从而切断电路，实现对其他设备的保护。

熔体可分为低熔点熔体和高熔点熔体。低熔点材料（如铅、锌、锡等）制成的熔体在熔化时将产生大量的金属蒸气，电弧不易熄灭，一般用于 500 V 及以下的低压熔断器中，起过负荷保护作用；高熔点材料（如铜、银等）电阻率较低，所制成的熔体截面可较小，有利于电弧的熄灭，这类熔体一般用作短路保护。

（2）熔断器载熔件：熔断器的可动部件，用于安装和拆卸熔体。通过其接触部分将熔体固定在底座上，并将熔体与外部电路连接。载熔件通常采用触点的形式。

（3）熔断器底座：熔断器的固定部件装有供电路连接的端子，包括绝缘件和其他必需的所有部件。绝缘件用于实现各导电部分的绝缘和固定。

（4）熔管：熔断器的外壳，用于放置熔体来限制熔体电弧的燃烧范围，并具有一定灭弧作用。

（5）充填物：一般采用固体石英砂，是一种导热率很高的绝缘材料，用于冷却和熄灭电弧。

（6）熔断指示器：用于反映熔体的状态，即完好或已熔断。

任务 5.2　熔断器的工作原理及型号含义

任务描述

熔断器是一种用于过载与短路保护的电器。熔断器是在线路中人为设置的“薄弱环节”，要求它能承受额定电流，而当短路或过载时，则要求其充分显示其“薄弱性”，首先熔断，从而保护电器设备的安全。那么熔断器是如何工作的呢？本任务要求学习者在掌握熔断器工作原理的基础上，能够识别不同型号的熔断器并能够绘制断路器的图形文字符号。

5.2.1　熔断器的工作原理与保护特性

1．熔断器的工作原理

熔断器的金属熔体是由低熔点金属丝或金属薄片制成的熔体。其串联在被保护的电路中。在正常情况下，熔体相当于一根导线；当电路发生过负荷或短路故障时，通过熔体电流增大，过负荷电流或短路电流对熔体加热，熔体由于自身温度超过熔点，在被保护设备的温度未达到破坏其绝缘之前熔化，将电路切断，从而使线路中的电器设备得到了保护。

熔断器的工作过程大致可分为以下 4 个阶段：

（1）熔断器的熔体因过载或短路而加热到熔化温度；

（2）熔体的熔化和气化；

（3）触点之间的间隙击穿和产生电弧；

（4）电弧熄灭、电路被断开。

熔断器的开断能力取决于熄灭电弧能力的大小。熔体熔化时间的长短，取决于通过的电流的大小和熔体熔点的高低。

2．熔断器的保护特性

熔断器熔体的熔断时间与熔体的材料和熔断电流的大小有关，熔断时间与电流的大小关系，称为熔断器的安秒特性，也称为熔断器的保护特性。

熔断器的保护特性为反时限的保护特性曲线，如图 5-3 所示。其规律是熔断时间与电流的平方成反比，各类熔断器的保护特性曲线均不相同，与熔断器的结构形式有关。图中 I_N 为熔断器额定电流，熔体允许长期通过额定电流而不熔断，通过熔体电流与熔体时间的数值关系见表 5-1。

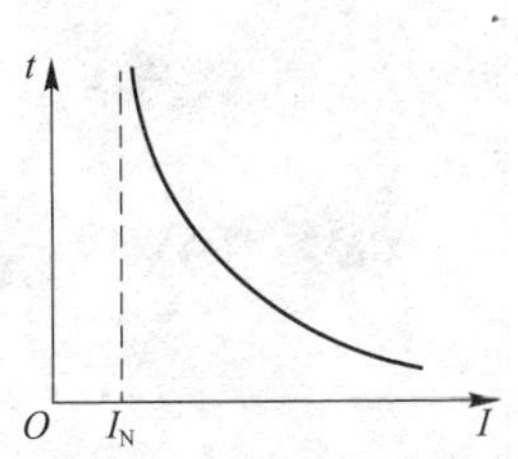

图 5-3　熔断器的保护特性曲线

表 5-1　常用熔体的安秒特性

通过熔体电流 /A	$1.25I_N$	$1.6I_N$	$1.8I_N$	$2.0I_N$	$2.5I_N$	$3I_N$	$4I_N$	$8I_N$
熔断时间 /s	∞	3 600	1 200	40	8	4.5	2.5	1

5.2.2　熔断器的电气符号及分类

1．熔断器的图形符号及文字符号

熔断器的图形符号及文字符号如图 5-4 所示，文字符号用“FU”表示。

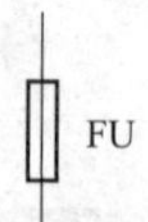

图 5-4　熔断器的图形符号及文字符号

2．熔断器的分类

熔断器的种类很多，常见的有 RC 插入式熔断器、RL 螺旋式熔断器、RM 无填料封闭式熔断器、RS 有填料快速熔断器、RT 有填料封闭式熔断器和 RZ 自复式熔断器等。熔断器的型号含义如图 5-5 所示。

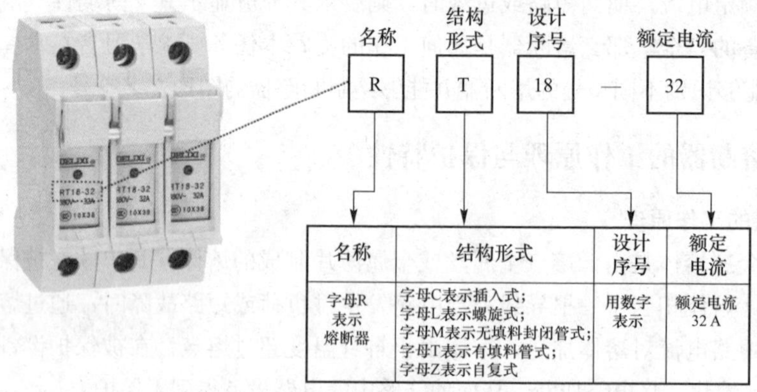

图 5-5　熔断器的型号含义

（1）RL 螺旋式熔断器（表 5-2）。

表 5-2　RL 螺旋式熔断器

RL 螺旋式熔断器	说明
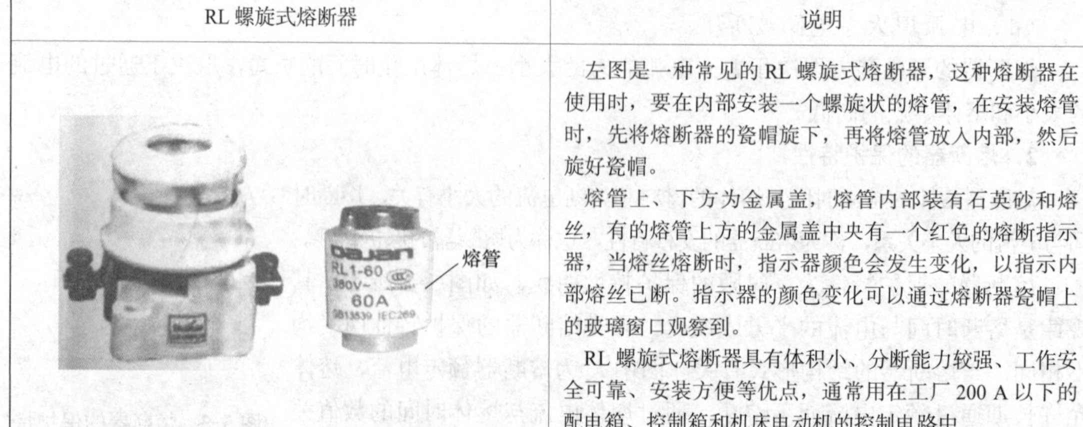	左图是一种常见的 RL 螺旋式熔断器，这种熔断器在使用时，要在内部安装一个螺旋状的熔管，在安装熔管时，先将熔断器的瓷帽旋下，再将熔管放入内部，然后旋好瓷帽。 熔管上、下方为金属盖，熔管内部装有石英砂和熔丝，有的熔管上方的金属盖中央有一个红色的熔断指示器，当熔丝熔断时，指示器颜色会发生变化，以指示内部熔丝已断。指示器的颜色变化可以通过熔断器瓷帽上的玻璃窗口观察到。 RL 螺旋式熔断器具有体积小、分断能力较强、工作安全可靠、安装方便等优点，通常用在工厂 200 A 以下的配电箱、控制箱和机床电动机的控制电路中

（2）RM 无填料封闭式熔断器（表 5-3）。

表 5-3　RM 无填料封闭式熔断器

RM 无填料封闭式熔断器	说明
	左图是一种典型的 RM 无填料封闭式熔断器，它可以拆卸。这种熔断器的熔体是一种变截面的锌片，它被安装在纤维管中，锌片两端的刀形接触片穿过黄铜帽，再通过垫圈安插在刀座中。这种熔断器通过大电流时，锌片上窄的部分首先熔断，使中间大段的锌片脱断，形成很大的间隔，从而有利于灭弧。 RM 无填料封闭式熔断器具有保护性好、分断能力强、熔体更换方便和安全可靠等优点，主要用在交流 380 V 以下、直流 440 V 以下，电流 600 A 以下的电力电路

（3）RS 有填料快速熔断器（表 5-4）。

表 5-4　RS 有填料快速熔断器

RS 有填料快速熔断器	说明
	左图是两种常见的 RS 有填料快速熔断器。 RS 有填料快速熔断器主要用于硅整流器件、晶闸管器件等半导体器件及其配套设备的短路和过载保护，它的熔体一般采用银制成，具有熔断迅速、能灭弧等优点

（4）RT 有填料封闭式熔断器（表 5-5）。

表 5-5　RT 有填料封闭式熔断器

RT 有填料封闭式熔断器	说明
(a)　(b)	RT 有填料封闭管式熔断器也称为石英熔断器，它常用于变压器和电动机等电气设备的过载和短路保护。左图（a）所示是几种常见的 RT 有填料封闭管式熔断器，这种熔断器可以用螺钉、卡座等与电路连接起来；左图（b）所示是将一种熔断器插在卡座内的情形。 RT 有填料封闭管式熔断器具有保护性好、分断能力强、灭弧性能好和使用安全等优点，主要用在短路电流大的电力电网和配电设备

（5）RZ 自复式熔断器（表 5-6）。

表 5-6　RZ 自复式熔断器

RZ 自复式熔断器	说明
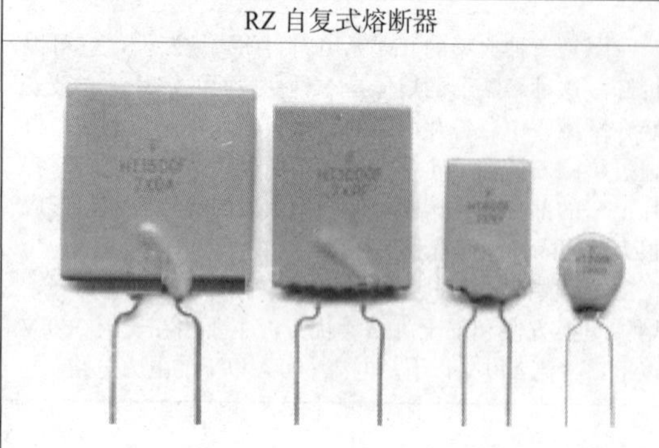	左图是 RZ 自复式熔断器的结构示意，其内部采用金属钠作为熔丝，在常温下，钠的电阻很小，整个熔丝的电阻也很小，可以通过正常的电流，若电路出现短路，则会导致流过钠熔丝的电流很大，钠被加热气化，电阻变大，熔断器相当于开路，当短路消除后，流过的电流减小，钠又恢复成固态，电阻又变小，熔断器自动恢复正常。 RZ 自复式熔断器通常与低压断路器配套使用，其中 RZ 自复式熔断器用于短路保护，断路器用于控制和过载保护，这样可以提高供电可靠性

任务 5.3　熔断器的选用

任务描述

在使用熔断器的过程中如何科学地选型，避免因熔断器选型不当及安装不合理，造成其不能发挥应有保护作用，并在运行中存在一定安全隐患，既降低系统保护运行的可靠性，又对使用人员的人身安全构成相应威胁。所以，如何科学合理地选择使用熔断器是保证系统安全有效运行的关键。本任务要求学习者在掌握熔断器主要技术参数的基础上，能够正确选用熔断器。

5.3.1　熔断器的技术参数

熔断器的主要技术参数包括熔断器的额定电压、熔体的额定电流、熔断器的额定电流、极限分断能力等。

1．熔断器的额定电压

熔断器的额定电压是指熔断器长期工作时和分断后能够承受的电压。其取决于线路的额定电压，其值一般等于或大于连接电路的额定电压。

2．熔体的额定电流

熔体的额定电流是指熔体长期通过而不会熔断的电流。

3．熔断器的额定电流

熔断器的额定电流是保证熔断器（指绝缘底座）能长期正常工作的电流。

熔断器的额定电流等级比较少，而熔体的额定电流等级比较多，即在一个额定电流等级的熔断器内可以分装不同额定电流等级的熔体，但熔体的额定电流最大不能超过熔断器的额定电流。

4．极限分断能力

极限分断能力是指熔断器在规定的额定电压和功率因数（或时间常数）的条件下，能分断的最大短路电流值。在电路中出现的最大电流值一般是指短路电流值。所以，极限分断能力也反映了熔断器分断短路电流的能力。它取决于熔断器的灭弧能力，与熔体的额定电流无关。

熔断器的主要技术数据见表 5–7。

表 5–7　熔断器的主要技术数据

型号	熔断器额定电流 /A	额定电压 /V	熔体额定电流 /A	额定分断电流 /kA
RC1A–5	5	380	1、2、3、5	300（$\cos\varphi = 0.4$）
RC1A–10	10	380	2、4、6、8、10	500（$\cos\varphi = 0.4$）
RC1A–15	15	380	6、10、12、15	500（$\cos\varphi = 0.4$）
RC1A–30	30	380	15、20、25、30	1 500（$\cos\varphi = 0.4$）
RC1A–60	60	380	30、40、50、60	3 000（$\cos\varphi = 0.4$）
RC1A–100	100	380	60、80、100	3 000（$\cos\varphi = 0.4$）
RC1A–200	200	380	100、120、150、200	3 000（$\cos\varphi = 0.4$）
RL1–15	15	380	2、4、5、10、15	25（$\cos\varphi = 0.35$）
RL1–60	60	380	20、25、30、35、40、50、60	25（$\cos\varphi = 0.35$）
RL1–100	100	380	60、80、100	50（$\cos\varphi = 0.35$）
RL1–200	200	380	100、125、150、200	50（$\cos\varphi = 0.35$）
RM10–15	15	220	6、10、15	1.2
RM10–60	60	220	15、20、25、36、45、60	3.5
RM10–100	100	220	60、80、100	10
RS3–50	50	500	10、15、30、50	50（$\cos\varphi = 0.3$）
RS3–100	100	500	80、100	50（$\cos\varphi = 0.5$）
RS3–200	200	500	150、200	50（$\cos\varphi = 0.5$）
NT0	160	500	6、10、20、50、100、160	120
NT1	250	500	80、100、200、250	120
NT2	400	500	125、160、200、300、400	120
NT3	630	500	315、400、500、630	120

续表

型号	熔断器额定电流 /A	额定电压 /V		熔体额定电流 /A	额定分断电流 /kA	
NGT00	125	380		25、32、80、100、125	100	
NGT1	250	380		100、160、250	100	
NGT2	400	380		200、250、355、400	100	
RT0–50	50	（AC） 380	（DC） 440	5、10、15、20、 30、40、50	（AC） 50	（DC） 25
RT0–100	100	（AC） 380	（DC） 440	30、40、50、 60、80、100	（AC） 50	（DC） 25
RT0–200	200	（AC） 380	（DC） 440	80、100、120、 150、200	（AC） 50	（DC） 25
RT0–400	400	（AC） 380	（DC） 440	150、200、250、 300、350、400	（AC） 50	（DC） 25

熔断器的技术参数还包括额定开断能力、电流种类、额定频率、分断范围、使用类别和外壳防护等级等。

熔断器的技术参数应区分为熔断器（底座）的技术参数和熔体的技术参数。同一规格的熔断器底座可以装设不同规格的熔体，熔体的额定电流可以和熔断器的额定电流不同，但熔体的额定电流不得大于熔断器的额定电流。额定电流的表示形式为熔断器底座的额定电流 / 熔体的额定电流。

5.3.2　熔断器的选用

熔断器的选择主要包括熔断器类型、额定电压、熔断器额定电流及熔体额定电流等方面。

工业上选择熔断器一般应从以下几个方面考虑。

1．熔断器的类型

根据线路的要求、使用场合、安装条件和各类熔断器的使用范围来选择熔断器的类型。

2．熔断器的额定电压

熔断器的额定电压必须等于或高于熔断器工作点的电压。

3．熔体的额定电流

（1）对于照明线路等没有冲击电流的负载，应使熔体的额定电流等于或稍大于电路的工作电流，即

$$I_{FU} \geqslant I \tag{5-1}$$

式中　I_{FU}——熔体的额定电流；

I——电路的工作电流。

（2）对于电动机类负载，要考虑启动冲击电流的影响，应按下式计算：

$$I_{FU} \geqslant (1.5 \sim 2.5)\, I_N \tag{5-2}$$

（3）对于多台电动机由一个熔断器保护时，熔体额定电流应按下式计算：

$$I_{FU} \geqslant (1.5 \sim 2.5)\, I_{Nmax} + \sum I_N \tag{5-3}$$

式中　I_{Nmax}——容量最大的一台电动机的额定电流；

$\sum I_N$——其余电动机额定电流的总和。

（4）降压启动的电动机选用熔体的额定电流等于或略大于电动机的额定电流。

4．熔断器的额定电流

熔断器的额定电流根据被保护电路及设备的额定负载电流选择。熔断器的额定电流必须等于或高于所装熔体的额定电流。

5．熔断器的额定分断能力

熔断器的额定分断能力必须大于电路中可能出现的最大故障电流。

6．熔断器上、下级的配合

为满足电路保护的要求，应注意熔断器上、下级之间的配合，为此，应使上一级（供电干线）熔断器的熔体额定电流比下一级（供电支线）大 1 ～ 2 个级差。

任务 5.4　熔断器的检测

任务描述

熔断器在电路中主要起短路保护的作用，因此，为了确保被保护电路的安全运行，在使用前必须对其进行检测。本任务要求学习者能够独立完成熔断器的识别与检测。

熔断器常见故障是开路和接触不良。熔断器的种类很多，但检测方法基本相同，检测时通常使用万用表的 $R\times1\,\Omega$ 挡或 $R\times10\,\Omega$ 挡（表 5-8）。

表 5-8　熔断器的检测

熔断器的检测	方法步骤
红表笔　黑表笔　∞　0　×1　+　−	检测熔断器时，将万用表置于 $R\times1\,\Omega$ 挡或 $R\times10\,\Omega$ 挡，然后将红、黑表笔分别接熔断器的两端，测量熔断器的阻值。若熔断器正常，则阻值为 0；若阻值无穷大，则表明熔断器开路；若阻值不稳定（时大时小），则表明熔断器内部接触不良

项目 5 任务书

<table>
<tr><td>项目编号</td><td>5</td><td>项目名称</td><td>认识熔断器</td></tr>
<tr><td colspan="4">任务描述：
熔断器主要用于线路及电力变压器等电器设备的短路及过载保护。当电力系统由于过载引起电流超过某一数值、电器设备或线路发生短路事故时，熔断器应能在规定的时间内迅速动作，切断电源以起到保护设备、保证正常部分免遭短路事故的破坏。本任务要求学习者在掌握熔断器的结构与工作原理的基础上，完成熔断器的拆装与检测。</td></tr>
<tr><td colspan="4">学习目标
☆知识目标：
1. 掌握熔断器的基本结构；
2. 掌握熔断器的工作原理；
3. 掌握熔断器的选用原则及标准；
4. 掌握熔断器的图形文字符号。
☆技能目标：
1. 能够正确拆装常用熔断器；
2. 能够读懂熔断器的铭牌；
3. 能够使用电工检测仪表判断熔断器的好坏；
4. 能够根据电气控制线路的参数合理选择熔断器。
☆情感目标：
1. 培养学生理论联系实际的良好学习习惯；
2. 激发浓厚的学习兴趣，培养严谨的学习态度；
3. 培养良好的职业道德。</td></tr>
<tr><td colspan="4">知识学习
1．学习熔断器的结构
引导性问题
（1）熔断器主要用于线路及电力变压器等电器设备的____________及____________保护。
（2）熔断器主要由____________、____________和____________组成。
2．学习熔断器的工作原理
引导性问题
（1）熔断器的金属熔体是低熔点金属丝或金属薄片制成的熔体，____________联在被保护的电路中。在正常情况下，熔体相当于____________；当电路发生过负荷或短路故障时，熔体熔化，将电路____________，从而使线路中的电气设备得到了保护。
（2）熔断器的保护特性为____________的保护特性。
（3）熔断器的图形文字符号为____________。</td></tr>
</table>

项目 5 工作单

项目编号	5	项目名称	认识熔断器	成绩	
班级		小组		日期	
小组成员					

1. 实践准备

工具、材料明细见表 1。

表 1　工具、材料明细表

分类	名称	型号或规格	数量
仪表	万用表	MF47 或自定	1 块
工具	电工通用工具	钢丝钳、螺钉旋具（一字和十字）、尖嘴钳、剥线钳等	1 套

2. 认一认

识别熔断器，并按要求完成表 2。

表 2　熔断图形符号及文字符号

名称	图形符号及文字符号	型号
熔断器		

3. 拆一拆

拆卸和组装熔断器，并能够识别图 1 所示电器元件的名称。

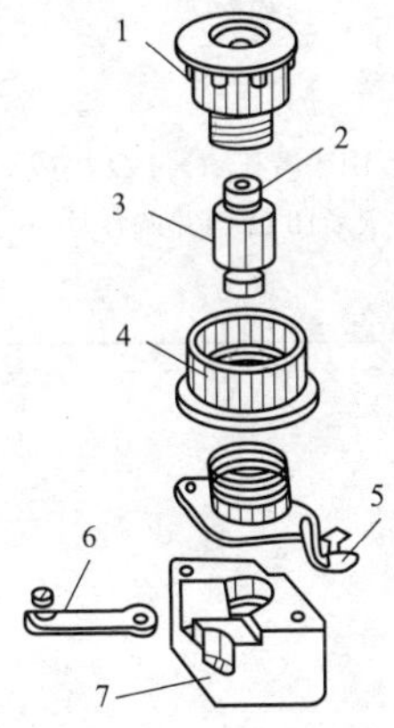

图 1　熔断器结构

1____________；2____________；3____________；

4____________；5____________；6____________；

7____________。

续表

4．查一查

通过不同途径检索资料，查询型号为 RT18-32 熔断器的主要技术参数（表 3）。

表 3　RT18-32 熔断器的主要技术参数

额定电压 /U_e	额定电流 /A		额定分断能力 /kA	结构形式
	熔断器	熔断体		
				熔断体与底座插拔式连接，显示器在熔断器的上端

5．选一选

根据熔断器选用原则选用合适的熔断器。

为一台额定电压为 380 V，额定功率为 5 kW 三相交流异步电动机选择短路保护的熔断器时，应选用什么规格、配用额定电流为多少的 RL 螺旋式熔断器？

6．测一测

用万用表测试熔断器，判别器件的好坏，将测试结果填入表 4 中。

表 4　熔断器的识别与测试

测试内容	测量过程				测量阻值	器件是否完好
	测量任务	总工序	工序	操作方法		
熔断器	溶体测量	万用表置于 $R\times1\,\Omega$ 挡或 $R\times10\,\Omega$ 挡并调零后	1	取出溶体，测量溶体两端的金属部分		
	整体测量		2	将溶体装入底座，测量熔断器的触点		

7．本小组总结

项目 6　认识主令电器

知识目标

1. 掌握控制按钮和行程开关的基本结构；
2. 掌握控制按钮和行程开关工作原理；
3. 掌握控制按钮和行程开关文字及图形符号；
4. 掌握常用主令电器的选用原则及标准。

能力目标

1. 能够正确拆装常用主令电器；
2. 能够读懂主令电器的铭牌；
3. 能够使用电工检测仪表判断主令电器的好坏；
4. 能够根据电器控制线路的参数合理选择主令电器。

任务 6.1　认识控制按钮

任务描述

主令电器是用来接通和分断控制电路，用以发布命令的电器。常用的主令电器有控制按钮、行程开关、接近开关、主令控制器、万能转换开关等。本任务要求学习者在掌握控制按钮的结构和工作原理的基础上，完成控制按钮的拆装及检测。

控制按钮是一种手动且一般可以自动复位的主令电器，用于对接触器、继电器及其他电器线路发出指令控制信号。常用按钮的外形如图 6-1 所示。

图 6-1 常用按钮的外形

6.1.1 按钮的结构和工作原理

1. 控制按钮的结构和工作原理

图 6-2 所示为控制按钮的结构示意。其由按钮帽、复位弹簧、桥式动触点、静触点和外壳等组成，通常制成具有动合（常开）触点和动断（常闭）触点的复式结构。当按下按钮时，动断触点先断开，动合触点后闭合；当按钮释放后，在复位弹簧的作用下使按钮自动复原，即动合触点先断开，动断触点后闭合，这种按钮称为自复式按钮。

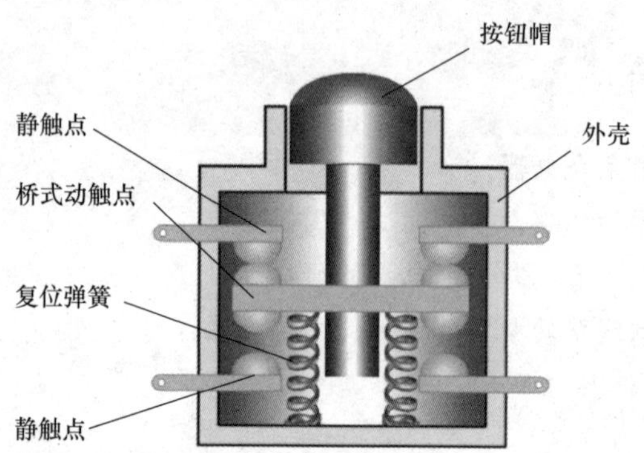

图 6-2 控制按钮的结构示意

2. 控制按钮的种类及常用型号

按照按钮的用途和结构的不同，控制按钮可分为启动按钮、停止按钮和复合按钮等。按使用场合、作用的不同，通常将按钮做成红、绿、黑、黄、蓝、白、灰等颜色。《人机界面标志标识的基本和安全规则 指示器和操作器件的编码规则》（GB/T 4025—2010）对颜色信息的含义做出规定，见表 6-1。

表 6-1 编码颜色信息的含义

颜色	含义		
	人身或环境的安全	过程状况	设备状态
红	危险	紧急	故障
黄	警告、注意	异常	异常
绿	安全	正常	正常
蓝	指令性含义		
白、灰、黑	未赋予具体含义		

3．控制按钮型号的含义及电气符号

（1）型号。LA 系列按钮型号的含义如下：

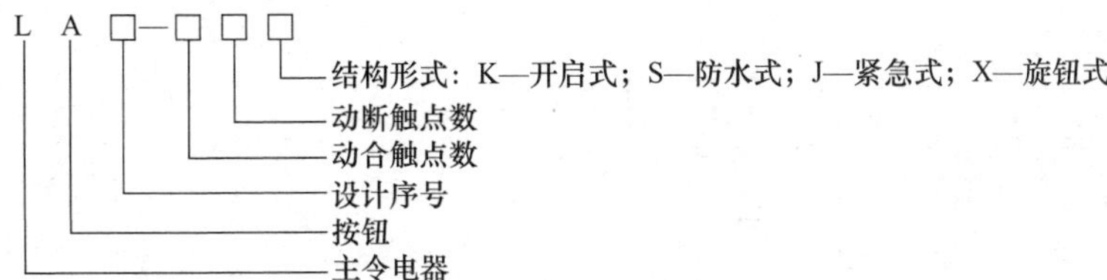

（2）电器符号。控制按钮的图形符号及文字符号如图 6-3 所示。

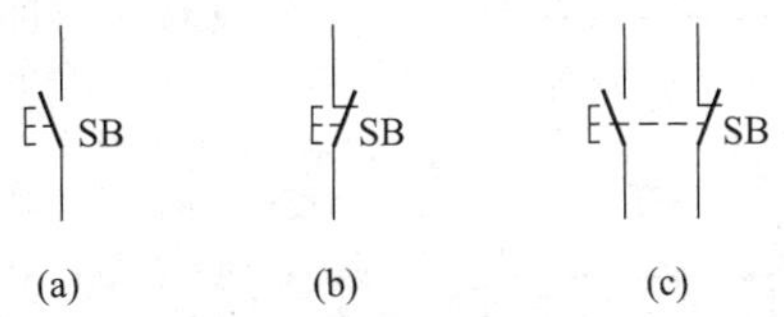

图 6-3　控制按钮的图形符号及文字符号

（a）动合触点；（b）动断触点；（c）复合式触点

控制按钮的选用依据主要是根据需要的触点对数、动作要求、是否需要带指示灯、使用场合及颜色等要求。

6.1.2　控制按钮的检测

控制按钮的检测一般采用万用表的 $R\times1\ \Omega$ 挡或 $R\times10\ \Omega$ 挡，具体测量时有两个步骤，具体见表 6-2。

表 6-2　控制按钮的检测

按钮的检测	方法步骤
黑表笔　a　b　红表笔　c　d　∞　0　×1 （a）常闭触点测量 a　b　黑表笔　c　d　红表笔　∞　0　×1 （b）常开触点测量	（1）在未按下按钮时进行检测。 在检测时，先测量常闭触点的两个接线端之间的阻值，然后测量常开触点的两个接线端之间的阻值。 如果按钮正常，则常闭触点阻值应为 0，如左图（a）所示；而常开触点阻值应为无穷大，如左图（b）所示；若与之不符，则表明按钮损坏

续表

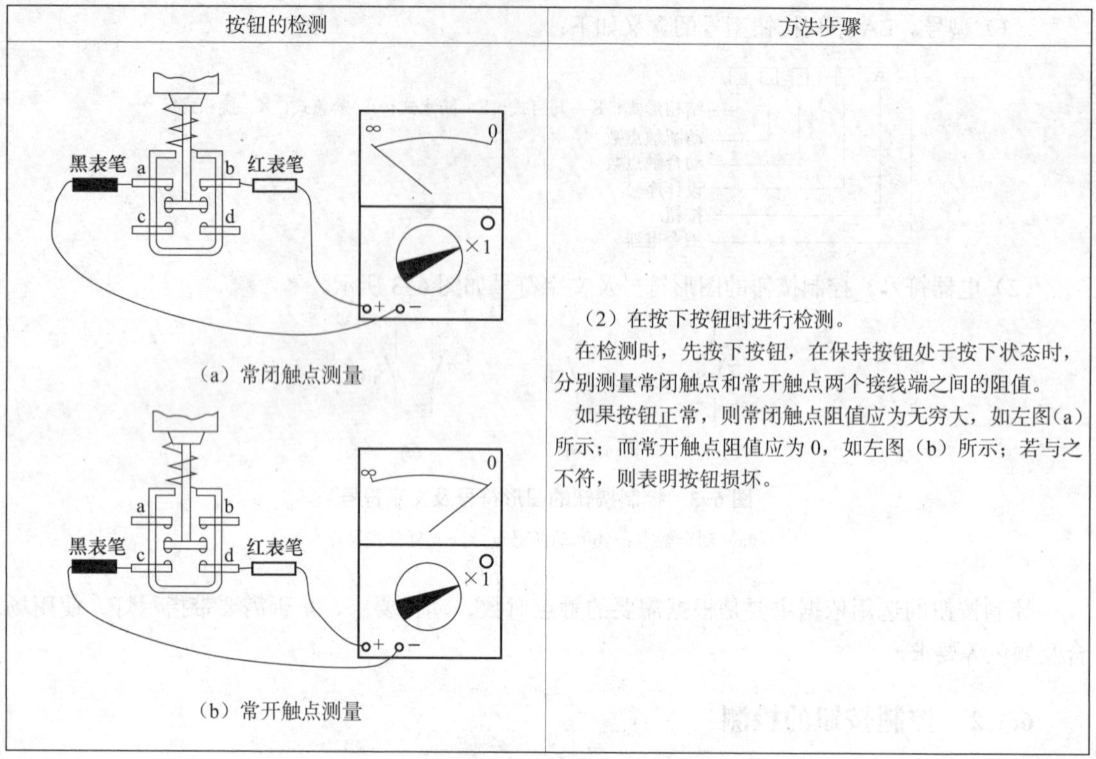

按钮的检测	方法步骤
（a）常闭触点测量 （b）常开触点测量	（2）在按下按钮时进行检测。 在检测时，先按下按钮，在保持按钮处于按下状态时，分别测量常闭触点和常开触点两个接线端之间的阻值。 如果按钮正常，则常闭触点阻值应为无穷大，如左图(a)所示；而常开触点阻值应为 0，如左图（b）所示；若与之不符，则表明按钮损坏。

任务 6.2　认识行程开关

任务描述

依据生产机械的行程发出命令以控制其运行方向或行程长短的主令电器，称为行程开关。若将行程开关安装于生产机械行程终点处，以限制其行程，则称为限位开关或终点开关。行程开关按其结构可分为直动式、滚轮式、微动式和组合式。本任务要求学习者在掌握行程开关的结构和工作原理的基础上，完成行程开关的拆装及检测。

6.2.1　行程开关的结构和工作原理

1．直动式行程开关

直动式行程开关的外形和结构如图 6-4 所示。其作用原理与按钮相同，只是它用运动部件上的挡铁碰压行程开关的推杆。这种开关不宜用在碰块移动速度小于 0.4 m/min 的场合。

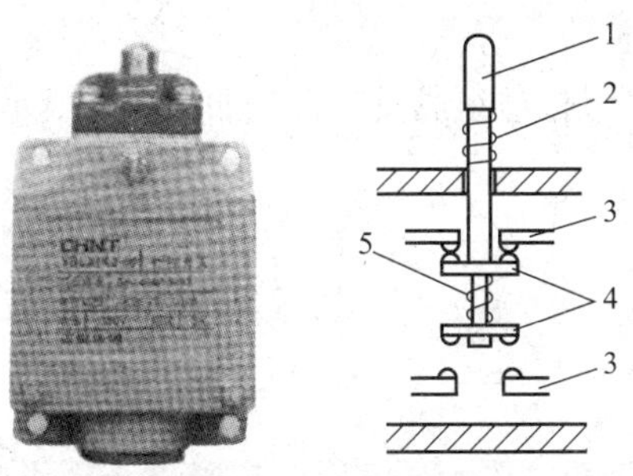

图 6-4　直动式行程开关的外形和结构

1—推杆；2—复位弹簧；3—静触点；4—动触点；5—触点弹簧

2．滚轮式行程开关

滚轮式行程开关的外形和结构如图 6-5 所示。为了克服直动式行程开关的缺点，可采用能瞬时动作的滚轮式行程开关。

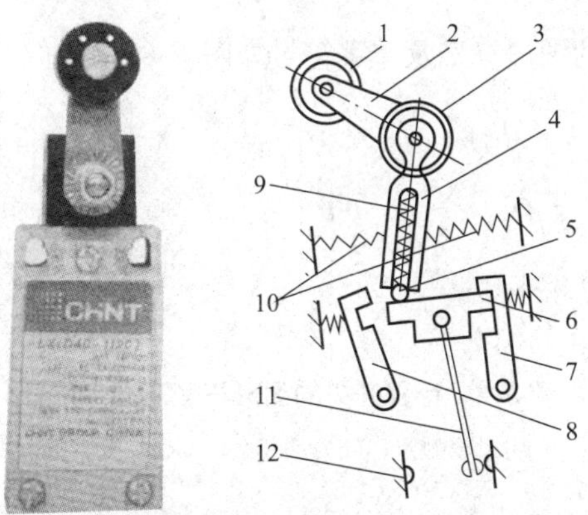

图 6-5　滚轮式行程开关的外形和结构

1—滚轮；2—上转臂；3—盘形弹簧；4—推杆；5—小滚轮；6—操纵件；

7、8—压板；9、10—弹簧；11—动触点；12—静触点

3．微动式行程开关

微动式行程开关是行程非常小的瞬时动作开关，其特点是操作力小和操作行程短。其外形和结构如图 6-6 所示。当推杆被按下时，弹簧片变形存储能量，当推杆被按下一定距离时，弹簧瞬时动作，使其触点快速切换，当外力消失，推杆在弹簧的作用下迅速复位，触点也复位，常用的有 LXW 系列产品。

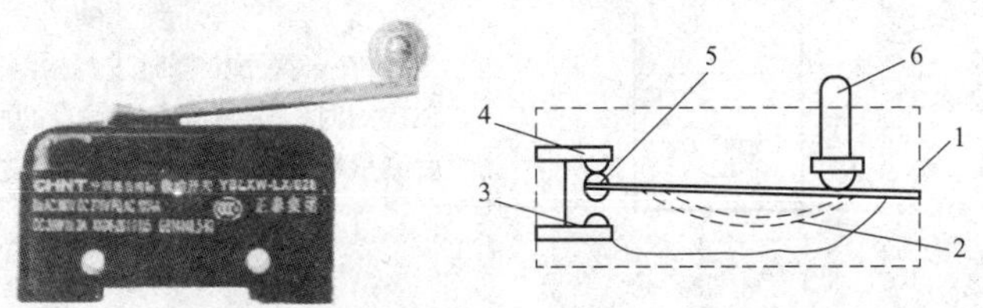

图 6-6　微动式行程开关的外形和结构

1—壳体；2—弓簧片；3—动合触点；4—动断触点；5—动触点；6—推杆

4．行程开关的型号和符号

（1）型号。行程开关的型号标志组成及其含义如图 6-7 所示。

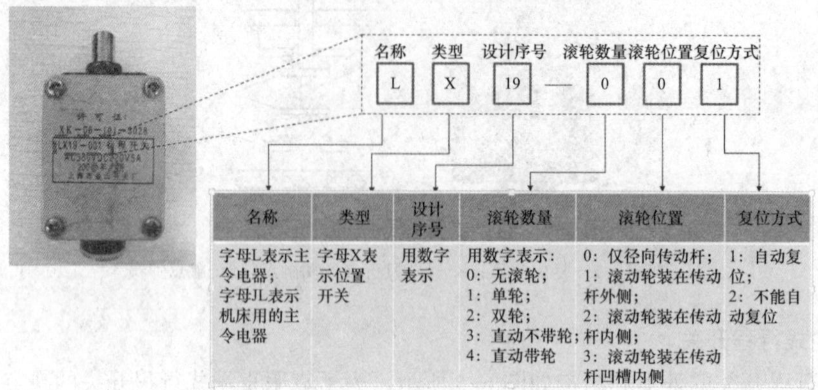

名称	类型	设计序号	滚轮数量	滚轮位置	复位方式
字母L表示主令电器；字母JL表示机床用的主令电器	字母X表示位置开关	用数字表示	用数字表示：0：无滚轮；1：单轮；2：双轮；3：直动不带轮；4：直动带轮	0：仅径向传动杆；1：滚动轮装在传动杆外侧；2：滚动轮装在传动杆内侧；3：滚动轮装在传动杆凹槽内侧	1：自动复位；2：不能自动复位

图 6-7　行程开关的型号标志组成及其含义

（2）符号。行程开关的图形符号及文字符号如图 6-8 所示。

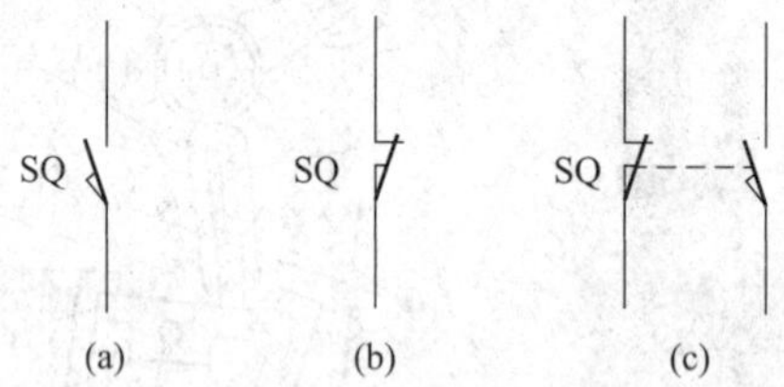

图 6-8　行程开关的图形符号及文字符号

（a）动合触点；（b）动断触点；（c）复合触点

6.2.2　行程开关的检测

行程开关的检测一般采用万用表的 $R\times1\ \Omega$ 挡或 $R\times10\ \Omega$ 挡，具体测量时有两个步骤，具体见表 6-3。

表 6-3　行程开关的检测

行程开关的检测	方法步骤
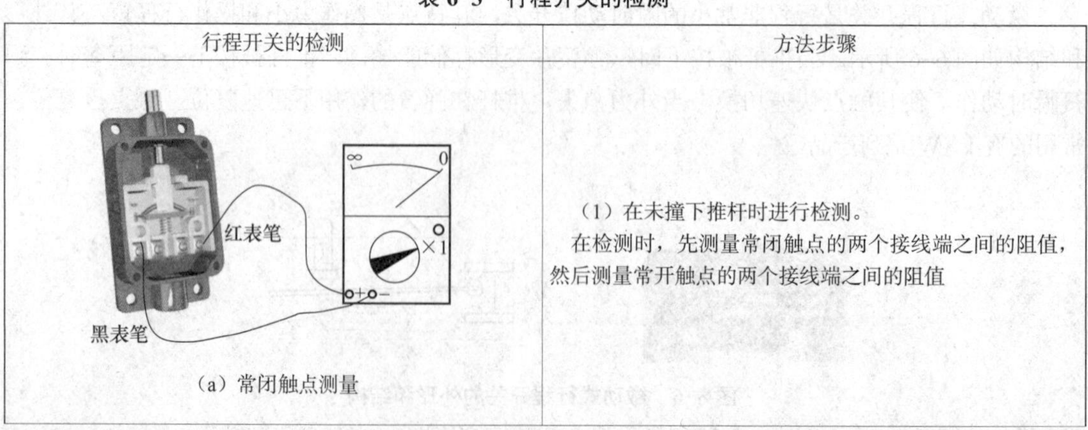 （a）常闭触点测量	（1）在未撞下推杆时进行检测。 在检测时，先测量常闭触点的两个接线端之间的阻值，然后测量常开触点的两个接线端之间的阻值

续表

<table>
<tr><th>行程开关的检测</th><th>方法步骤</th></tr>
<tr><td>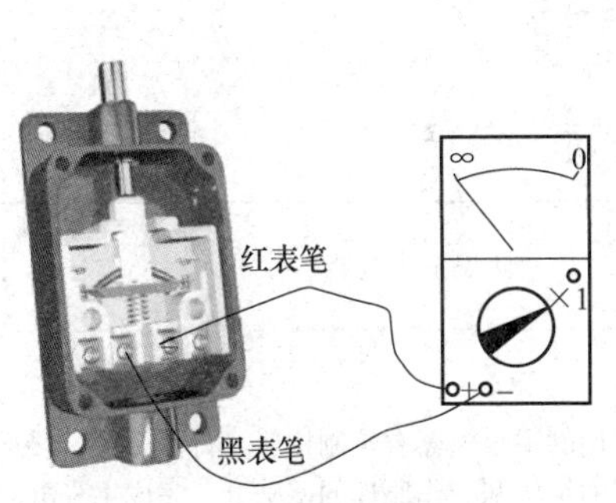

（b）常开触点测量</td><td>如果行程开关正常，则常闭触点阻值应为 0，如左图（a）所示，而常开触点阻值应为无穷大，如左图（b）所示；若与之不符，则表明行程开关损坏</td></tr>
<tr><td>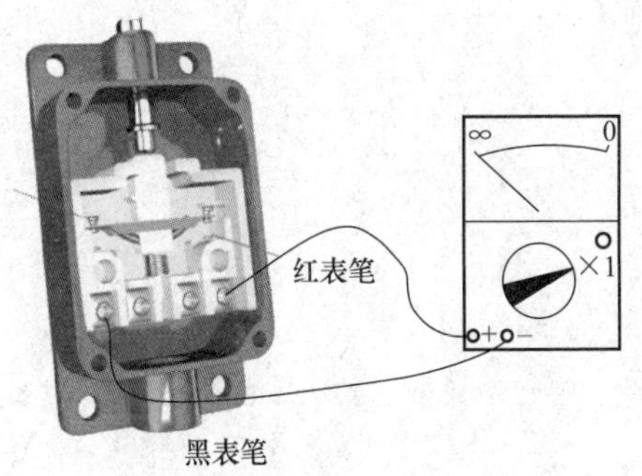

（a）常闭触点测量
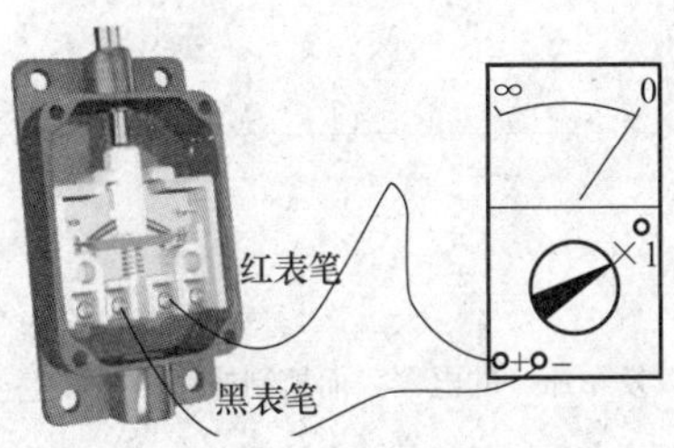

（b）常开触点测量</td><td>（2）在撞下推杆时进行检测。
在检测时，先按下推杆，在保持推杆处于撞击状态时，分别测量常闭触点和常开触点两个接线端之间的阻值。
如果行程开关正常，则常闭触点阻值应为无穷大，如左图（a）所示，而常开触点阻值应为 0，如左图（b）所示；若与之不符，则表明行程开关损坏</td></tr>
</table>

项目 6 任务书

<table>
<tr><td>项目编号</td><td>6</td><td>项目名称</td><td>认识主令电器</td></tr>
<tr><td colspan="4">

任务描述：

主令电器是用来接通和分断控制电路，用以发布命令的电器。常用的主令电器有控制按钮、行程开关、接近开关、主令控制器、万能转换开关等。本项目要求学习者在掌握主令电器的结构和工作原理的基础上，完成主令电器的拆装及检测。

</td></tr>
<tr><td colspan="4">

学习目标

☆**知识目标：**

1. 掌握控制按钮和行程开关的基本结构；
2. 掌握控制按钮和行程开关工作原理；
3. 掌握控制按钮和行程开关文字及图形符号；
4. 掌握常用主令电器的选用原则及标准。

☆**技能目标：**

1. 能够正确拆装常用主令电器；
2. 能够读懂主令电器的铭牌；
3. 能够使用电工检测仪表判断主令电器的好坏；
4. 能够根据电气控制线路的参数合理选择主令电器。

☆**情感目标：**

1. 培养学生理论联系实际的良好学习习惯；
2. 激发浓厚的学习兴趣，培养严谨的学习态度；
3. 培养良好的职业道德。

</td></tr>
<tr><td colspan="4">

知识学习

1．控制按钮的基础知识

引导性问题

（1）主令电器是用来________和________控制电路，用以发布命令的电器，而控制按钮是一种________且一般可以自动复位的主令电器。

（2）当按下按钮时，________触点先断开，________触点后闭合；当按钮释放后，在复位弹簧的作用下使按钮自动复原，即________触点先断开，________后闭合，这种按钮称为自复式按钮。

（3）按照按钮的用途和结构的不同，控制按钮可分为启动按钮、停止按钮和复合按钮等。按使用场合、作用的不同，通常将________和________按钮做成红色、________按钮做成绿色、________按钮做成黑色。

（4）按钮的常开触点的图形文字符号用________表示，常闭触点的图形文字符号用________表示。

2．行程开关的基础知识

引导性问题

（1）依据生产机械的行程发出命令以控制其________或________的主令电器，称为行程开关。

（2）行程开关的常开触点的图形文字符号用________表示，常闭触点的图形文字符号用________表示。

（3）型号为 LX19-001 的行程开关滚轮数量有________个，能否自动复位？________（能 / 否）。

</td></tr>
</table>

项目 6 工作单

项目编号	6	项目名称	认识主令电器	成绩	
班级		小组		日期	
小组成员					

1. 实践准备

工具、材料明细见表 1。

表 1 工具、材料明细表

分类	名称	型号或规格	数量
仪表	万用表	MF47 或自定	1 块
工具	电工通用工具	钢丝钳、螺钉旋具（一字和十字）、尖嘴钳、剥线钳等	1 套

2. 认一认

识别主令电器，并按要求完成表 2。

表 2 主令电器图形符号及文字符号

名称	图形符号及文字符号	型号
控制按钮		
行程开关		

3. 拆一拆

拆卸和组装主令电器，并能够识别图 1 所示电器元件的名称。

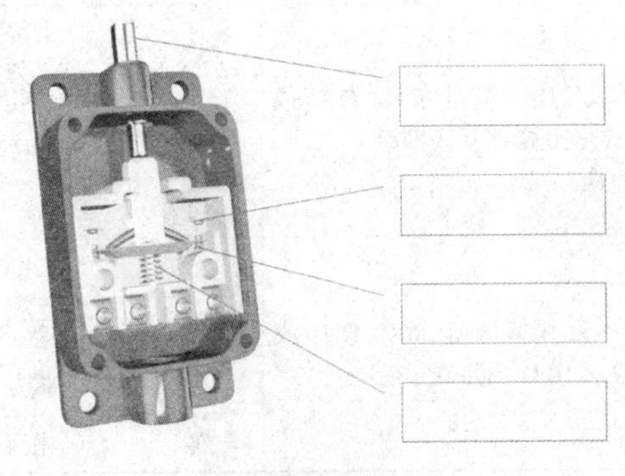

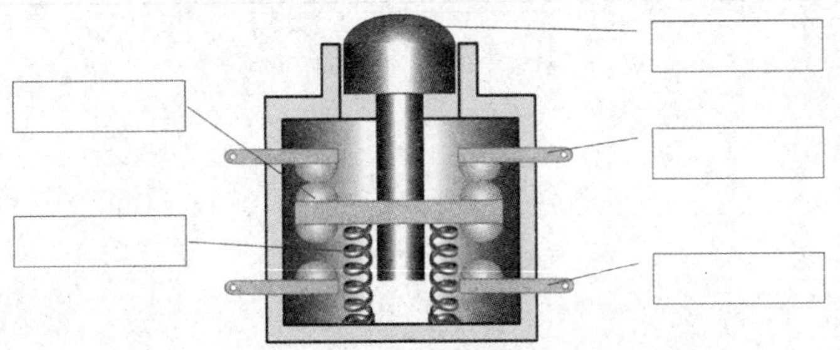

图 1 主令电器结构

续表

4. 查一查

查询实训室主令电器的主要技术参数，了解低压断路器的主要技术参数。

5. 选一选

查询主令电器的用途和选用原则。

6. 测一测

用万用表测试主令电器，判别触点类型及器件的好坏，将测试结果填入表3中。

表3　主令电器的识别与测试

测试内容	测量过程				测量阻值	器件是否完好
	测量任务	总工序	工序	操作方法		
控制按钮	常开触点测量	万用表置于 $R\times1\,\Omega$ 挡或 $R\times10\,\Omega$ 挡并调零后	1	未按下按钮		
			2	按下按钮		
	常闭触点测量		3	未按下按钮		
			4	按下按钮		
行程开关	常开触点测量	万用表置于 $R\times1\,\Omega$ 挡或 $R\times10\,\Omega$ 挡并调零后	5	未按下推杆		
			6	按下推杆		
	常闭触点测量		7	未按下推杆		
			8	按下推杆		

7. 本小组总结

模块 2 常用基本电气控制线路

项目 7　三相异步电动机连续运行控制与实现

知识目标

1. 掌握电气图的分类、识读方法及绘制原则；
2. 掌握三相笼形异步电动机单向点动与连续运行控制线路的工作原理及设计方法；
3. 掌握电气控制线路检查与调试的方法；
4. 掌握万用表电阻法查找故障方法。

能力目标

1. 能够绘制与识读电气原理图、电器元件布置图、电气安装接线图；
2. 能够按照电气原理图及电器元件布置图完成电器元件点动控制线路的安装；
3. 能够按照电气原理图及电器元件布置图完成电器元件连续控制线路的安装；
4. 能够根据电气原理图及电气安装接线图完成点动控制线路的调试与运行；
5. 能够根据电气原理图及电气安装接线图完成连续控制线路的调试与运行；
6. 能够使用电工仪表完成控制线路的故障诊断与排除。

任务 7.1　单向点动控制与实现

任务描述

图 7-1 所示为 CA6140 型车床。操作人员在需要快速移动车床刀架时，只要按下按钮，刀架就会快速移动；松开按钮，刀架就会立即停止移动。这种控制方式叫作点动控制，即按下按钮时电动机工作，松开按钮时，电动机停止工作。这是电动机的一种常用控制方式，主要用于小型起吊设备的电动机控制，如电动葫芦的操作，还用于机床刀架、横梁、立柱的快速移动，机床的调整对刀等。

本任务要求学习者在掌握点动控制原理的基础上，完成单向点动控制线路的安装与调试。

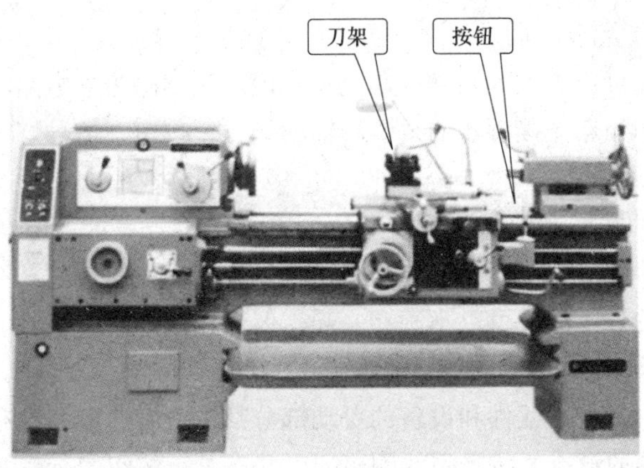

图 7-1　CA6140 型车床

7.1.1　电路图的识读

电气图主要包括电气原理图、电器元件布置图和电气安装接线图。电气图必须采用国家统一规定的电气图形和文字符号绘制。

1. 电气原理图的识读

电气原理图是根据电气控制线路工作原理绘制的。在电气原理图中只包括所有电器元件的导电部件和接线端点之间的相互关系，并不按照电器元件的实际位置来绘制，也不反映电器元件的大小。其作用是便于详细了解控制系统的工作原理，指导系统或设备的安装、调试与维修。

以图 7-2 所示的电气原理图为例介绍电气原理图的绘制原则、方法及注意事项。

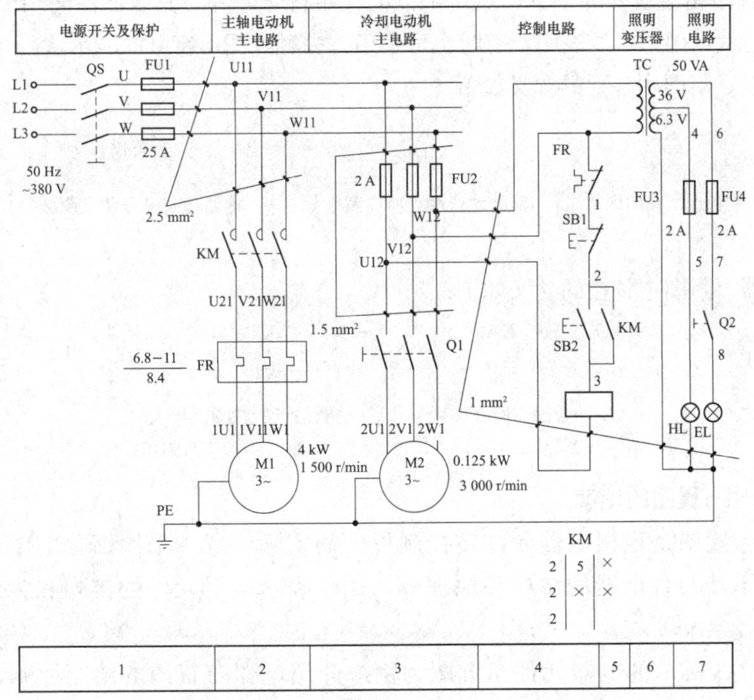

图 7-2　CW6132 型车床控制系统的电气原理图

（1）电气原理图的绘制原则。

①电气原理图一般可分为主电路和控制电路。电动机回路为主电路，一般画在左边；控制电路由继电器的线圈和触点、接触器的线圈和辅助触点、按钮、信号灯、控制变压器等电器元件组成，一般画在右边。

②属于同一电器的线圈和触点，都要采用同一文字符号表示，但必须标注不同序号加以区分。

③同一电器元件的各个部件可以不画在一起，但用相同的文字符号。例如，接触器、继电器的线圈和触点可以不画在一起。

④在电气原理图中，电器元件和设备的可动部分都按没有通电和没有外力作用时的开闭状态画出。例如，接触器的触点，按吸引线圈不通电状态画；按钮、行程开关的触点按不受外力作用时的状态画等。

（2）图幅的分区。为了便于确定图上的内容，也为了在用图时查找图中各项目的位置，往往需要将图幅分区。图幅分区的方法：在图的边框处，竖边方向用大写英文字母，横边方向用阿拉伯数字，编号顺序应从左上角开始，总的分格数应是偶数，并应按照图的复杂程度选取分区个数，建议组成分区的长方形的任何边长都应不小于 25 mm、不大于 75 mm。

（3）符号位置的索引。符号位置采用图号、页次和图区号的组合索引法。索引代号的组成如下：

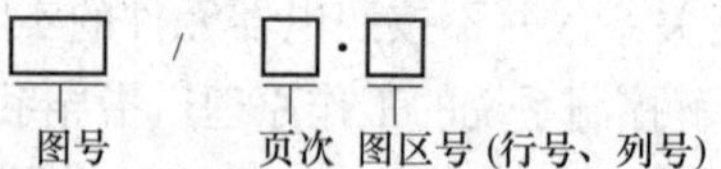

在电气原理图相应线圈的下方，给出触点的文字符号，并在其下面注明相应触点的索引代号，对未使用的触点用“×”表明，有时也可采用省去触点图形符号的表示法。

对于接触器，附图中各栏的含义如下：

左栏	KM 中栏	右栏
主触点所在图区号	辅助动合触点所在图区号	辅助动断触点所在图区号

对于继电器，附图中各栏的含义如下：

KA	KT
左栏	右栏
动合触点所在图区号	动断触点所在图区号

2．电器元件布置图的识读

电器元件布置图是根据电器元件在控制板上的实际位置，采用简化的图形符号绘制的一种简图。它不涉及各电器的结构和原理等，用于表示电器元件的排列和为位置固定提供依据。

下面以图 7-3 所示的电器元件布置图为例，介绍电器布置图的绘制原则、方法及注意事项。

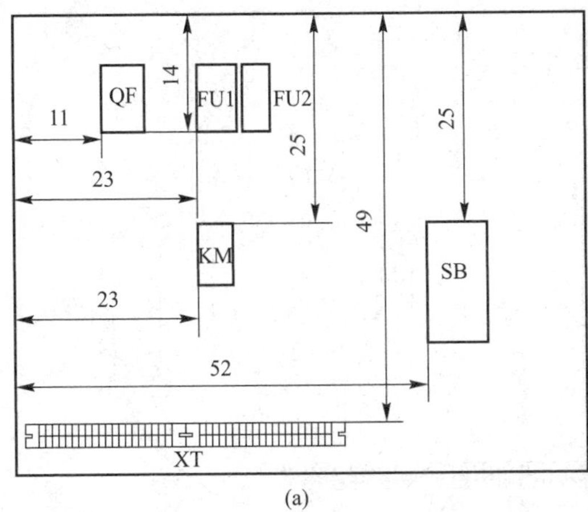

(a)

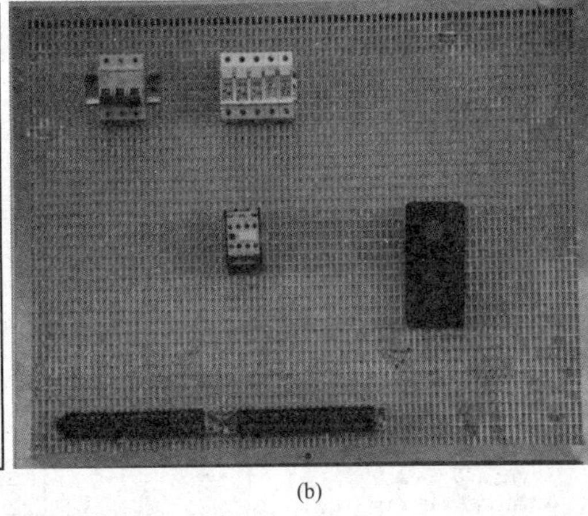
(b)

图 7–3　电器元件布置图

（a）布置图；（b）实物图

（1）体积大和较重的电器元件应安装在电器安装板的下方，而发热电器元件应安装在电器安装板的上面。

（2）强电、弱电应分开，弱电应屏蔽，防止外界干扰。

（3）需要经常维护、检修、调整的电器元件安装位置不宜过高或过低。

（4）电器元件的布置应考虑整齐、美观、对称。外形尺寸与结构类似的电器安装在一起，以利于安装和配线。

（5）电器元件布置不宜过密，应留有一定间距。如用线槽，应加大各排电器间距，以利于布线和维修。

3. 电气安装接线图的识读

电气安装接线图是根据设备和电器元件的实际位置与安装情况绘制的，并在图中标出导线类型和规格、线号与端子等内容，便于工程技术人员安装接线、检测电路。国家有关标准规定的安装接线图的编制规则主要包括以下内容：

（1）在安装接线图中，一个电器元件的所有带电部件均画在一起，并用点画线框起来。

（2）在安装接线图中，各电器元件的图形符号与文字符号均应以电气原理图为准，并应与国家标准保持一致。

（3）在安装接线图中，一般都应标出项目的相对位置、项目代号、端子间的电气连接关系、端子号、等线号、等线类型、截面面积等。

（4）同一控制底板内的电器元件可直接连接，而底板内电器元件与外部电器元件连接时必须通过接线端子板进行。

（5）互连接线图中的互连关系可用连续线、中断线或线束表示，连接导线应注明导线根数、导线截面面积等。一般不表示导线实际走线途径，施工时由操作者根据实际情况选择最佳走线方式，如图 7–4 所示。

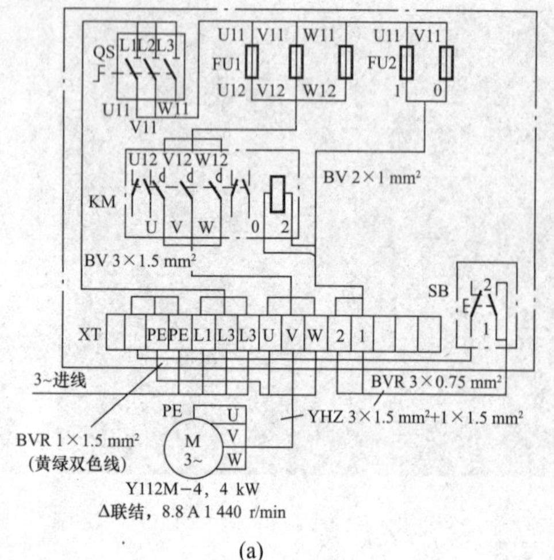

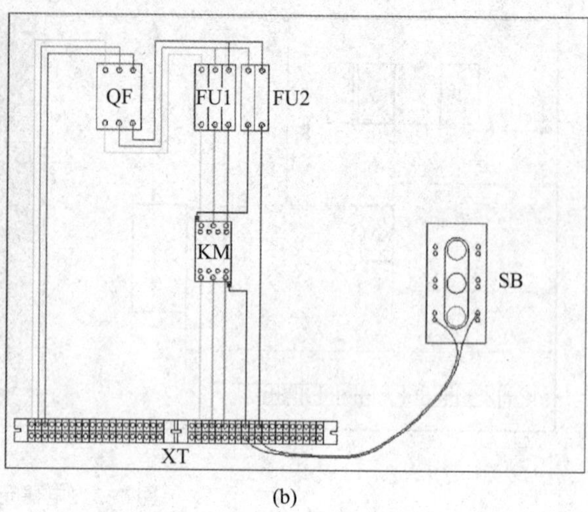

图 7-4　点动控制电气安装接线图

（a）接线图；（b）实物图

7.1.2　点动控制电路的基本原理

单向点动控制电路的原理图如图 7-5 所示。原理图可分为主电路和控制电路两部分。主电路是从电源 L1、L2、L3 经断路器 QF、熔断器 FU1、交流接触器 KM 的主触点到电动机 M 的电路，流过的电流较大，线号用大写字母表示，如 U1、V1、W1、U2 等。控制电路主要由熔断器 FU2、按钮 SB1 和交流接触器线圈 KM 构成，流过的电流较小，线号用数字表示，如 0、1、2、3 等标注。

主电路中断路器 QF 起隔离作用，熔断器 FU 对电路进行短路保护，接触器 KM 的主触点控制电动机的启动、运行和停车。控制电路中按钮 SB 为启、停按钮。

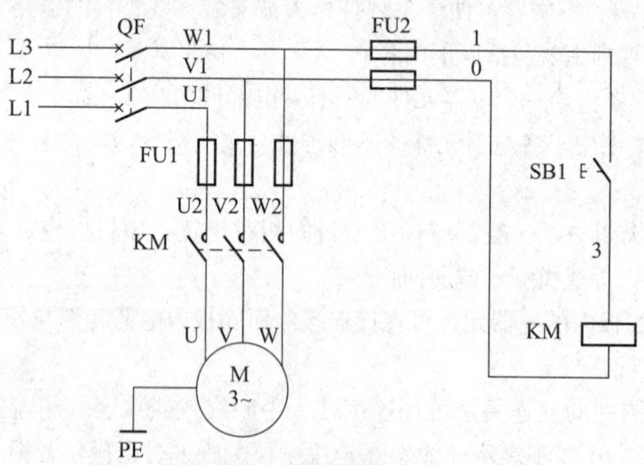

图 7-5　三相笼形异步电动机点动控制线路

（a）主电路；（b）控制电路

线路动作原理如下：

（1）合上断路器 QF 后，因没有按下点动按钮 SB1，接触器 KM 线圈没有得电，KM 的主触点断开，电动机 M 不得电，所以不会启动。

（2）按下点动按钮 SB1 后，控制回路中接触器 KM 线圈得电，其主回路中的动合触点闭合，电动机得电启动运行。

（3）松开按钮 SB1，按钮在复位弹簧作用下自动复位，断开控制电路 KM 线圈，主电路中 KM 触点恢复原来断开状态，电动机断电直至停止转动。

7.1.3　三相异步电动机点动控制线路的安装、调试与运行

1. 任务准备

（1）分析绘制电器元件布置图和接线图。

①绘制电器元件布置图。按照电气标准绘制电器元件布置图，如图 7–3 所示。

②绘制接线图。根据电气原理图结合电器元件布置图绘制电气安装接线图，如图 7–4 所示。

（2）工具、仪表、耗材和器材的准备。根据电路图，确定选用工具、仪表、耗材和器件，见表 7–1。

表 7–1　工具、仪表及器材明细表

分类	名称	型号或规格	数量
工具	电工通用工具	钢丝钳、螺钉旋具（一字和十字）、尖嘴钳、剥线钳等	1 套
	配线板	630 mm×700 mm×20 mm	1 块
仪表	万用表	MF47 或自定	1 块
器材	三相笼形异步电动机	WDJ26	1 台
	低压断路器	DZ108–20	1 只
	熔断器	RL1–15　熔体 15 A	5 只
	按钮	LA10–3H	1 只
	接触器	CJ20–10	1 只
	端子板	JF–2.5/5	1 只
耗材	主电路导线	BVR 1.5 mm^2	若干
	控制电路导线	BVR 1.0 mm^2	若干
	按钮导线	BVR 0.75 mm^2	若干
	接地导线	BVR 1.5 mm^2（黄绿双色）	若干
	编码套管	ϕ8	0.6 m
	记号笔	自定	1 支
	紧固体		若干

2．任务实施

（1）安装电器元件。根据电路图或电器元件明细表配齐电器元件，并检查所有电器元件是否良好，然后根据电器元件布置图把电器元件固定在配线板上，如图 7–3（b）所示。

（2）线路连接。根据所绘制的安装接线图和板前明线布线工艺要求，完成单向点动控制线路的连接，如图 7–4（b）所示。

注意：根据电动机功率选配主电路导线的截面面积，控制电路导线一般采用 BVR 1.0 mm^2 的铜芯线；按钮导线一般采用 BVR 0.75 mm^2 的铜芯线；接地导线一般采用 BVR 1.5 mm^2 的铜芯线（黄绿双色）。

（3）通电试车。

①线路检查。按照接线图或原理图，从电源端开始逐段核对接线是否正确，有无漏接、错接之处；检查导线触头是否符合要求，压接是否牢固；检查触头接触是否良好，以避免带负载运转时产生闪弧现象。检查编号管的编号与接线图是否一致。

②逻辑功能检查。完成上述线路检查后，用万用表分别对主电路和控制电路进行测量，具体测量过程与结果可参照表 7–2。

表 7–2　万用表检查本线路过程对照表

<table>
<tr><th rowspan="2">测量要求</th><th colspan="4">测量过程</th><th rowspan="2">正确阻值</th><th rowspan="2">备注</th></tr>
<tr><th>测量任务</th><th>总工序</th><th>工序</th><th>操作方法</th></tr>
<tr><td rowspan="7">空载</td><td rowspan="4">测量主电路</td><td rowspan="2">断开 QF，取下熔断器 FU2 的熔体，万用表置于 R×1 Ω 挡（调零后），分别测量三相电源 U1–V1、V1–W1、W1–U1 三相之间的阻值</td><td>1</td><td>未操作任何电器</td><td>∞</td><td rowspan="2">短路检测</td></tr>
<tr><td>2</td><td>压下 KM 触点架</td><td>∞</td></tr>
<tr><td rowspan="2">断开 QF，取下熔断器 FU2 的熔体，万用表置于 R×1 Ω 挡（调零后），分别测量每一相的电源端和电动机端的阻值（U1–U、V1–V、W1–W 之间的阻值）</td><td>3</td><td>未操作任何电器</td><td>∞</td><td rowspan="2">通路检测</td></tr>
<tr><td>4</td><td>压下 KM 触点架</td><td>∞→0</td></tr>
<tr><td rowspan="3">测量控制电路</td><td rowspan="3">断开 QF，装好熔断器 FU2 的熔体，万用表置于 R×100 挡或 R×1 k 挡（调零后），将两支表笔搭在 W12、V12（控制电路电源）间测量控制线路的阻值</td><td>5</td><td>未操作任何电器</td><td>∞</td><td></td></tr>
<tr><td>6</td><td>按下按钮 SB</td><td>1 kΩ</td><td>点动启动</td></tr>
<tr><td>7</td><td>松开按钮 SB</td><td>1 kΩ→∞</td><td>点动停止</td></tr>
<tr><td colspan="7">注：1 kΩ 交流接触器线圈参考阻值（依据交流接触器的型号而定）。</td></tr>
</table>

③通电试车。经上述检查后，清点工具，清理安装板上的线头等杂物，检查三相电源电压。一切正常后，在指导教师的监护下进行通电试车。先进行空载试验，然后进行负载试验。

a．无载调试过程。先拆下电动机，再合上电源开关 QF，按下按钮 SB，接触器 KM 应立即动作；松开按钮 SB，则接触器 KM 复位。具体操作过程可参照表 7–3。

表 7-3　空载调试过程情况记录单

<table>
<tr><td colspan="4">电动机单向点动运行空载调试过程</td></tr>
<tr><td rowspan="2">步骤</td><td rowspan="2">操作内容</td><td>观察内容（包括声音）</td><td rowspan="2">备注</td></tr>
<tr><td>交流接触器 KM</td></tr>
<tr><td>1</td><td>按下按钮 SB</td><td>KM 衔铁吸合</td><td>KM 线圈得电</td></tr>
<tr><td>2</td><td>松开按钮 SB</td><td>KM 衔铁复位</td><td>KM 线圈失电</td></tr>
</table>

b．有载调试过程。若空载试验无误，切断电源，接好电动机，可通电进行带负载试车。合上 QF，按下按钮 SB，接触器 KM 应立即动作，电动机启动并运行；松开按钮 SB，则接触器 KM 复位，电动机停止转动。具体操作过程可参照表 7-4。

表 7-4　有载调试过程情况记录单

<table>
<tr><td colspan="5">电动机单向点动运行有载调试过程</td></tr>
<tr><td rowspan="2">步骤</td><td rowspan="2">操作内容</td><td colspan="2">观察内容（包括声音）</td><td rowspan="2">备注</td></tr>
<tr><td>交流接触器 KM</td><td>电动机 M</td></tr>
<tr><td>1</td><td>按下按钮 SB</td><td>KM 衔铁吸合</td><td>电动机运行</td><td>点动运行</td></tr>
<tr><td>2</td><td>松开按钮 SB</td><td>KM 衔铁复位</td><td>电动机停止</td><td>点动停止</td></tr>
</table>

任务拓展

设计三相异步电动机连续运行的控制线路。

任务7.1任务书

<table>
<tr><td>任务编号</td><td>7.1</td><td>任务名称</td><td>单向点动控制与实现</td></tr>
<tr><td colspan="4">

任务描述：

图1所示为CA6140型车床。CA6140型车床中的刀架的快速移动控制线路是典型的点动控制，通过任务的学习，学习者可以掌握点动控制原理，完成点动控制电气控制线路的安装与调试。

图1　CA6140型车床

</td></tr>
<tr><td colspan="4">

学习目标

☆知识目标：

1. 熟悉电气控制系统图的识读与绘制；
2. 掌握点动控制线路的原理与分析方法；
3. 掌握点动控制线路故障分析与检修方法。

☆技能目标：

1. 能够正确使用常用的电工工具、电工仪表；
2. 能够正确识读并绘制三相异步电动机点动控制系统的原理图、电器元件布置图和电器元件安装接线图；
3. 能够正确安装、调试三相异步电动机点动运行控制线路；
4. 能够正确分析、排除三相异步电动机点动运行控制线路的常见故障。

☆情感目标：

1. 培养学生理论联系实际的良好学习习惯；
2. 激发浓厚的学习兴趣，培养严谨的学习态度；
3. 培养良好的质量意识、节约意识和安全意识。

</td></tr>
<tr><td colspan="4">

知识学习

1．学习电路图的识读的基本知识

引导性问题

（1）电气控制系统图有__________、__________和__________三种。

（2）电气原理图是根据电气控制线路工作原理绘制的，一般分为__________和__________两部分。

（3）电器元件布置图是根据电器元件在控制板上的__________，采用简化的图形符号绘制的一种简图。

（4）电气安装接线图是根据设备和电器元件的__________和__________绘制的，并在图中标出导线类型和规格、线号与端子等内容，便于工程技术人员安装接线、检测电路。

（5）三相交流电源引入线采用__________、__________和__________标记，中性线采用__________标记。

2．学习点动运行控制线路

引导性问题

（1）__________按钮时，电动机工作；__________按钮时，电动机停止工作，这种控制方式叫作点动控制。

（2）点动控制线路中断路器QF起__________作用，熔断器FU起__________作用。

（3）叙述点动控制线路的工作过程。

启动过程：

停止过程：

</td></tr>
</table>

任务 7.1 工作单

任务编号	7.1	任务名称	单向点动控制与实现	成绩	
班级		小组		日期	
小组成员					

1. 实践准备

（1）在 630 mm×700 mm×20 mm 配线板上完成三相异步电动机单向运行控制电路的安装。

（2）设备、工具及材料。任务实施所需的工具、材料明细见表 1。

表 1　工具、材料明细表

分类	名称	型号或规格	数量
耗材	主电路导线	BV 1.5 mm^2	若干
	控制电路导线	BV 1.0 mm^2	若干
	按钮导线	BVR 0.75 mm^2	若干
	接地导线	BVR 1.5 mm^2（黄绿双色）	若干
	接线端子排	JD0-1020，380 V，10 A 10 节或自定	1 条
	编码套管	$\phi 8$	0.6 m
	记号笔	自定	1 支
	紧固体		若干
仪表	万用表	MF47 或自定	1 块
工具	电工通用工具	钢丝钳、螺钉旋具（一字和十字）、尖嘴钳、剥线钳等	1 套
	配线板	630 mm×700 mm×20 mm	1 块

2. 绘制电气原理图

续表

3. 电器元件选择

选择电器元件，并按要求完成表 2。

表 2　电器元件清单表

名称	符号	型号	规格	数量

4．绘制电器元件布置图

5．安装与检查

（1）安装接线工艺参见 7.1.3 中的“任务实施”。

（2）检查线路具体内容参见 7.1.3 中的“任务实施”，然后完成万用表检查本线路过程对照见表 3。

表 3　万用表检查本线路过程对照表

<table>
<tr><th rowspan="2">测量要求</th><th colspan="4">测量过程</th><th rowspan="2">测量阻值</th></tr>
<tr><th>测量任务</th><th>总工序</th><th>工序</th><th>操作方法</th></tr>
<tr><td rowspan="7">空载</td><td rowspan="4">测量主电路</td><td rowspan="2">断开 QF，取下熔断器 FU2 的熔体，万用表置于 $R\times1$ 挡（调零后），分别测量三相电源 U1–V1、V1–W1、W1–U1 三相之间的阻值</td><td>1</td><td>未操作任何电器</td><td></td></tr>
<tr><td>2</td><td>压下 KM 触点架</td><td></td></tr>
<tr><td rowspan="2">断开 QF，取下熔断器 FU1 的熔体，万用表置于 $R\times1$ 挡（调零后），分别测量每一相的电源端和电动机端的阻值（U1–U、V1–V、W1–W 之间的阻值）</td><td>3</td><td>未操作任何电器</td><td></td></tr>
<tr><td>4</td><td>压下 KM 触点架</td><td></td></tr>
<tr><td rowspan="3">测量控制电路</td><td rowspan="3">断开 QF，装好熔断器 FU2 的熔体，万用表置于 $R\times100$ 挡或 $R\times1$k 挡（调零后），将两支表笔搭在 U12、V12（控制电路电源）间测量控制线路的阻值</td><td>5</td><td>未操作任何电器</td><td></td></tr>
<tr><td>6</td><td>按下按钮</td><td></td></tr>
<tr><td>7</td><td>松开按钮</td><td></td></tr>
</table>

续表

6．调试与运行

（1）空载调试过程（不接电动机，并切除主电路）（表 4）。

表 4　空载调试过程情况记录单

<table>
<tr><td colspan="5">电动机单向运行空载调试过程</td></tr>
<tr><td rowspan="3">步骤</td><td rowspan="3">操作内容</td><td colspan="2">观察内容（包括声音）</td><td rowspan="3">备注</td></tr>
<tr><td colspan="2">交流接触器 KM</td></tr>
<tr><td>正确结果</td><td>观察结果</td></tr>
<tr><td></td><td></td><td></td><td></td><td></td></tr>
<tr><td></td><td></td><td></td><td></td><td></td></tr>
<tr><td></td><td></td><td></td><td></td><td></td></tr>
<tr><td></td><td></td><td></td><td></td><td></td></tr>
<tr><td></td><td></td><td></td><td></td><td></td></tr>
<tr><td></td><td></td><td></td><td></td><td></td></tr>
</table>

（2）有载调试过程（接入电动机和主电路）（表 5）。

表 5　有载调试过程情况记录单

<table>
<tr><td colspan="6">电动机单向运行有载调试过程</td></tr>
<tr><td rowspan="3">步骤</td><td rowspan="3">操作内容</td><td colspan="3">观察内容（包括声音）</td><td rowspan="3">备注</td></tr>
<tr><td rowspan="2">交流接触器 KM</td><td colspan="2">电动机 M</td></tr>
<tr><td>正确结果</td><td>观察结果</td></tr>
<tr><td></td><td></td><td></td><td></td><td></td><td></td></tr>
<tr><td></td><td></td><td></td><td></td><td></td><td></td></tr>
<tr><td></td><td></td><td></td><td></td><td></td><td></td></tr>
<tr><td></td><td></td><td></td><td></td><td></td><td></td></tr>
<tr><td></td><td></td><td></td><td></td><td></td><td></td></tr>
<tr><td></td><td></td><td></td><td></td><td></td><td></td></tr>
</table>

7．成果展示与总结

任务 7.2 单向连续运行控制与实现

任务描述

任务 7.1 中普通 CA6140 型车床的快速移动电动机采用电动控制线路，该线路的特点：只要按下按钮，刀架快速移动，电动机就会启动运行；松开按钮，刀架快速移动，电动机就会立即停止。而 CA6140 型车床中主轴电动机的控制线路是典型的单向自锁控制（带过载保护）线路，如图 7-6 所示。通过本任务的学习，学习者可以掌握热继电器的结构、符号、工作原理、选用与检测，理解单向连续运行控制原理，完成单向连续运行电气控制线路的安装与调试。

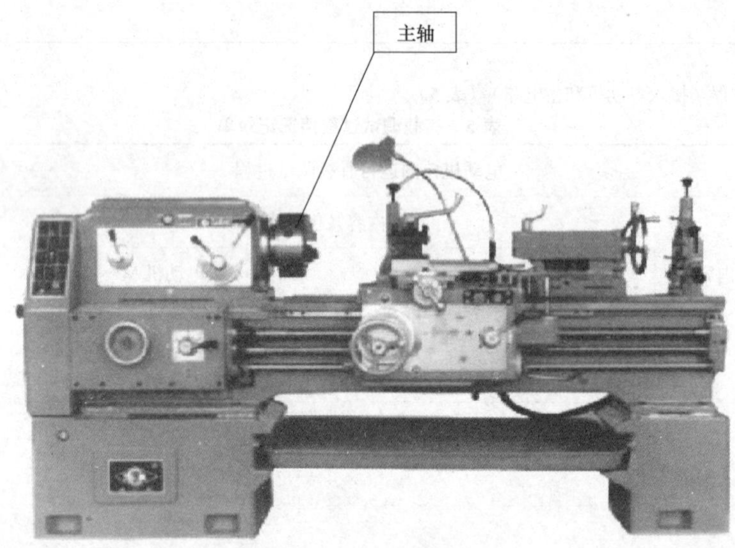

图 7-6　CA6140 型车床

7.2.1　连续运行控制的基本原理

在点动控制线路中，电动机若想连续运行，按钮 SB 需要一直用手按住，这显然非常不方便。为了解决这一问题，在启动电路中增设“自锁”环节。

控制线路如图 7-7 所示。主电路断路器 QF 起隔离作用，熔断器 FU1 对主电路进行短路保护，FU2 对控制电路进行短路保护，接触器 KM 的主触点控制电动机的启动、运行和停车，热继电器 FR 用作过载保护，M 为笼形异步电动机。控制电路中 SB1 为停止按钮，SB2 为启动按钮。

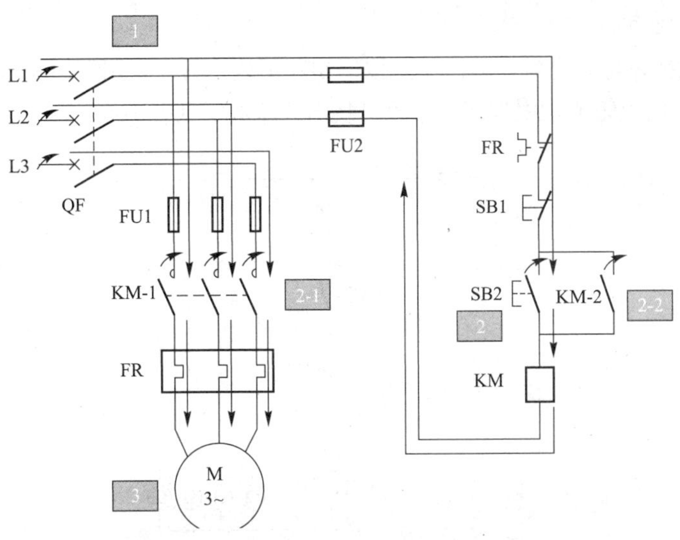

图 7-7　单向连续运行控制启动控制过程

1．启动控制

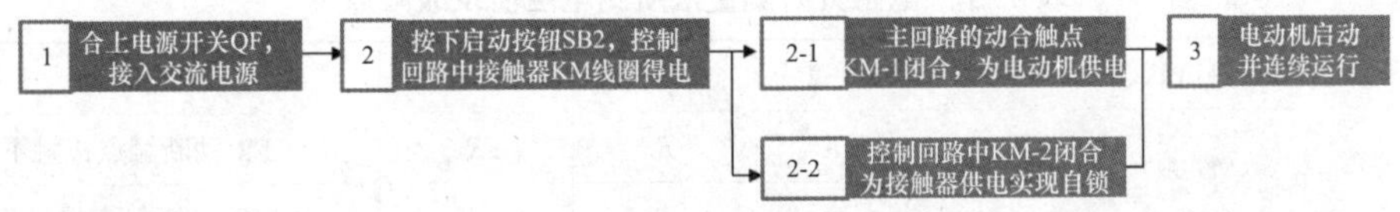

2．停车控制

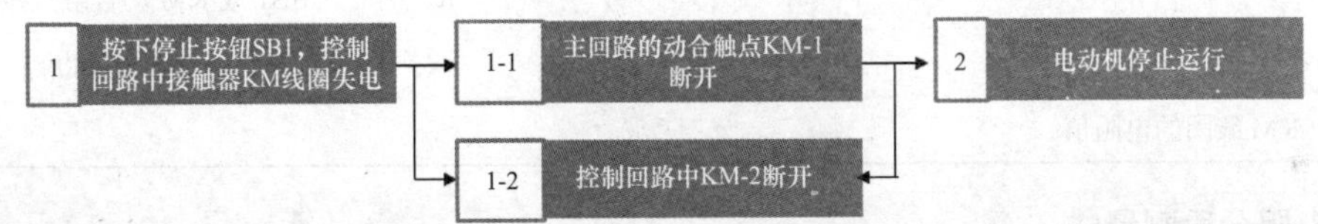

所谓“自锁”，是依靠接触器自身的辅助动合触点来保证线圈继续通电的现象，也称为自保持控制。这个起自锁作用的辅助触点，称为自锁触点。长动与点动主要区别在于：长动控制具有自锁控制功能，实现电动机连续运转，即完成了长动控制；而点动控制没有。

自锁控制的另一个作用是实现欠电压和失电压保护。在图 7-7 中，当电网电压消失（如停电）后又重新恢复供电时，不重新按启动按钮，电动机就不能启动，这就构成了失电压保护。它可防止在电源电压恢复时，电动机突然启动而造成设备和人身事故。另外，当电网电压较低时，达到接触器的释放电压，接触器的衔铁释放，主触点和辅助触点都断开。它可防止电动机在低压下运行，实现欠电压保护。

7.2.2　万用表电阻法查找故障方法

1．电阻分阶测量法

测量检查时，首先把万用表的转换开关置于倍率适当的电阻挡，然后按如图 7-8 所示的方法测量。

测量前先断开主电路电源，接通控制电路电源。若按下启动按钮 SB1，接触器 KM 不吸合，

则说明控制电路有故障。

检测时应切断控制电路电源，然后一人按下 SB1 不放，另一人用万用表依次测量 0-1、0-2、0-3、0-4 各两点间的电阻值，根据测量结果可找出故障点，见表 7-5。

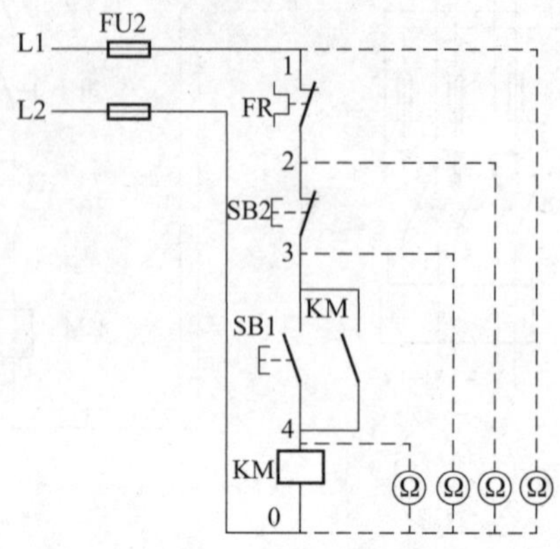

图 7-8　电阻分阶测量法

表 7-5　电阻分阶测量法所测电阻值及故障点

故障现象	测试状态	0-1	0-2	0-3	0-4	故障点
按下 SB1，KM 不吸合	按下 SB1 不放	∞	*R*	*R*	*R*	FR 动断触点接触不良
		∞	∞	*R*	*R*	SB2 动断触点接触不良
		∞	∞	∞	*R*	SB1 或 KM 动合触点接触不良
		∞	∞	∞	∞	KM 线圈断路
注：*R* 为 KM 线圈的电阻值。						

2．电阻分段测量法

测量检查时，首先切断电源，然后把万用表的转换开关置于倍率适当的电阻挡，并逐段测量如图 7-9 所示相邻两点 1-2、2-3、3-4（测量时由一人按下 SB2）、4-0 之间的电阻，如果测得某两点间电阻值很大（∞），则说明该两点间接触不良或导线断路，见表 7-6。

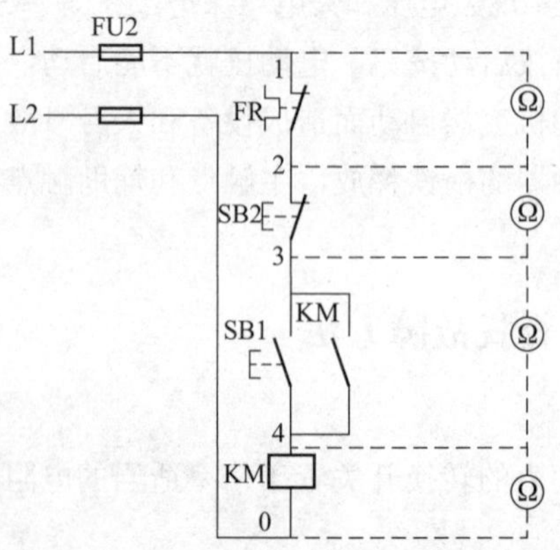

图 7-9　电阻分段测量法

表 7-6　分段测量法所测电阻值及故障点

故障现象	测量点	电阻值	故障点
按下 SB2，KM 不吸合	1–2	∞	FR 动断触点接触不良
	2–3	∞	SB1 动断触点接触不良
	3–4	∞	SB2 动合触点接触不良
	4–0	∞	KM 线圈断路

电阻分段测量法的优点是安全；缺点是测量电阻值不准确时，容易造成判断错误，为此应注意以下几点：

（1）用电阻分段测量法检查故障时，一定要先切断电源。

（2）所测量电路若与其他电路并联，必须断开并联电路，否则所测电阻值不准确。

（3）测量大电阻电器元件时，要将万用表的电阻挡转换到适当挡位。

7.2.3　三相异步电动机连续运行控制线路的安装、调试与运行

1．任务准备

（1）分析绘制电器元件布置图和接线图。

①绘制电器元件布置图。从原理图分析可知，单向连续运行控制线路比点动控制线路的低压电器多了一个热继电器，将热继电器安装在接触器 KM 与接线端子 XT 之间，如图 7–10 所示。

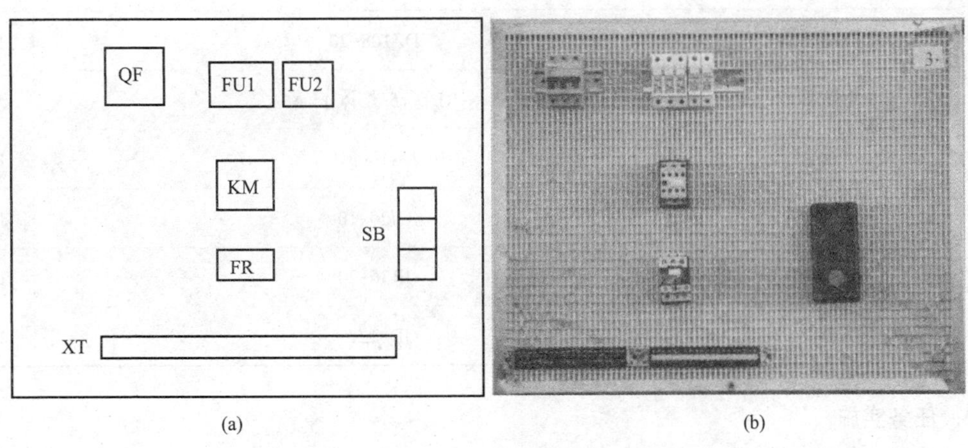

图 7–10　单向连续运行控制线路电器元件布置图

（a）布置图；（b）实物图

②绘制电气安装接线图。单向连续运行控制线路的电气安装接线图如图 7–11 所示。

（2）仪表、工具、耗材和器材准备。仪表、工具和耗材的准备可参照表 7–1。器材的准备见表 7–7，相较于点动控制多了一个热继电器 FR。

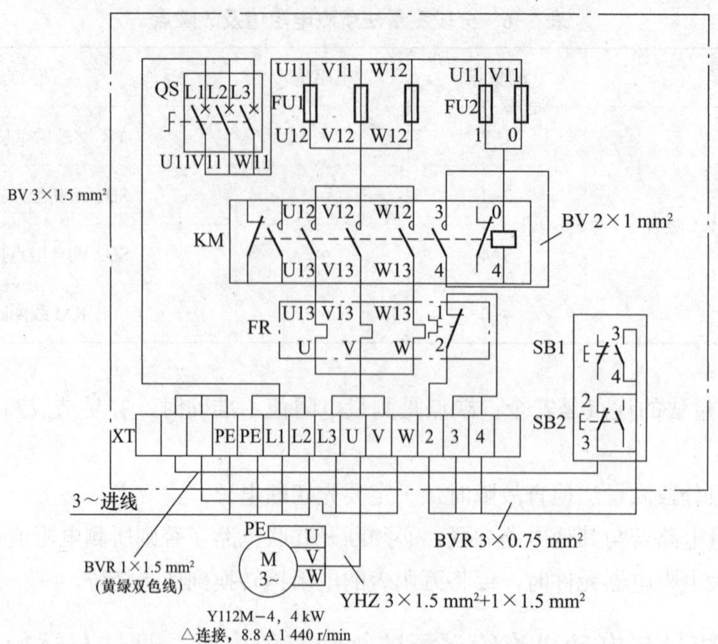

图 7-11 单向连续运行控制线路电气安装接线图

表 7-7 器材明细表

分类	名称	型号或规格	数量
器材	三相笼形异步电动机	WDJ26	1 台
	低压断路器	DZ108-20	1 只
	熔断器	RL1-15 熔体 15 A	5 只
	按钮	LA10-3H	1 只
	接触器	CJ20-10	1 只
	热继电器	JR36-20	1 只
	端子板	JF-2.5/5	1 只

2．任务实施

（1）安装电器元件。

①检查电器元件是否完好。

②根据电器元件布置图，如图 7-10（a）所示，在网孔板上安装电器元件，如图 7-10（b）所示。

（2）线路连接。根据所绘制的安装接线图和板前明线布线工艺要求，完成单向连续运行控制线路的连接。

（3）试车。

①线路检查。按照电气原理图或电气安装接线图，从电源端开始逐段核对接线是否正确，有无漏接、错接之处；检查导线接点是否符合要求，压线是否牢固，检查触头接触是否良好，以避免带负载运行时产生闪弧现象。检查线号管的编号是否与接线图一致。

②逻辑功能检查。使用万用表，按照表格中的工序步骤完成线路的检查，并将检测结果填入表 7-8 中。

表 7-8　万用表检查本线路过程对照表

测量要求	测量过程				正确阻值	备注
	测量任务	总工序	工序	操作方法		
空载	测量主电路	断开 QF，取下熔断器 FU2 的熔体，万用表置于 $R\times1$ 挡（调零后），分别测量三相电源 U11、V11、W11 三相之间的阻值	1	未操作任何电器	∞	
			2	压下 KM 触点架	∞	短路检测
		断开 QF，取下熔断器 FU2 的熔体，万用表置于 $R\times1$ 挡（调零后），分别测量每一相的电源端和电动机端的阻值	3	未操作任何电器	∞	
			4	压下 KM 触点架	∞→0	通路检测
	测量控制电路	断开 QF，装好熔断器 FU2 的熔体，万用表置于 $R\times100$ 挡或 $R\times1\text{k}$ 挡（调零后），将两支表笔搭在 U12、V12（控制电路电源）间测量控制线路的阻值	5	未操作任何电器	∞	
			6	按下启动按钮	1 kΩ	启动正常
			7	先按下启动按钮，再按下停止按钮	1 kΩ→∞	停止正常
			8	压下 KM 触点架	1 kΩ	自锁正常
			9	先压下 KM 触点架，再按下停止按钮	1 kΩ→∞	停止正常

你检测的结果正确吗？如果正确，请进入下一步。

③通电试车。

特别提示：

a. 通电试车前要检查安全措施，试车时要遵守安全操作规程，出现故障时要停车检查。

b. 检查三相电源，将热继电器电流整定值按电动机的需要调节好，在指导教师的监护下通电试车。

按照操作步骤要求分别完成线路的空载试车与有载试车，并将观察到的现象填入对应的表格。

空载试车见表 7–9。

表 7–9　空载试车过程情况记录表

<table>
<tr><td rowspan="3">步骤</td><td rowspan="3">操作内容</td><td colspan="2">观察内容（包括声音）</td><td rowspan="3">备注</td></tr>
<tr><td colspan="2">交流接触器 KM</td></tr>
<tr><td>正确结果</td><td>观察结果</td></tr>
<tr><td>1</td><td>合上 QF，按下 SB2 后松开</td><td>接触器 KM 线圈得电，并保持吸合</td><td></td><td></td></tr>
<tr><td>2</td><td>按下 SB1</td><td>接触器 KM 线圈断电，并释放</td><td></td><td></td></tr>
</table>

有载试车见表 7–10。

表 7–10　有载试车过程情况记录表

<table>
<tr><td rowspan="3">步骤</td><td rowspan="3">操作内容</td><td colspan="3">观察内容（包括声音）</td><td rowspan="3">备注</td></tr>
<tr><td rowspan="2">交流接触器 KM</td><td colspan="2">电动机 M</td></tr>
<tr><td>正确结果</td><td>观察结果</td></tr>
<tr><td>1</td><td>合上 QF，按下 SB2 后松开</td><td>接触器 KM 线圈得电，并保持吸合</td><td>电动机 M 得电，开始运行</td><td></td><td></td></tr>
<tr><td>2</td><td>按下 SB1</td><td>接触器 KM 线圈断电，并释放</td><td>电动机 M 断电停车</td><td></td><td></td></tr>
</table>

你观察的结果正确吗？如果正确，恭喜你项目完成！

任务拓展

1. 设计与实现多个地方对同一台电动机的单向启停控制。

2. 设计与实现三项异步电动机的点动、长动复合控制，共有 3 个按钮，分别是停止按钮、点动按钮和长动按钮。

任务 7.2 任务书

任务编号	7.2	任务名称	单向连续运行控制与实现

任务描述：

图 1 所示为 CA6140 型车床。CA6140 型车床中的主轴电动机的控制线路是典型的单向自锁控制（带过载保护）线路，通过任务的学习，学习者可以掌握单向连续运行控制原理，完成单向连续运行电气控制线路的安装与调试。

图 1　CA6140 型车床

学习目标

☆**知识目标：**

1. 掌握典型控制环节自锁控制的实现方法；
2. 掌握单向运行控制线路的原理与分析方法；
3. 掌握单向运行控制线路故障分析与检修方法。

☆**技能目标：**

1. 能够正确使用常用的电工工具、电工仪表；
2. 能够正确识读并绘制三相异步电动机单向运行控制系统的原理图、电器元件布置图和电器元件安装接线图；
3. 能够正确安装、调试三相异步电动机单向运行控制线路；
4. 能够正确分析、排除三相异步电动机单向运行控制线路的常见故障。

☆**情感目标：**

1. 培养学生理论联系实际的良好学习习惯；
2. 激发浓厚的学习兴趣，培养严谨的学习态度；
3. 培养良好的质量意识、节约意识和安全意识。

续表

知识学习

1．学习单向运行控制线路

引导性问题

（1）连续控制线路有三种保护是__________保护、__________保护和__________保护，分别由__________、__________、__________电器元件实现。

（2）点动控制与连续控制的根本区别在于，连续控制有__________。

（3）叙述连续控制的工作过程。

启动过程：

停止过程：

2．学习万用表电阻法查找故障方法

引导性问题

如图 2 所示，用万用表电阻法检测故障，提前把电源断开并拔下 FU1，按住 SB2 不放，根据万用表的指示状态，说明故障原因并填入表 1 中。

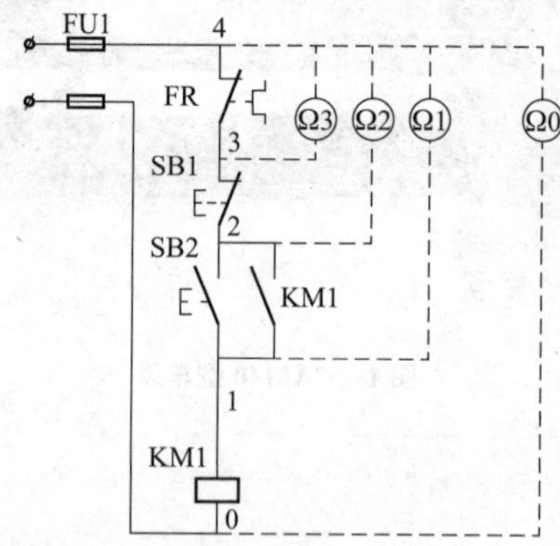

图 2　万用表电阻法检测

表 1　万用表电阻法检测故障说明表

测量位置	万用表指示状态	现象说明
4-3	Ω3 = 0	
	Ω3 = ∞	
3-2	Ω2 = 0	
	Ω2 = ∞	
2-1	Ω1 = 0	
	Ω1 = ∞	
1-0	Ω0 = 0	
	Ω0 = ∞	

功能拓展：设计点动与连续运行控制线路。

任务 7.2 工作单

任务编号	7.2	任务名称	单向连续运行控制与实现		成绩	
班级			小组		日期	
小组成员						

1. 实践准备

（1）在 630 mm×700 mm×20 mm 配线板上完成三相异步电动机单向运行控制电路的安装。

（2）设备、工具及材料。任务实施所需的工具、材料明细见表 1。

表 1　工具、材料明细表

分类	名称	型号或规格	数量
耗材	主电路导线	BV 1.5 mm^2	若干
	控制电路导线	BV 1.0 mm^2	若干
	按钮导线	BVR 0.75 mm^2	若干
	接地导线	BVR 1.5 mm^2（黄绿双色）	若干
	接线端子排	JD0-1020，380 V，10 A 10 节或自定	1 条
	编码套管	$\phi 8$	0.6 m
	记号笔	自定	1 支
	紧固体		若干
仪表	万用表	MF47 或自定	1 块
工具	电工通用工具	钢丝钳、螺钉旋具（一字和十字）、尖嘴钳、剥线钳等	1 套
	配线板	630 mm×700 mm×20 mm	1 块

2. 绘制电气原理图

续表

3. 电器元件选择

选择电器元件，并按要求完成表 2。

表 2　电器元件清单表

名称	符号	型号	规格	数量

4. 绘制电器元件布置图

5. 安装与检查

（1）安装接线工艺参见 7.2.3 中的“任务实施”。

（2）检查线路具体内容参见 7.2.3 中的“任务实施”，然后完成万用表检查本线路过程对照表，见表 3。

表 3　用表检查本线路过程对照表

<table>
<tr><th rowspan="2">测量要求</th><th colspan="4">测量过程</th><th rowspan="2">测量阻值</th></tr>
<tr><th>测量任务</th><th>总工序</th><th>工序</th><th>操作方法</th></tr>
<tr><td rowspan="9">空载</td><td rowspan="4">测量主电路</td><td rowspan="2">断开 QF，取下熔断器 FU2 的熔体，万用表置于 $R\times1$ 挡（调零后），分别测量三相电源 U11、V11、W11 三相之间的阻值</td><td>1</td><td>未操作任何电器</td><td></td></tr>
<tr><td>2</td><td>压下 KM 触点架</td><td></td></tr>
<tr><td rowspan="2">断开 QF，取下熔断器 FU2 的熔体，万用表置于 $R\times1$ 挡（调零后），分别测量每一相的电源端和电动机端的阻值</td><td>3</td><td>未操作任何电器</td><td></td></tr>
<tr><td>4</td><td>压下 KM 触点架</td><td></td></tr>
<tr><td rowspan="5">测量控制电路</td><td rowspan="5">断开 QF，装好熔断器 FU2 的熔体，万用表置于 $R\times100$ 挡或 $R\times1k$ 挡（调零后），将两支表笔搭在 U12、V12（控制电路电源）间测量控制线路的阻值</td><td>5</td><td>未操作任何电器</td><td></td></tr>
<tr><td>6</td><td>按下启动按钮</td><td></td></tr>
<tr><td>7</td><td>先按下启动按钮，再按下停止按钮</td><td></td></tr>
<tr><td>8</td><td>压下 KM 触点架</td><td></td></tr>
<tr><td>9</td><td>先压下 KM 触点架，再按下停止按钮</td><td></td></tr>
</table>

续表

6．调试与运行

（1）空载调试过程（不接电动机，并切除主电路）（表 4）。

表 4　空载调试过程情况记录单

<table>
<tr><td colspan="5">电动机单向运行空载调试过程</td></tr>
<tr><td rowspan="3">步骤</td><td rowspan="3">操作内容</td><td colspan="2">观察内容（包括声音）</td><td rowspan="3">备注</td></tr>
<tr><td colspan="2">交流接触器 KM</td></tr>
<tr><td>正确结果</td><td>观察结果</td></tr>
<tr><td></td><td></td><td></td><td></td><td></td></tr>
<tr><td></td><td></td><td></td><td></td><td></td></tr>
<tr><td></td><td></td><td></td><td></td><td></td></tr>
<tr><td></td><td></td><td></td><td></td><td></td></tr>
<tr><td></td><td></td><td></td><td></td><td></td></tr>
<tr><td></td><td></td><td></td><td></td><td></td></tr>
<tr><td></td><td></td><td></td><td></td><td></td></tr>
</table>

（2）有载调试过程（接入电动机和主电路）（表 5）。

表 5　有载调试过程情况记录单

<table>
<tr><td colspan="6">电动机单向运行有载调试过程</td></tr>
<tr><td rowspan="3">步骤</td><td rowspan="3">操作内容</td><td colspan="3">观察内容（包括声音）</td><td rowspan="3">备注</td></tr>
<tr><td rowspan="2">交流接触器 KM</td><td colspan="2">电动机 M</td></tr>
<tr><td>正确结果</td><td>观察结果</td></tr>
<tr><td></td><td></td><td></td><td></td><td></td><td></td></tr>
<tr><td></td><td></td><td></td><td></td><td></td><td></td></tr>
<tr><td></td><td></td><td></td><td></td><td></td><td></td></tr>
<tr><td></td><td></td><td></td><td></td><td></td><td></td></tr>
<tr><td></td><td></td><td></td><td></td><td></td><td></td></tr>
<tr><td></td><td></td><td></td><td></td><td></td><td></td></tr>
<tr><td></td><td></td><td></td><td></td><td></td><td></td></tr>
</table>

7．成果展示与总结

项目 8　三相异步电动机正反转控制与实现

知识目标

1. 掌握电气联锁的正反向启动控制的工作原理；
2. 掌握双重联锁正反向启动控制的工作原理及设计方法；
3. 掌握三相异步电动机正反转的原理；
4. 掌握电气控制线路检查与调试的方法。

能力目标

1. 能够绘制与识读正反向启动控制电气原理图、电器元件布置图、电气安装接线图；
2. 能够按照电气原理图及电器元件布置图完成正反向启动控制线路的安装；
3. 能够根据电气原理图及电气安装接线图完成正反向启动控制线路的连接；
4. 能够使用电工仪表完成控制线路的故障诊断与排除。

任务 8.1　异步电动机的正反转控制与实现

任务描述

在生产中，许多机械往往要求运动部件能正、反两个方向运动，如机床工作台的前进与后退、起重机吊钩的上升与下降等。这些生产机械要求电动机能实现正反转控制。根据电动机的工作原理，当改变通入电动机定子绕组的三相电源相序，即把接入电动机三相电源进线中的任意两相对调接线时，电动机就可以反转。

起重机吊钩的升降控制线路是一种比较典型的正反转控制线路。图 8-1 所示为桥式起重机。其吊钩升降控制线路用两个接触器来进行电源相序的切换，为防止两个接触器同时吸合，电路中还设置了按钮、接触器双重联锁，通过这个项目的安装，学习者可以学会电动机正反转的控制方法和联锁保护的原理。

图 8-1 桥式起重机

8.1.1 电动机正反转控制线路的工作原理

正反运行控制线路实质上是两个方向的单向运行线路的组合。图 8-2 所示为正反转控制线路。图中 KM1、KM2 分别为正反转接触器，它们的主触点接线的相序不同，KM1 按 L1-L2-L3 相序接线，KM2 按 L2-L1-L3 相序接线，即将 L1、L2 两相对调，所以，两个接触器分别工作时，电动机的旋转方向不同，可实现电动机的正反转运行。

值得注意的是，若两个接触器 KM1 和 KM2 同时工作会引起电源短路的严重事故，即要求保证图 8-2（b）中的两个接触器线圈不能同时得电。这种在同一时间里两个接触器只允许一个工作的控制称为联锁或互锁。联锁控制主要是通过在正反转接触器 KM1 和 KM2 线圈支路中都分别串联对方的动断触点来实现，如图 8-2（b）所示，这对动断触点称为互锁触点或联锁触点。由于这种联锁是依靠电器元件来实现的，所以也称为电气联锁。

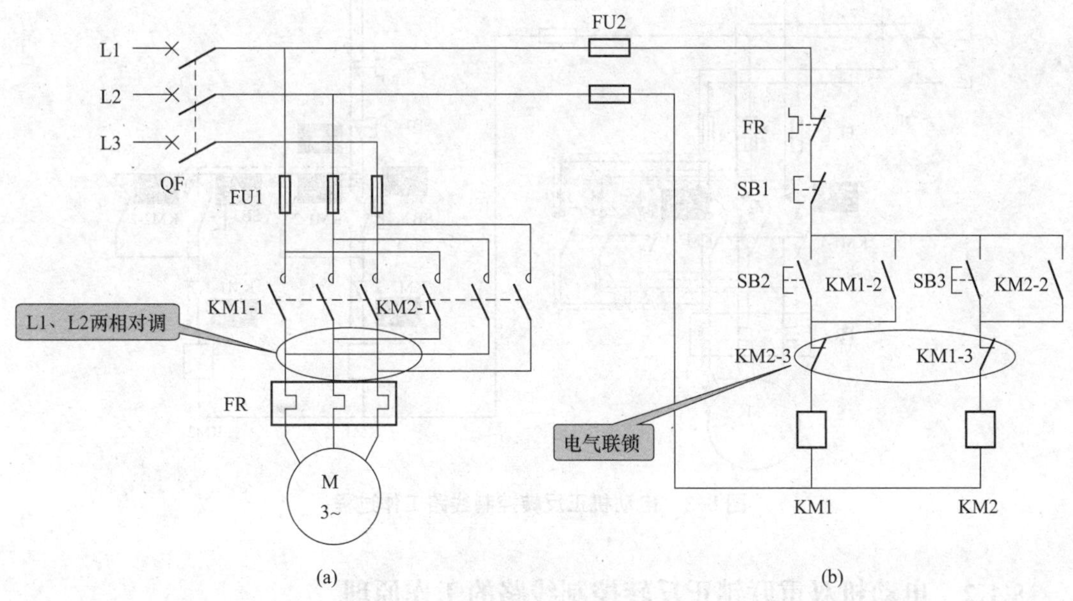

图 8-2 接触器联锁正反转控制线路

（a）主电路；（b）控制电路

工作原理：合上电源开关 QF。

正转时：

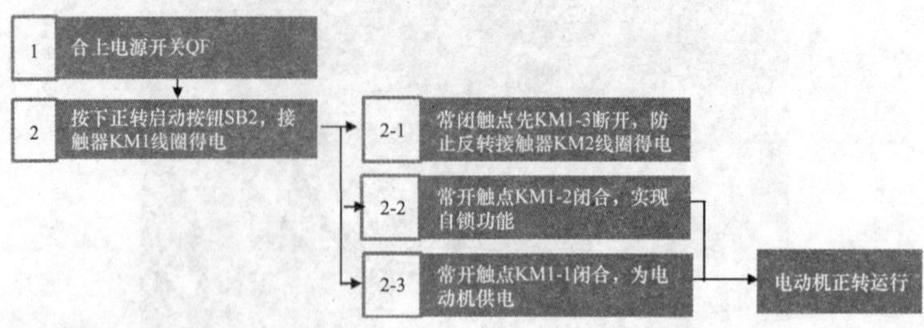

反转时：

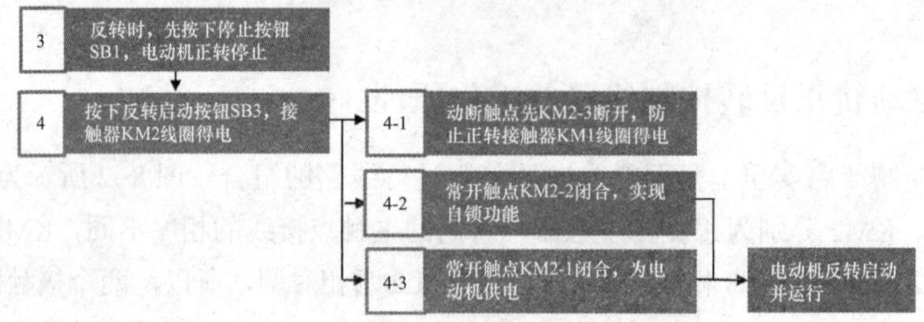

停止时，按下 SB1 即可。

由上述分析可知，图 8-3 所示的接触器联锁控制正反转控制线路也有一个缺点，即从一个转向过渡到另一个转向时，要先按停止按钮 SB1，不能直接过渡，只能实现电动机的“正—停—反”控制，显然这是十分不方便的。

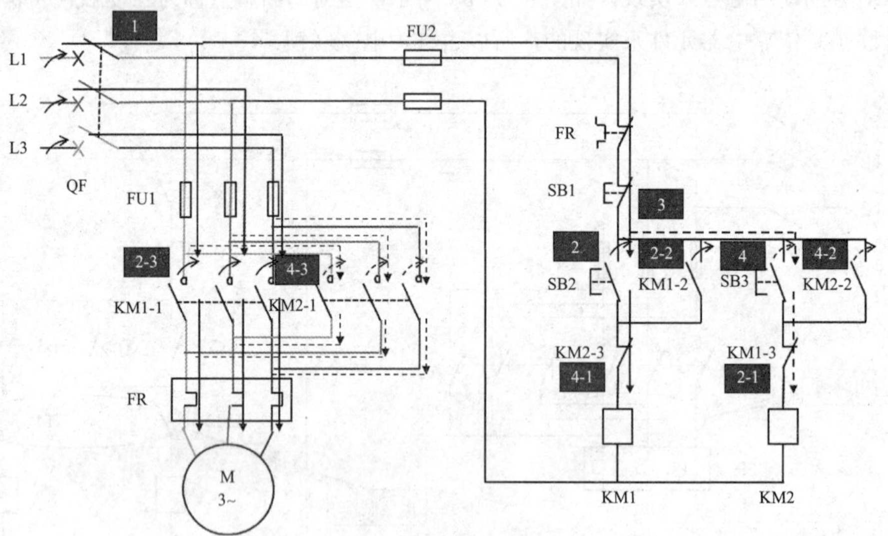

图 8-3　电动机正反转控制线路工作过程

8.1.2　电动机双重联锁正反转控制线路的工作原理

在实际中，起重机吊钩升降电动机在升或降的过程中是可以直接过渡的，为了解决电动机

从一个转向不能直接过渡到另一个转向的问题，常采用复式按钮和触点联锁的双重联锁控制线路，如图 8-4 所示。

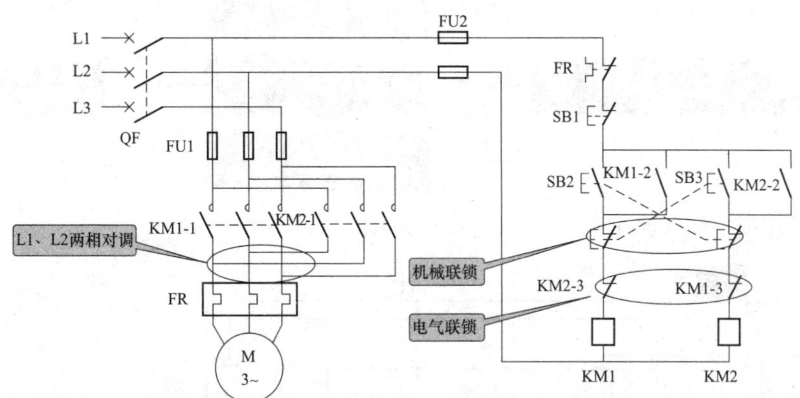

图 8-4　双重联锁正反转控制线路

在图 8-4 中，不仅由接触器的动断触点组成电气联锁，还添加了由复式按钮 SB1 和 SB2 动断触点组成的机械联锁。这样，当电动机由正转变为反转时，只需按下反转按钮 SB2，便可通过 SB2 的动断触点断开 KM1 电路，KM1 起联锁作用的动断触点闭合，接通 KM2 线圈控制电路，实现电动机反转，即可以实现电动机的“正—反—停”控制。

工作原理如下：

（1）正转控制。

（2）反转控制。

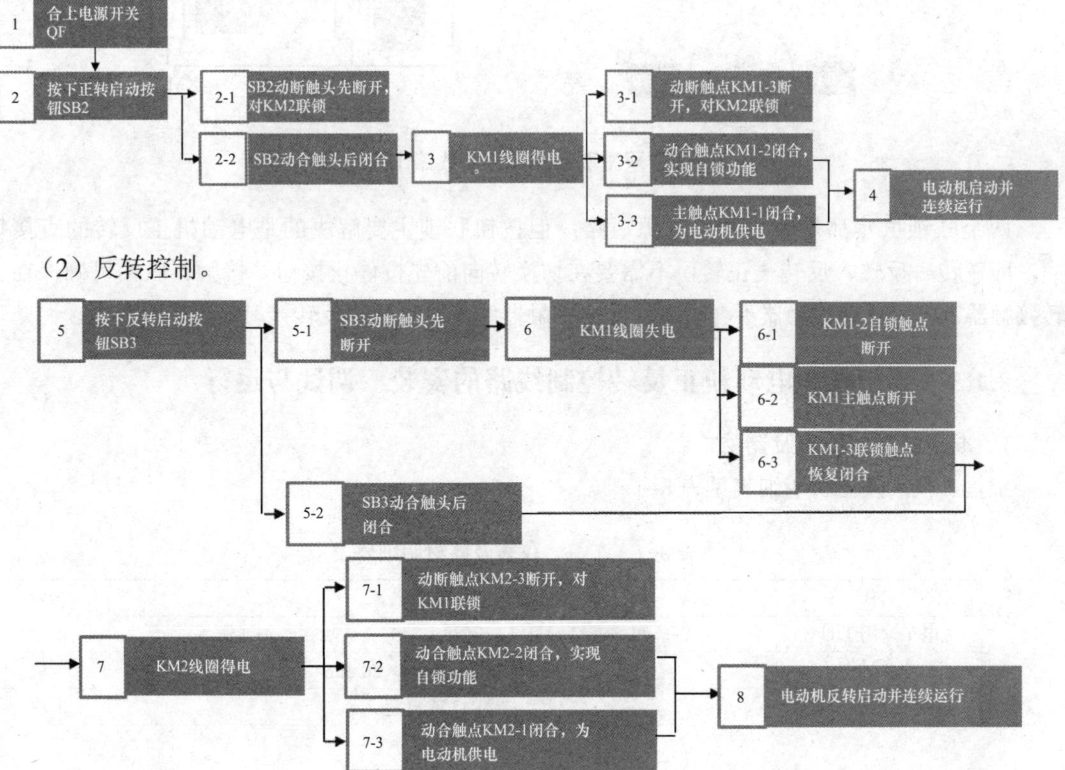

（3）停止控制。

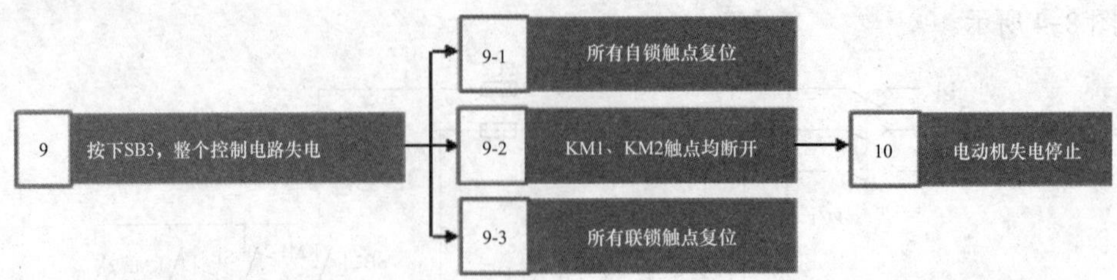

双重联锁正反控制线路工作过程如图 8-5 所示。

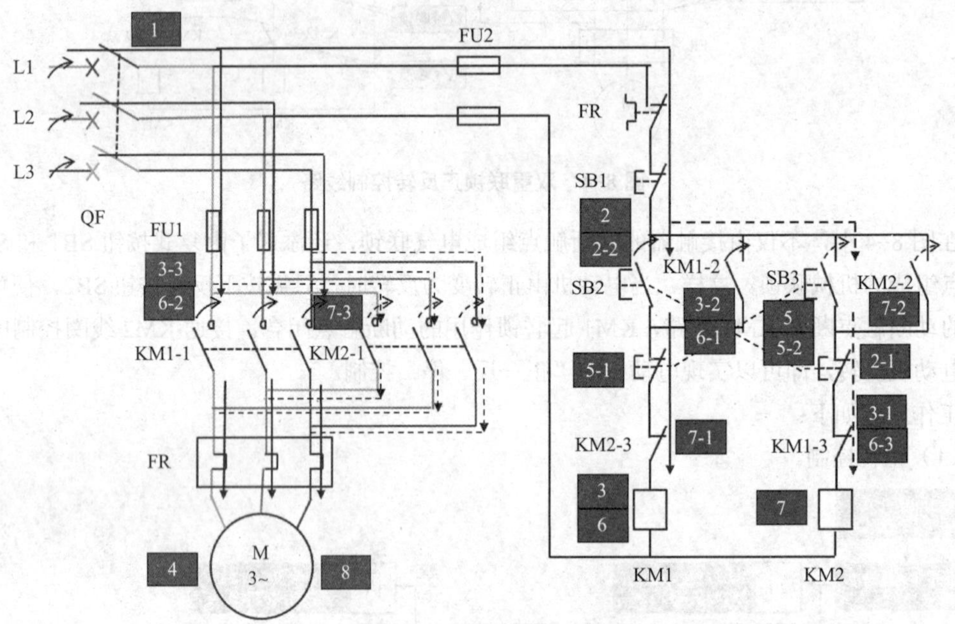

图 8-5　双重联锁正反控制线路工作过程

两个联锁虽然都是为了避免电源短路，但按钮联锁主要解决的是电动机正反转的直接切换，即正转—反转、反转—正转，不需要在切换转向前先按停止按钮。接触器联锁可确保在正转接触器得电时反转接触器不会得电，即便接触器触头发生熔焊反转接触器也不会得电。

8.1.3　三相异步电动机正反转控制线路的安装、调试与运行

1．准备工具、仪表及器材

工具、仪表及器材明细表见表 8-1。

表 8-1　工具、仪表及器材明细表

分类	名称	型号或规格	数量
工具	电工通用工具	钢丝钳、螺钉旋具（一字和十字）、尖嘴钳、剥线钳等	1 套
	配线板	630 mm×700 mm×20 mm	1 块
仪表	万用表	MF47 或自定	1 块

续表

分类	名称	型号或规格	数量
器材	三相笼形异步电动机	WDJ26	1 台
	低压断路器	DZ108-20	1 只
	熔断器	RL1-15　熔体 15 A	5 只
	按钮	LA10-3H	1 只
	接触器	CJ20-10	2 只
	热继电器	JR36-20	1 只
	端子板	JF-2.5/5	1 只
耗材	主电路导线	BV 1.5 mm^2	若干
	控制电路导线	BV 1.0 mm^2	若干
	按钮导线	BVR 0.75 mm^2	若干
	接地导线	BVR 1.5 mm^2（黄绿双色）	若干
	编码套管	$\phi 8$	0.6 m
	记号笔	自定	1 支
	紧固体		若干

2．安装电器元件

检查所有电器元件是否良好，然后根据电器元件布置图将电器元件固定在网孔板上，如图 8-6 所示。

3．线路连接

根据电气原理图结合电器元件布置图绘制电气安装接线图，如图 8-7 所示。根据所绘制的安装接线图和板前明线布线工艺要求，完成正反转控制线路的连接。

图 8-6　电器元件布置图

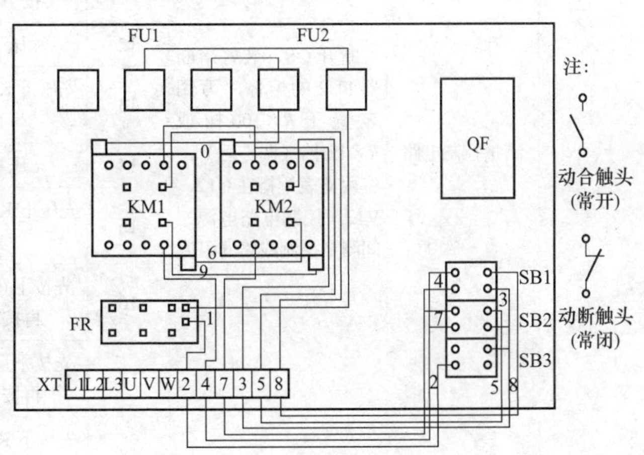

图 8-7　电气安装接线图

4．通电试车

（1）线路检查。按照接线图或原理图，从电源端开始逐段核对接线是否正确，有无漏接、错接之处；检查导线触头是否符合要求，压接是否牢固；检查触头接触是否良好，以避免带负载运转时产生闪弧现象。检查编号管的编号与接线图是否一致。

（2）逻辑功能检查。完成上述线路检查后，用万用表分别对主电路和控制电路进行测量，具体测量过程与结果可参照表 8-2。

表 8-2　万用表检查本线路过程对照表

测量要求	测量过程				正确阻值	备注
	测量任务	总工序	工序	操作方法		
空载	测量主电路	断开 QF，取下熔断器 FU2 的熔体，万用表置于 $R\times1$ 挡（调零后），分别测量三相电源 U11、V11、W11 三相之间的阻值	1	未操作任何电器	∞	短路检测
			2	压下 KM1 触点架	∞	
			3	压下 KM2 触点架	∞	
		断开 QF，取下熔断器 FU2 的熔体，万用表置于 $R\times1$ 挡（调零后），分别测量每一相的电源端和电动机端的阻值	4	未操作任何电器	∞	
			5	压下 KM1 触点架	∞→0	通路检测
			6	压下 KM2 触点架	∞→0	
	测量控制电路	断开 QS，装好熔断器 FU2 的熔体，万用表置于 $R\times100$ 挡或 $R\times1\text{k}$ 挡（调零后），将两支表笔搭在 U12、V12（控制电路电源）间测量控制线路的阻值	7	未操作任何电器	∞	
			8	按下正转启动按钮 SB2	1 kΩ	正转启动
			9	先按下正转启动按钮 SB2，再按下反转启动按钮 SB3	1 kΩ→∞	机械联锁
			10	按下反转启动按钮 SB3	1 kΩ	反转启动
			11	先按下反转启动按钮 SB3，再按下正转启动按钮 SB2	1 kΩ→∞	机械联锁
			12	压下 KM1 触点架	1 kΩ	正转自锁
			13	先压下 KM1 触点架，再按下 KM2 触点架	1 kΩ→∞	电气联锁
			14	压下 KM2 触点架	1 kΩ	正转自锁
			15	先压下 KM2 触点架，再按下 KM1 触点架	1 kΩ→∞	电气联锁
			16	先按下正转启动按钮 SB2，再按下停止按钮 SB1	1 kΩ→∞	正转停止
			17	先按下反转启动按钮 SB3，再按下停止按钮 SB1	1 kΩ→∞	反转停止
			18	先压下 KM1，再按下停止按钮 SB1	1 kΩ→∞	正转停止
			19	先压下 KM2，再按下停止按钮 SB1	1 kΩ→∞	反转停止
注：1 kΩ 交流接触器线圈参考阻值（依据交流接触器的型号而定）。						

（3）通电试车。

特别提示：分清主电路与控制电路，接触器的主触头与辅助触头，主电路的相序变换在本项目中比较重要。

完成上述检查后，清点工具，清理安装板上的线头等杂物，检查三相电源电压。一切正常后，在指导教师的监护下进行通电试车。先进行空载试验，然后进行负载试验。

①空载调试过程。先拆下电动机，再合上电源开关 QF，按下正转启动按钮 SB2，接触器 KM1 应立即动作；按下按钮 SB3，接触器 KM2 应立即动作；按下停止按钮 SB1，接触器 KM1 和 KM2 均复位。具体操作过程可参照表 8-3。

表 8-3　空载调试过程情况记录单

三相异步电动机正反转运行空载调试过程				
步骤	操作内容	观察内容（包括声音）		备注
		交流接触器 KM		
		正确结果	观察结果	
1	按下正转启动按钮 SB2	接触器 KM1 线圈得电，并保持吸合		
2	按下反转启动按钮 SB3	接触器 KM2 线圈得电，并保持吸合		
3	按下停止按钮 SB1	接触器线圈失电复位		

②有载调试过程。若空载试验无误，切断电源，接好电动机，可通电进行带负载试车。合上 QF，按下按钮 SB2，接触器 KM1 应立即动作，电动机正转运行；按下按钮 SB3，接触器 KM1 立即复位，KM2 动作，电动机反转运行；按下停止按钮 SB1，接触器 KM1 和 KM2 均复位，电动机停止转动。具体操作过程可参照表 8-4。

表 8-4　有载调试过程情况记录单

三相异步电动机正反转运行有载调试过程					
步骤	操作内容	观察内容（包括声音）			备注
		交流接触器 KM	电动机 M		
			正确结果	观察结果	
1	按下正转启动按钮 SB2	接触器 KM1 线圈得电，并保持吸合	M 正转运行		
2	按下反转启动按钮 SB3	接触器 KM2 线圈得电，并保持吸合	M 反转运行		
3	按下停止按钮 SB1	接触器线圈失电复位	M 停止		

任务拓展

双重联锁的正反向启动控制线路的常见故障分析与排除：

故障现象 1：按下 SB1 或 SB2 时，KM1、KM2 能正常动作，但松开按钮时接触器释放。

故障现象 2：按下 SB1 时，接触器 KM1 不停地吸合与释放，松开 SB1 则 KM1 释放；按下 SB2 时，KM2 的现象与 KM1 相同。

任务 8.1 任务书

<table>
<tr><td>任务编号</td><td>8.1</td><td>任务名称</td><td>三相异步电动机正反转控制与实现</td></tr>
<tr><td colspan="4">

任务描述：

在生产中，许多机械往往要求运动部件能正反两个方向运动。如机床工作台的前进与后退、起重机吊钩的上升与下降等。这些生产机械要求电动机能实现正反转控制。根据电动机的工作原理，当改变通入电动机定子绕组的三相电源相序，即把接入电动机三相电源进线中的任意两相对调接线时，电动机就可以反转。

起重机吊钩的升降控制线路是一种比较典型的正反转控制线路。图 1 所示为桥式起重机。其吊钩升降控制线路用两个接触器来进行电源相序的切换，为防止两个接触器同时吸合，电路中还设置了按钮、接触器双重联锁，通过这个项目的安装，学习者可以学会电动机正反转的控制方法和联锁保护的原理。本任务就是要求学生完成某三相异步电动机正反转运行控制线路的设计、安装、调试运行与故障排除。

图 1　桥式起重机

</td></tr>
<tr><td colspan="4">

学习目标

☆**知识目标：**

1. 掌握三相异步电动机正反转控制原理；
2. 掌握三相异步电动机正反转控制线路的分析方法；
3. 掌握典型控制环节互锁控制的实现方法；
4. 掌握三相异步电动机正反转控制线路故障分析与检修方法。

☆**技能目标：**

1. 能够正确使用常用的电工工具、电工仪表；
2. 能够正确识别、标识、选用低压电器及相关附件；
3. 能够正确识读并绘制三相异步电动机正反转控制系统的原理图、电器元件布置图和电器元件安装接线图；
4. 能够正确安装、调试三相异步电动机正反转控制线路；
5. 能够正确分析、排除三相异步电动机正反转控制线路的常见故障。

☆**情感目标：**

1. 培养学生理论联系实际的良好学习习惯；
2. 激发浓厚的学习兴趣，培养严谨的学习态度；
3. 培养良好的职业道德。

</td></tr>
</table>

续表

知识学习

学习正反转控制线路（图 2）

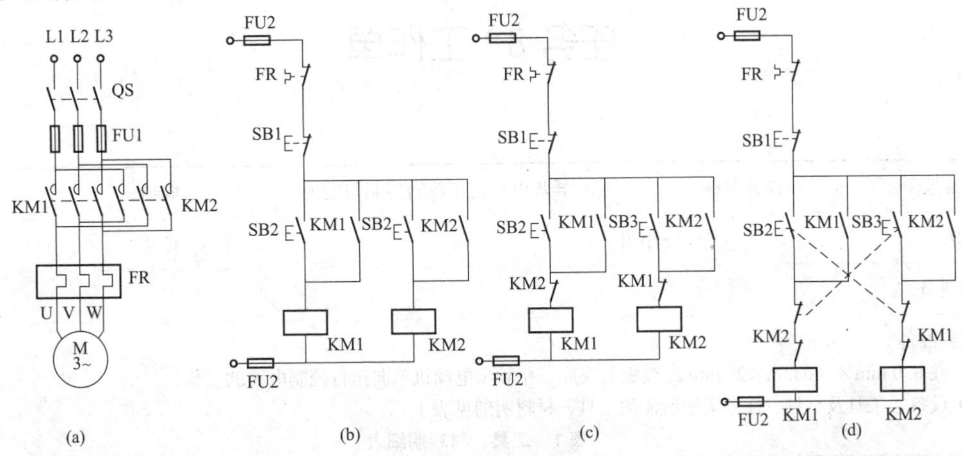

图 2　正反转控制线路

（a）主电路；（b）无互锁；（c）电气互锁；（d）双重互锁

引导性问题

（1）对于三相异步电动机来说，要实现正反转控制，只要改变接入电动机三相电源的＿＿＿＿＿＿即可。

（2）在主电路中，当 KM1 和 KM2 分别得电吸合后，电源＿＿＿＿＿＿和＿＿＿＿＿＿的相序发生了改变，即电动机的旋转方向发生了改变。

（3）在图 2（b）中，当按下启动按钮 SB2 后，交流接触器＿＿＿＿＿＿得电，电动机正转运行；当按下启动按钮 SB3 后，交流接触器＿＿＿＿＿＿得电，电动机反转运行。若电动机正转运行时，又按下 SB3，将会使主电路发生两相电源＿＿＿＿＿＿事故。

（4）在图 2（c）中，交流接触器 KM1 和 KM2 的＿＿＿＿＿＿分别串接在对方线圈电路中，形成相互制约的控制，称为＿＿＿＿＿＿。

（5）在图 2（c）中，当电动机正转运行时，按下反转启动按钮 SB3，此时，若交流接触器 KM1 的常开辅助触点发生熔焊粘连，也会使主电路发生两相电源＿＿＿＿＿＿事故。

（6）在图 2（d）中，将正反转启动按钮的＿＿＿＿＿＿串入对方接触器线圈电路中，称为＿＿＿＿＿＿。

（7）在图 2（d）中，既有＿＿＿＿＿＿联锁，又有＿＿＿＿＿＿联锁，故称为＿＿＿＿＿＿。

（8）叙述图 2（d）的工作过程。

启动过程：

停止过程：

功能拓展

龙门刨床、铣床等工作部件能够实现往复运动。图 3 所示为其工作台运动示意。其工艺要求：当工作台上的撞块 1 按下行程开关 SQ1 时，工作台右行；当工作台上的撞块 2 按下行程开关 SQ2 时，工作台左行。即可以实现工作台在行程开关 SQ1 和行程开关 SQ2 之间的自动往复运动。行程开关 SQ3 和 SQ4 用作极限位置保护。试设计其控制电路图。

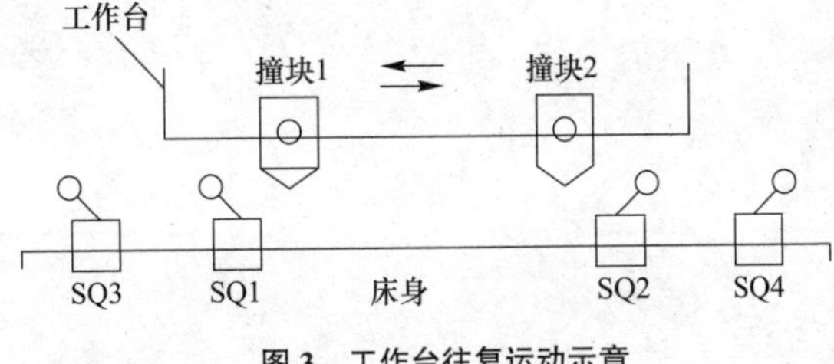

图 3　工作台往复运动示意

任务 8.1 工作单

任务编号	8.1	任务名称	三相异步电动机正反转控制与实现	成绩	
班级		小组		日期	
小组成员					

1. 实践准备

（1）在 630 mm×700 mm×20 mm 配线板上完成三相异步电动机单向运行控制电路的安装。

（2）设备、工具及材料。任务实施所需的工具、材料明细见表 1。

表 1　工具、材料明细表

分类	名称	型号或规格	数量
耗材	主电路导线	BV 1.5 mm^2	若干
	控制电路导线	BV 1.0 mm^2	若干
	按钮导线	BVR 0.75 mm^2	若干
	接地导线	BVR 1.5 mm^2（黄绿双色）	若干
	接线端子排	JD0-1020，380 V，10 A 10 节或自定	1 条
	编码套管	$\phi 8$	0.6 m
	记号笔	自定	1 支
	紧固体		若干
仪表	万用表	MF47 或自定	1 块
工具	电工通用工具	钢丝钳、螺钉旋具（一字和十字）、尖嘴钳、剥线钳等	1 套
	配线板	630 mm×700 mm×20 mm	1 块

2. 绘制电气原理图

续表

3．电器元件选择（表 2）

选择电器元件，并按要求完成表 2。

表 2　电器元件清单表

名称	符号	型号	规格	数量

4．绘制电器元件布置图

续表

5. 安装与检查

用万用表检查本线路，过程对照表 3。

表 3　万用表检查本线路过程对照表

测量要求	测量过程				测量阻值
	测量任务	总工序	工序	操作方法	
空载	测量主电路	断开 QF，取下熔断器 FU2 的熔体，万用表置于 $R\times1$ 挡（调零后），分别测量三相电源 U11、V11、W11 三相之间的阻值	1	未操作任何电器	
			2	压下 KM1 触点架	
			3	压下 KM2 触点架	
		断开 QF，取下熔断器 FU2 的熔体，万用表置于 $R\times1$ 挡（调零后），分别测量每一相的电源端和电动机端的阻值	4	未操作任何电器	
			5	压下 KM1 触点架	
			6	压下 KM2 触点架	
	测量控制电路	断开 QS，装好熔断器 FU2 的熔体，万用表置于 $R\times100$ 挡或 $R\times1\text{k}$ 挡（调零后），将两支表笔搭在 U12、V12（控制电路电源）间测量控制线路的阻值	7	未操作任何电器	
			8	按下正转启动按钮 SB2	
			9	先按下正转启动按钮 SB2，再按下反转启动按钮 SB3	
			10	按下反转启动按钮 SB3	
			11	先按下反转启动按钮 SB3，再按下正转启动按钮 SB2	
			12	压下 KM1 触点架	
			13	先压下 KM1 触点架，再按下 KM2 触点架	
			14	压下 KM2 触点架	
			15	先压下 KM2 触点架，再按下 KM1 触点架	
			16	先按下正转启动按钮 SB2，再按下停止按钮 SB1	
			17	先按下反转启动按钮 SB3，再按下停止按钮 SB1	
			18	先压下 KM1，再按下停止按钮 SB1	
			19	先压下 KM2，再按下停止按钮 SB1	

续表

6．调试与运行

（1）空载调试过程（不接电动机，并切除主电路）（表 4）。

表 4　空载调试过程情况记录单

<table>
<tr><td colspan="5">三相异步电动机正反转运行空载调试过程</td></tr>
<tr><td rowspan="3">步骤</td><td rowspan="3">操作内容</td><td colspan="2">观察内容（包括声音）</td><td rowspan="3">备注</td></tr>
<tr><td colspan="2">交流接触器 KM</td></tr>
<tr><td>正确结果</td><td>观察结果</td></tr>
<tr><td>1</td><td>按下正转启动按钮 SB2</td><td></td><td></td><td></td></tr>
<tr><td>2</td><td>松开正转启动按钮 SB2</td><td></td><td></td><td></td></tr>
<tr><td>3</td><td>按下反转启动按钮 SB3</td><td></td><td></td><td></td></tr>
<tr><td>4</td><td>松开反转启动按钮 SB3</td><td></td><td></td><td></td></tr>
<tr><td>5</td><td>按下停止按钮 SB1</td><td></td><td></td><td></td></tr>
</table>

（2）有载调试过程（接入电动机和主电路）（表 5）。

表 5　有载调试过程情况记录单

<table>
<tr><td colspan="6">三相异步电动机正反转运行有载调试过程</td></tr>
<tr><td rowspan="3">步骤</td><td rowspan="3">操作内容</td><td colspan="3">观察内容（包括声音）</td><td rowspan="3">备注</td></tr>
<tr><td rowspan="2">交流接触器 KM</td><td colspan="2">电动机 M</td></tr>
<tr><td>正确结果</td><td>观察结果</td></tr>
<tr><td>1</td><td>按下正转启动按钮 SB2</td><td></td><td></td><td></td><td></td></tr>
<tr><td>2</td><td>松开正转启动按钮 SB2</td><td></td><td></td><td></td><td></td></tr>
<tr><td>3</td><td>按下反转启动按钮 SB3</td><td></td><td></td><td></td><td></td></tr>
<tr><td>4</td><td>松开反转启动按钮 SB3</td><td></td><td></td><td></td><td></td></tr>
<tr><td>5</td><td>按下停止按钮 SB1</td><td></td><td></td><td></td><td></td></tr>
</table>

7．成果展示与总结

任务 8.2 电动机的自动往复循环控制与实现

任务描述

在生产过程中，有些生产机械（如导轨磨床）的工作台要求在一定的行程内自往复运动，以便实现对工件的连续加工，提高生产效率。这就需要电气控制线路能够控制电动机实现自动换接正反转。

导轨磨床如图 8-8 所示。其工作台自动往复控制线路采用行程开关实现，通过自动往复控制线路安装的工作任务，要求学习者学会自动往复控制线路的安装。

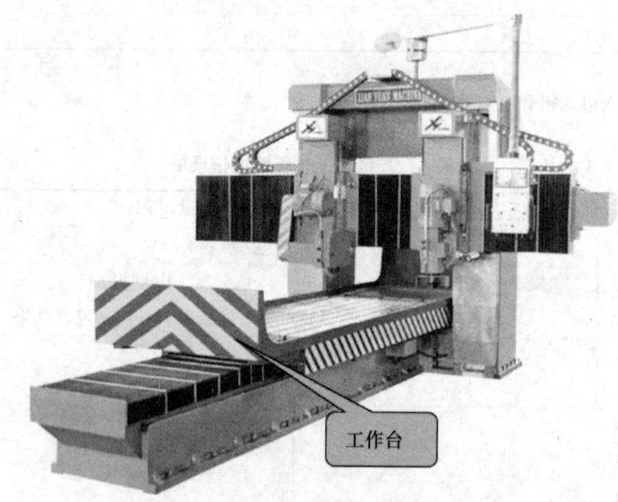

图 8-8 导轨磨床

8.2.1 电动机的自动往复循环控制线路

图 8-9 所示为导轨磨床工作台的自动往复控制线路电路原理。为了使电动机的正反转和工作台的左右运动相配合，在控制电路中设置了两个行程开关 SQ1 和 SQ2，在工作台的 T 形槽中装有两块挡铁，挡铁 1 只能和 SQ1 相碰撞，挡铁 2 只能和 SQ2 相碰撞。当工作台运动到所限位置时，挡铁碰撞行程开关，使其触头动作，自动换接电动机正反转控制电路，再通过机械传动机构使工作台自动往复运动。工作台行程可通过移动挡铁位置来调节，拉开两块挡铁间的距离，行程变长；反之则变短。

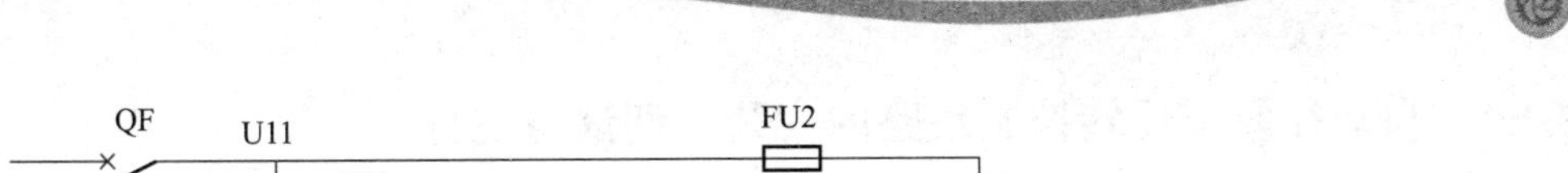

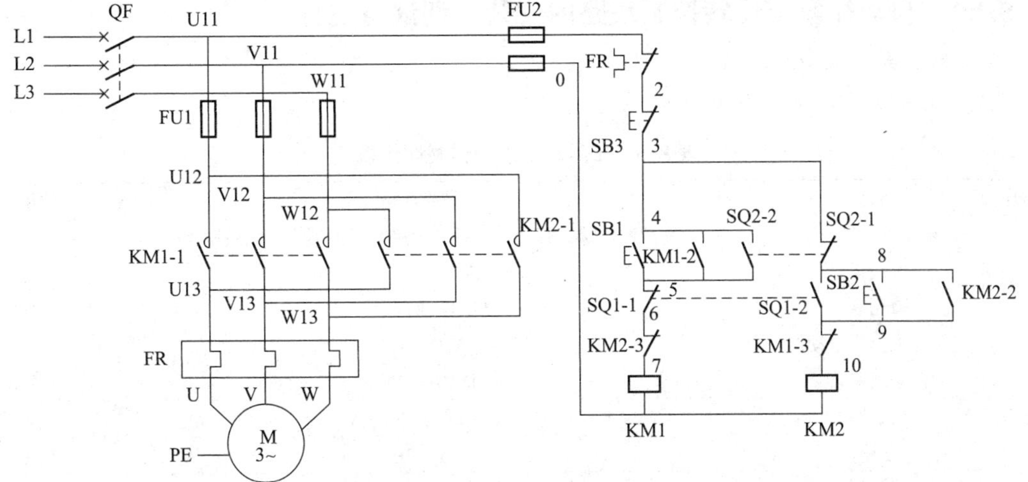

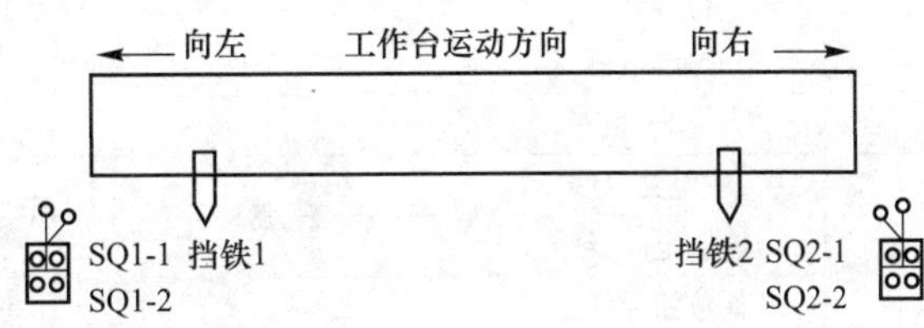

图 8-9　自动往复行程控制线路电路原理

在自动往复循环控制线路中 KM1、KM2 分别为电动机正、反转接触器；SQ1 是控制 KM1 线圈断电和 KM2 线圈得电的行程开关；SQ2 是控制 KM2 线圈断电和 KM1 线圈得电的行程开关。自动往复循环控制线路工作过程如图 8-10 所示。

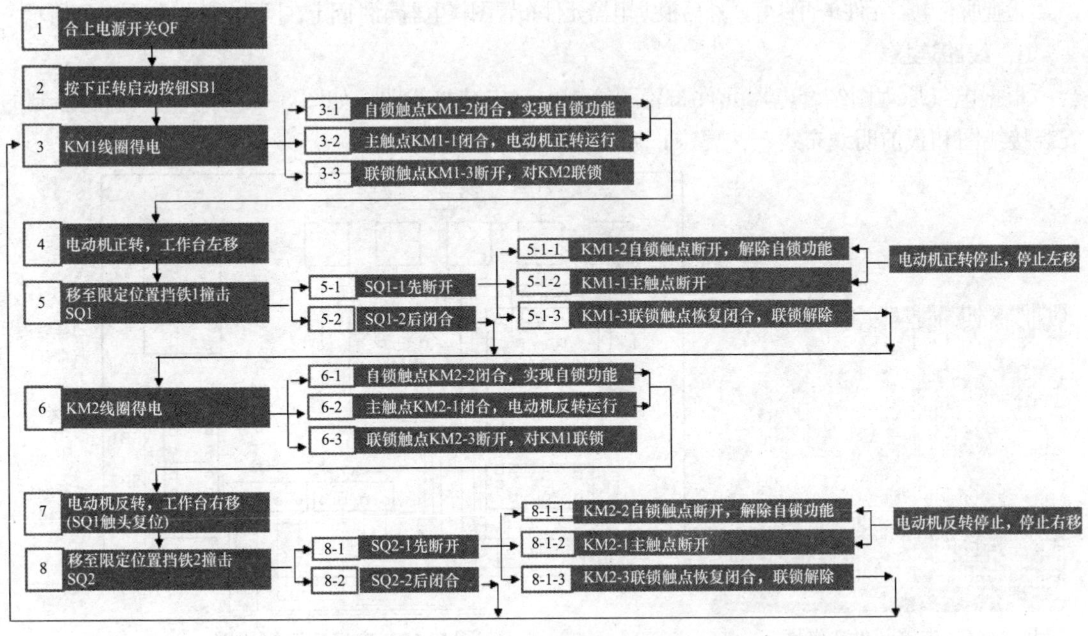

图 8-10　自动往复循环控制线路工作过程

8.2.2 自动往复正反转控制线路的安装、调试与运行

1. 准备工具、仪表及器材

工具、仪表及器材明细表见表 8-5。

表 8-5 工具、仪表及器材明细表

分类	名称	型号或规格	数量
工具	电工通用工具	钢丝钳、螺钉旋具（一字和十字）、尖嘴钳、剥线钳等	1 套
	配线板	630 mm×700 mm×20 mm	1 块
仪表	万用表	MF47 或自定	1 块
器材	三相笼形异步电动机	WDJ26	1 台
	低压断路器	DZ108-20	1 只
	熔断器	RL1-15 熔体 15 A	5 只
	按钮	LA10-3H	1 只
	接触器	CJ20-10	2 只
	行程开关	LK19-11	2 只
	热继电器	JR36-20	1 只
	端子板	JF-2.5/5	1 只
耗材	主电路导线	BV 1.5 mm^2	若干
	控制电路导线	BV 1.0 mm^2	若干
	按钮导线	BVR 0.75 mm^2	若干
	接地导线	BVR 1.5 mm^2（黄绿双色）	若干
	编码套管	$\phi 8$	0.6 m
	记号笔	自定	1 支
	紧固体		若干

2. 安装电器元件

检查所有电器元件是否良好，然后根据电器元件布置图将电器元件固定在网孔板上，如图8-11所示。

3. 线路连接

根据电气原理图结合电器元件布置图绘制电气安装接线图，如图 8-12 所示。根据所绘制的安装接线图和板前明线布线工艺要求，完成控制线路的连接。

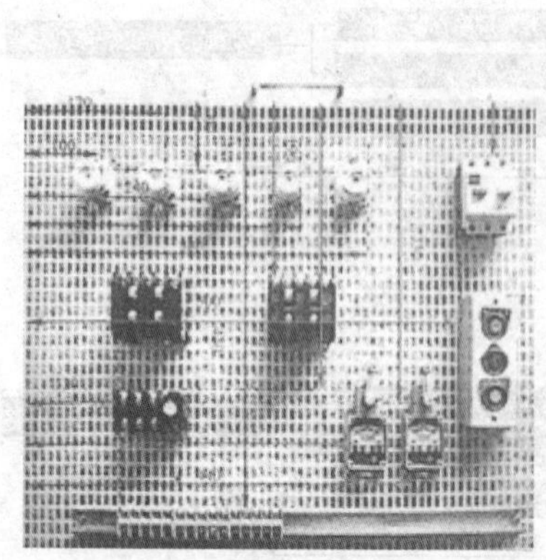

图 8-11 电器元件布置图

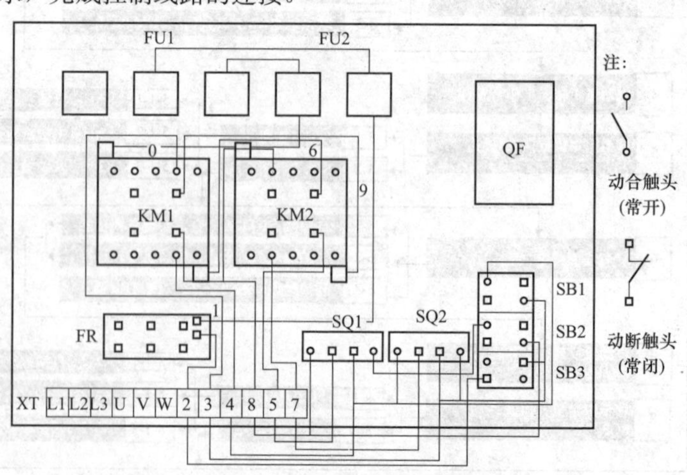

图 8-12 电气安装接线图

4．通电试车

（1）线路检查。按照接线图或原理图，从电源端开始逐段核对接线是否正确，有无漏接、错接之处；检查导线触头是否符合要求，压接是否牢固；检查触头接触是否良好，以避免带负载运转时产生闪弧现象。检查编号管的编号与接线图是否一致。

（2）逻辑功能检查。完成上述线路检查后，用万用表分别对主电路和控制电路进行测量，具体测量过程与结果可参照表 8-6。

表 8-6　万用表检查本线路过程对照表

<table>
<tr><th rowspan="2">测量要求</th><th colspan="4">测量过程</th><th rowspan="2">正确阻值</th><th rowspan="2">备注</th></tr>
<tr><th>测量任务</th><th>总工序</th><th>工序</th><th>操作方法</th></tr>
<tr><td rowspan="21">空载</td><td rowspan="6">测量主电路</td><td rowspan="3">断开 QF，取下熔断器 FU2 的熔体，万用表置于 R×1 挡（调零后），分别测量三相电源 U11、V11、W11 三相之间的阻值</td><td>1</td><td>未操作任何电器</td><td>∞</td><td></td></tr>
<tr><td>2</td><td>压下 KM1 触点架</td><td>∞</td><td rowspan="2">短路检测</td></tr>
<tr><td>3</td><td>压下 KM2 触点架</td><td>∞</td></tr>
<tr><td rowspan="3">断开 QF，取下熔断器 FU2 的熔体，万用表置于 R×1 挡（调零后），分别测量每一相的电源端和电动机端的阻值</td><td>4</td><td>未操作任何电器</td><td>∞</td><td></td></tr>
<tr><td>5</td><td>压下 KM1 触点架</td><td>∞→0</td><td rowspan="2">通路检测</td></tr>
<tr><td>6</td><td>压下 KM2 触点架</td><td>∞→0</td></tr>
<tr><td rowspan="15">测量控制电路</td><td rowspan="15">断开 QF，装好熔断器 FU2 的熔体，万用表置于 R×100 挡或 R×1k 挡（调零后），将两支表笔搭在 U12、V12（控制电路电源）间测量控制线路的阻值</td><td>7</td><td>未操作任何电器</td><td>∞</td><td></td></tr>
<tr><td>8</td><td>按下正转启动按钮 SB1</td><td>1 kΩ</td><td>正转启动</td></tr>
<tr><td>9</td><td>先按下正转启动按钮 SB1，再按下停止按钮 SB3</td><td>1 kΩ→∞</td><td>停止</td></tr>
<tr><td>10</td><td>扳动行程开关 SQ2</td><td>1 kΩ</td><td>左移</td></tr>
<tr><td>11</td><td>先按下正转启动按钮 SB1，再扳动行程开关 SQ1</td><td>1 kΩ→∞</td><td>右移</td></tr>
<tr><td>12</td><td>压下 KM1 触点架</td><td>1 kΩ</td><td>自锁</td></tr>
<tr><td>13</td><td>先按下 KM1 触点架，再按下 KM2 触点架</td><td>1 kΩ→∞</td><td>电气联锁</td></tr>
<tr><td>14</td><td>先压下 KM1 触点架，再按下停止按钮 SB3</td><td>1 kΩ→∞</td><td>停止</td></tr>
<tr><td>15</td><td>按下反转启动按钮 SB2</td><td>1 kΩ</td><td>反转启动</td></tr>
<tr><td>16</td><td>先按下反转启动按钮 SB2，再按下停止按钮 SB3</td><td>1 kΩ→∞</td><td>停止</td></tr>
<tr><td>17</td><td>扳动行程开关 SQ1</td><td>1 kΩ</td><td>右移</td></tr>
<tr><td>18</td><td>先按下反转启动按钮 SB2，再扳动行程开关 SQ2</td><td>1 kΩ→∞</td><td>左移</td></tr>
<tr><td>19</td><td>压下 KM2 触点架</td><td>1 kΩ</td><td>自锁</td></tr>
<tr><td>20</td><td>先压下 KM2 触点架，再按下 KM1 触点架</td><td>1 kΩ→∞</td><td>电气联锁</td></tr>
<tr><td>21</td><td>先压下 KM2 触点架，再按下停止按钮 SB3</td><td>1 kΩ→∞</td><td>停止</td></tr>
<tr><td colspan="7">注：1 kΩ 交流接触器线圈参考阻值（依据交流接触器的型号而定）。</td></tr>
</table>

（3）通电试车。

特别提示：*在实际安装时，通电前必须先用手扳动行程开关，试验其动作是否可靠。*

完成上述检查后，清点工具，清理安装板上的线头等杂物，检查三相电源电压。一切正常后，在指导教师的监护下进行通电试车。先进行空载试验，然后进行负载试验。

①空载调试过程。先拆下电动机，再合上电源开关 QF，按下正转启动按钮 SB1，接触器 KM1 应立即动作；扳动行程开关 SQ1，KM1 立即复位，接触器 KM2 动作；按下按钮 SB2，接触器 KM2 应立即动作；扳动行程开关 SQ2，KM2 立即复位，接触器 KM1 动作；按下停止按钮 SB3，接触器 KM1 和 KM2 均复位。具体操作过程可参照表 8-7。

表 8-7　空载调试过程情况记录单

步骤	操作内容	观察内容（包括声音）		备注
		交流接触器 KM		
		正确结果	观察结果	
1	按下正转启动按钮 SB1	接触器 KM1 线圈得电，并保持吸合		
2	扳动行程开关 SQ1	KM1 立即复位，接触器 KM2 动作		
3	扳动行程开关 SQ2	KM2 立即复位，接触器 KM1 动作		
4	按下停止按钮 SB1	接触器线圈失电复位		
5	按下反转启动按钮 SB3	接触器 KM2 线圈得电，并保持吸合		
6	扳动行程开关 SQ2	KM2 立即复位，接触器 KM1 动作		
7	扳动行程开关 SQ1	KM1 立即复位，接触器 KM2 动作		
8	按下停止按钮 SB1	接触器线圈失电复位		

②有载调试过程。若空载试验无误，切断电源，接好电动机，可通电进行带负载试车。

合上 QF，按下正转启动按钮 SB1，接触器 KM1 应立即动作，电动机正转运行；扳动行程开关 SQ1，KM1 立即复位，接触器 KM2 动作，电动机反转运行；按下按钮 SB2，接触器 KM2 应立即动作，电动机反转运行；扳动行程开关 SQ2，KM2 立即复位，接触器 KM1 动作，电动机正转运行；按下停止按钮 SB3，接触器 KM1 和 KM2 均复位。具体操作过程可参照表 8-8。

表 8-8　有载调试过程情况记录单

步骤	操作内容	观察内容（包括声音）			备注
		交流接触器 KM	电动机 M		
			正确结果	观察结果	
1	按下正转启动按钮 SB1	接触器 KM1 线圈得电，并保持吸合	M 正转运行		
2	扳动行程开关 SQ1	KM1 立即复位，接触器 KM2 动作	M 反转运行		
3	扳动行程开关 SQ2	KM2 立即复位，接触器 KM1 动作	M 正转运行		
4	按下停止按钮 SB1	接触器线圈失电复位	M 停止		
5	按下反转启动按钮 SB3	接触器 KM2 线圈得电，并保持吸合	M 反转运行		
6	扳动行程开关 SQ2	KM2 立即复位，接触器 KM1 动作	M 正转运行		
7	扳动行程开关 SQ1	KM1 立即复位，接触器 KM2 动作	M 反转运行		
8	按下停止按钮 SB1	接触器线圈失电复位	M 停止		

任务拓展

分析自动往复循环运动控制电路中产生下列故障的可能原因及其排查方法：

故障现象 1：试车时，电动机启动设备运行，部件到达规定位置，挡铁操作行程开关时，接触器动作，但部件运动方向不改变，继续向前移动而不能返回。

故障现象 2：试车中电动机正方向运行到达极限位置挡铁操作行程开关时，电动机停车，没有反向运行。

任务 8.2 任务书

任务编号	8.2	任务名称	电动机的自动往复循环控制与实现

任务描述：

在生产过程中，有些生产机械（如导轨磨床）的工作台要求在一定的行程内自往复运动，以便实现对工件的连续加工，提高生产效率。这就需要电气控制线路能够控制电动机实现自动换接正反转。

导轨磨床如图 1 所示。其工作台自动往复控制线路就是采用行程开关实现，通过自动往复控制线路安装的工作任务，学会自动往复控制线路的安装。

图 1　导轨磨床

学习目标

☆**知识目标：**

1. 掌握三相异步电动机自动往复控制线路的分析方法；
2. 掌握三相异步电动机自动往复控制的实现方法；
3. 掌握三相异步电动机自动往复控制线路故障分析与检修方法。

☆**技能目标：**

1. 能够正确使用常用的电工工具、电工仪表；
2. 能够正确识别、标识、选用低压电器及相关附件；
3. 能够正确识读并绘制三相异步电动机自动往复控制系统的原理图、电器元件布置图和电器元件安装接线图；
4. 能够正确安装、调试三相异步电动机自动往复控制线路；
5. 能够正确分析、排除三相异步电动机自动往复控制线路的常见故障。

☆**情感目标：**

1. 培养学生理论联系实际的良好学习习惯；
2. 激发浓厚的学习兴趣，培养严谨的学习态度；
3. 培养良好的职业道德。

续表

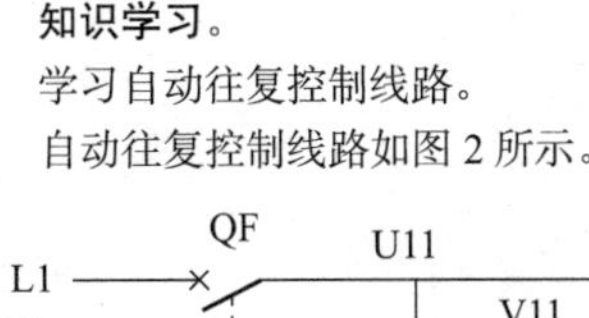

知识学习。

学习自动往复控制线路。

自动往复控制线路如图 2 所示。

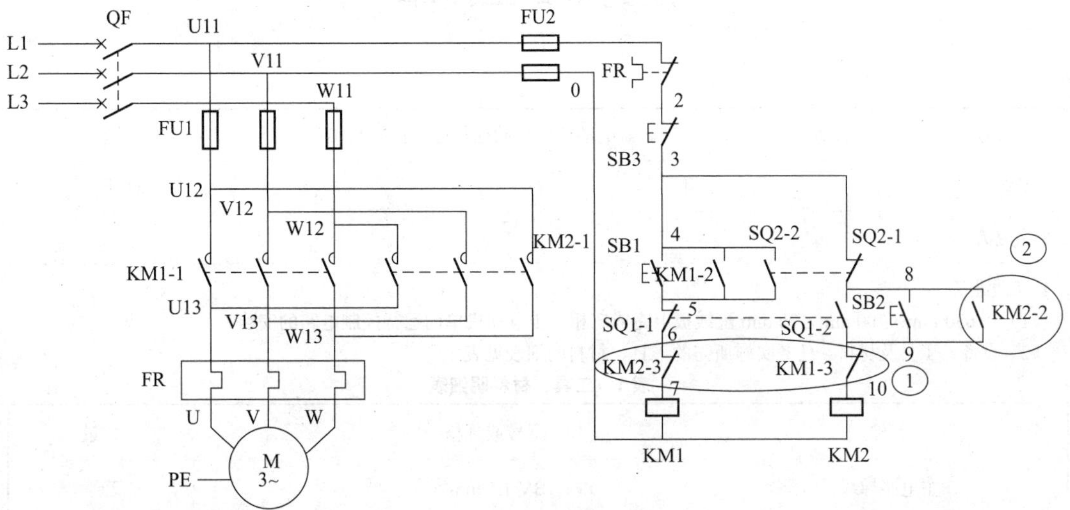

图 2　自动往复控制线路

（1）在主电路中，当 KM1 和 KM2 分别得电吸合后，电源____________和____________的相序发生了改变，即电动机的旋转方向发生了改变。

（2）在控制线路中，行程开关 SQ1 和 SQ2 实现了____________功能。

（3）在控制线路中，①实现____________功能；②实现____________功能。

（4）按下启动按钮 SB1，____________线圈得电，电动机正转，工作台左移，当工作台移动至限定位置，挡铁撞击行程开关 SQ1，____________线圈失电，____________线圈得电，电动机反转，工作台右移，当工作台移动至限定位置，挡铁撞击行程开关 SQ2，____________线圈失电，____________线圈得电，实现自动往复。按下停止按钮____________，KM1 和 KM2 均线圈失电，电动机停止运行。

任务 8.2 工作单

任务编号	8.2	任务名称	电动机的自动往复循环控制与实现		成绩	
班级			小组		日期	
小组成员						

1. 实践准备

（1）在 630 mm×700 mm×20 mm 配线板上完成三相异步电动机单向运行控制电路的安装。

（2）设备、工具及材料。任务实施所需的工具、材料明细表见表 1。

表 1　工具、材料明细表

分类	名称	型号或规格	数量
耗材	主电路导线	BV 1.5 mm^2	若干
	控制电路导线	BV 1.0 mm^2	若干
	按钮导线	BVR 0.75 mm^2	若干
	接地导线	BVR 1.5 mm^2（黄绿双色）	若干
	接线端子排	JD0–1020，380 V，10 A 10 节或自定	1 条
	编码套管	ϕ8	0.6 m
	记号笔	自定	1 支
	紧固体		若干
仪表	万用表	MF47 或自定	1 块
工具	电工通用工具	钢丝钳、螺钉旋具（一字和十字）、尖嘴钳、剥线钳等	1 套
	配线板	630 mm×700 mm×20 mm	1 块

2．绘制电气原理图

续表

3．电器元件选择

选择电器元件，并按要求完成表 2。

表 2　电器元件清单表

名称	符号	型号	规格	数量

4．绘制电器元件布置图

续表

5．安装与检查

用万用表检查本线路，过程对照表 3。

表 3　万用表检查本线路过程对照表

测量要求	测量过程				测量阻值
	测量任务	总工序	工序	操作方法	
空载	测量主电路	断开 QF，取下熔断器 FU2 的熔体，万用表置于 $R\times1$ 挡（调零后），分别测量三相电源 U11、V11、W11 三相之间的阻值	1	未操作任何电器	
			2	压下 KM1 触点架	
			3	压下 KM2 触点架	
		断开 QF，取下熔断器 FU2 的熔体，万用表置于 $R\times1$ 挡（调零后），分别测量每一相的电源端和电动机端的阻值	4	未操作任何电器	
			5	压下 KM1 触点架	
			6	压下 KM2 触点架	
	测量控制电路	断开 QF，装好熔断器 FU2 的熔体，万用表置于 $R\times100$ 挡或 $R\times1\text{k}$ 挡（调零后），将两支表笔搭在 U12、V12（控制电路电源）间测量控制线路的阻值	7	未操作任何电器	
			8	按下正转启动按钮 SB1	
			9	先按下正转启动按钮 SB1，再按下停止按钮 SB3	
			10	扳动行程开关 SQ2	
			11	先按下正转启动按钮 SB1，再扳动行程开关 SQ1	
			12	压下 KM1 触点架	
			13	先压下 KM1 触点架，再按下 KM2 触点架	
			14	先压下 KM1 触点架，再按下停止按钮 SB3	
			15	按下反转启动按钮 SB2	
			16	先按下反转启动按钮 SB2，再按下停止按钮 SB3	
			17	扳动行程开关 SQ1	
			18	先按下反转启动按钮 SB2，再扳动行程开关 SQ2	
			19	压下 KM2 触点架	
			20	先压下 KM2 触点架，再按下 KM1 触点架	
			21	先压下 KM2 触点架，再按下停止按钮 SB3	

续表

6．调试与运行

（1）空载调试过程（不接电动机，并切除主电路）（表 4）。

表 4　空载调试过程情况记录单

<table>
<tr><td rowspan="3">步骤</td><td rowspan="3">操作内容</td><td colspan="2">观察内容（包括声音）</td><td rowspan="3">备注</td></tr>
<tr><td colspan="2">交流接触器 KM</td></tr>
<tr><td>正确结果</td><td>观察结果</td></tr>
<tr><td>1</td><td>按下正转启动按钮 SB1</td><td>接触器 KM1 线圈得电，并保持吸合</td><td></td><td></td></tr>
<tr><td>2</td><td>扳动行程开关 SQ1</td><td>KM1 立即复位，接触器 KM2 动作</td><td></td><td></td></tr>
<tr><td>3</td><td>扳动行程开关 SQ2</td><td>KM2 立即复位，接触器 KM1 动作</td><td></td><td></td></tr>
<tr><td>4</td><td>按下停止按钮 SB1</td><td>接触器线圈失电复位</td><td></td><td></td></tr>
<tr><td>5</td><td>按下反转启动按钮 SB3</td><td>接触器 KM2 线圈得电，并保持吸合</td><td></td><td></td></tr>
<tr><td>6</td><td>扳动行程开关 SQ2</td><td>KM2 立即复位，接触器 KM1 动作</td><td></td><td></td></tr>
<tr><td>7</td><td>扳动行程开关 SQ1</td><td>KM1 立即复位，接触器 KM2 动作</td><td></td><td></td></tr>
<tr><td>8</td><td>按下停止按钮 SB1</td><td>接触器线圈失电复位</td><td></td><td></td></tr>
</table>

（2）有载调试过程（接入电动机和主电路）（表 5）。

表 5　有载调试过程情况记录单

<table>
<tr><td rowspan="3">步骤</td><td rowspan="3">操作内容</td><td colspan="3">观察内容（包括声音）</td><td rowspan="3">备注</td></tr>
<tr><td rowspan="2">交流接触器 KM</td><td colspan="2">电动机 M</td></tr>
<tr><td>正确结果</td><td>观察结果</td></tr>
<tr><td>1</td><td>按下正转启动按钮 SB1</td><td>接触器 KM1 线圈得电，并保持吸合</td><td>M 正转运行</td><td></td><td></td></tr>
<tr><td>2</td><td>扳动行程开关 SQ1</td><td>KM1 立即复位，接触器 KM2 动作</td><td>M 反转运行</td><td></td><td></td></tr>
<tr><td>3</td><td>扳动行程开关 SQ2</td><td>KM2 立即复位，接触器 KM1 动作</td><td>M 正转运行</td><td></td><td></td></tr>
<tr><td>4</td><td>按下停止按钮 SB1</td><td>接触器线圈失电复位</td><td>M 停止</td><td></td><td></td></tr>
<tr><td>5</td><td>按下反转启动按钮 SB3</td><td>接触器 KM2 线圈得电，并保持吸合</td><td>M 反转运行</td><td></td><td></td></tr>
<tr><td>6</td><td>扳动行程开关 SQ2</td><td>KM2 立即复位，接触器 KM1 动作</td><td>M 正转运行</td><td></td><td></td></tr>
<tr><td>7</td><td>扳动行程开关 SQ1</td><td>KM1 立即复位，接触器 KM2 动作</td><td>M 反转运行</td><td></td><td></td></tr>
<tr><td>8</td><td>按下停止按钮 SB1</td><td>接触器线圈失电复位</td><td>M 停止</td><td></td><td></td></tr>
</table>

7．成果展示与总结

项目 9　三相异步电动机的降压启动控制与实现

知识目标

1. 掌握 Y—△降压启动的方法、性能及使用场合；
2. 掌握用时间继电器转换的 Y—△启动控制线路的控制原理及设计技巧；
3. 掌握笼形异步电动机其他的降压启动方法；
4. 掌握电流原则、时间原则实现的转子串电阻的电气控制原理；
5. 掌握转子串频敏变阻器启动方法。

能力目标

1. 能够按照电气原理图进行用时间继电器转换 Y—△启动控制线路的制作与调试；
2. 能够排查用时间继电器转换 Y—△启动控制线路的常见故障；
3. 能够按照电气原理图进行绕线式异步电动机转子回路串电阻控制线路的制作与调试；
4. 能够排查绕线式异步电动机转子回路串电阻控制线路的常见故障。

任务 9.1　笼形异步电动机的降压启动控制与实现

任务描述

各种控制线路启动时，加在电动机定子绕组上的电压为电动机的额定电压，是全压启动，又称直接启动。其优点是电气设备少、电路简单、维修量小。但是异步电动机直接启动时，启动电流一般为额定电流的 4 ～ 7 倍，在电源变压器容量不够、电动机功率较大的情况下会使变压器输出电压下降，影响本身的启动转矩，也会影响同一供电线路中其他电气设备的正常工作。因此实际生产当中较大容量的电动机（图 9-1 所示为大功率水泵）需要降压启动。电路中电动机由星形接法启动，采

图 9-1　大功率水泵

用时间继电器延迟一定时间后，自动转换为三角形接法运行，以达到自动降压启动的目的。笼形异步电动机采用星—三角（Y—△）降压启动，由于其启动可靠、操作简单、安装方便、成本低，并且对电网影响较小，因此在工农业生产实践中得到了广泛的应用。本任务主要介绍 Y—△降压启动控制电路的工作原理，通过完成这个任务，知道 Y—△降压控制线路的特点。

9.1.1　Y—△降压启动控制电路的原理

1．Y—△降压启动

Y—△降压启动控制线路可由手动控制 Y—△的切换时间（图 9-2）和由时间继电器自动控制 Y—△的切换时间（图 9-3），手动控制的 Y—△降压启动过程需要进行两次操作，并且由 Y 接法向△接法的切换需人工完成，切换时间不易准确掌握。

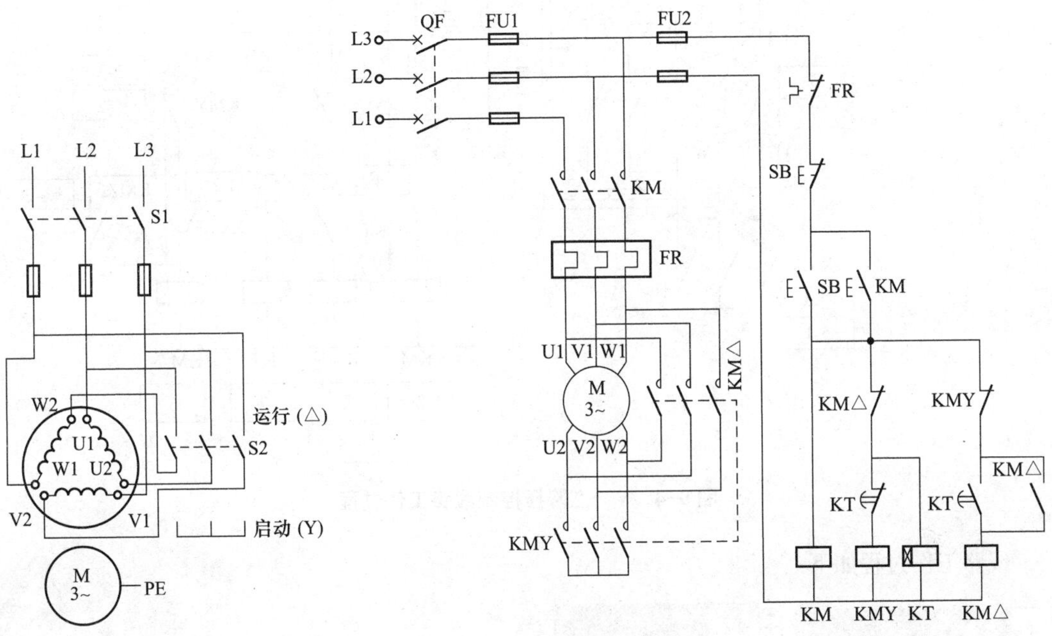

图 9-2　手动 Y—△降压启动线路　　图 9-3　时间继电器转换的 Y—△降压启动控制线路电气原理

Y—△降压启动只适用于笼形异步电动机。启动时定子绕组接成 Y 形，运行时定子绕组则接成△形，对于运行时定子绕组为 Y 形的笼形异步电动机则不能用 Y—△降压启动方法。

Y—△降压启动时，定子绕组接成 Y 形，加在每相定子绕组上的启动电压只有△连接的 $1/\sqrt{3}$，启动电流为△连接的 1/3，启动转矩也只有△连接的 1/3。所以这种降压启动方法，只适用轻载或空载。我国采用 Y—△降压启动方法的电动机额定电压都是 380 V，绕组是△接法。

2．时间继电器转换的 Y—△降压启动控制原理

时间继电器转换的 Y—△降压启动控制线路的工作过程如图 9-4 所示。KM 是电源接触器，KMY 是“Y”接触器，KM △是“△”接触器。注意 KMY 和 KM △不能同时通电，否则会造成电源短路。控制电路中 SB 为停车按钮，SB1 为启动按钮。

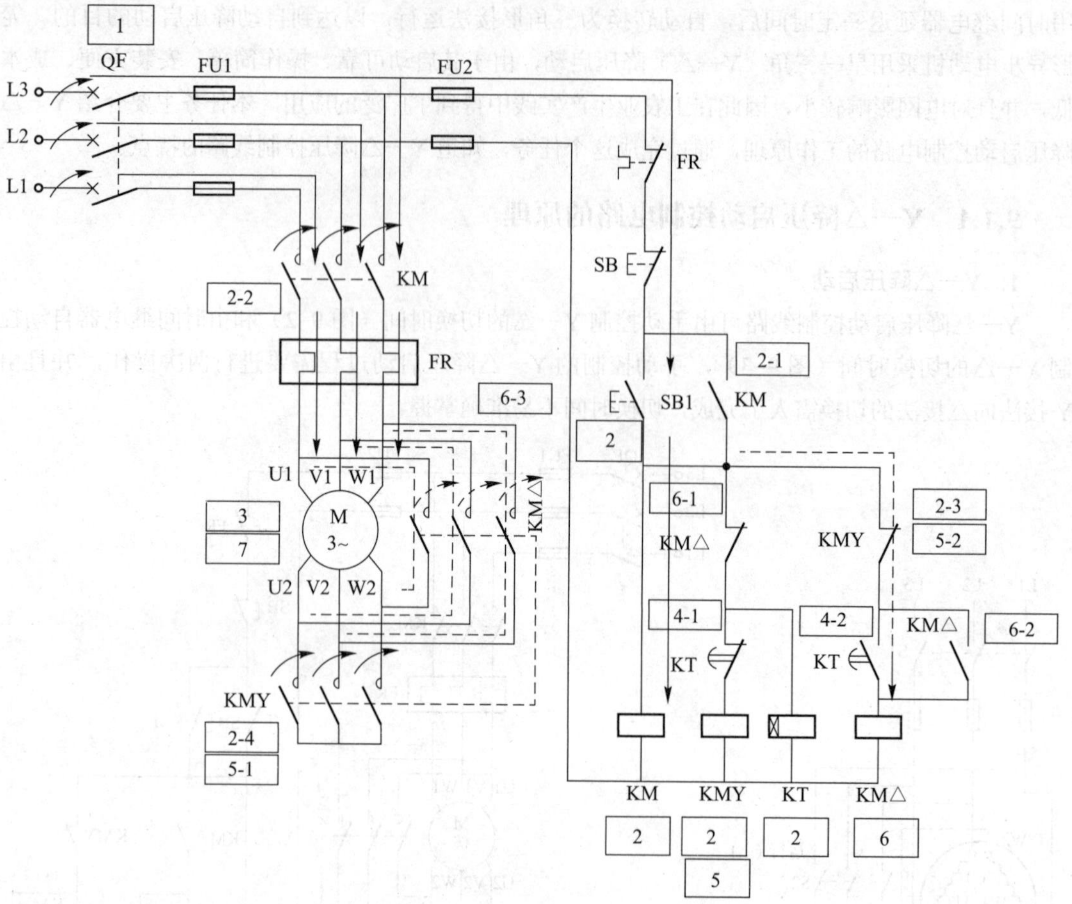

图 9-4　Y—△降压控制线路工作过程

线路工作过程如下：

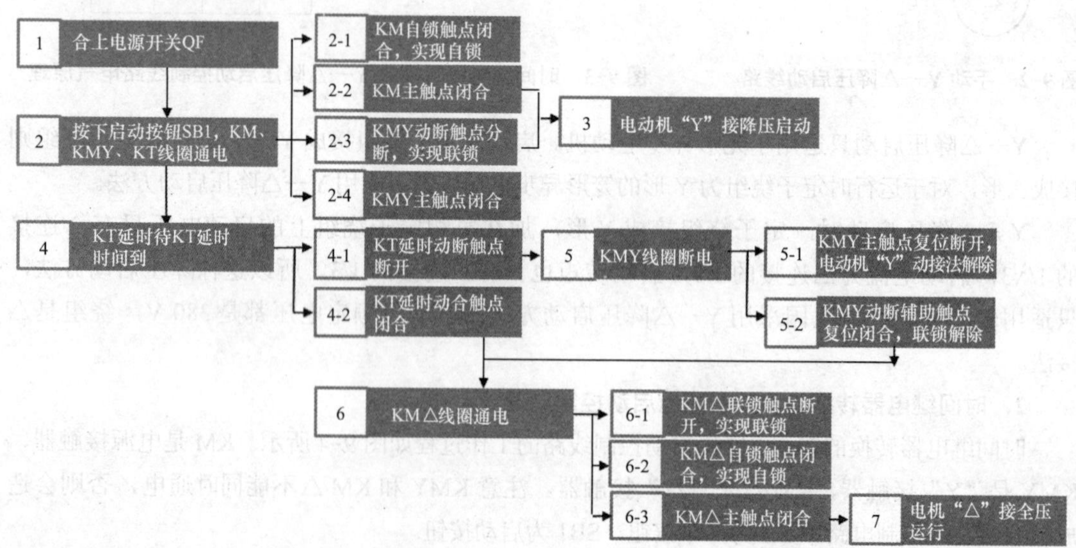

停车时按下 SB，控制电路断电，各接触器释放，电动机停车。

在控制中，利用 KM △的动断辅助触点断开 KT 的线圈，使 KT 退出运行，这样可延长时间继电器的寿命并节约电能。要停止时，只要按下停止按钮 SB，则 KM、KM △相继断电释放，电动机停转。

9.1.2　笼形异步电动机其他降压启动的方法

1．定子串接电抗器或电阻的降压启动

方法：启动时，电抗器或电阻接入定子电路；启动后，切除电抗器或电阻，进入正常运行。具体电气原理如图 9–5 所示。

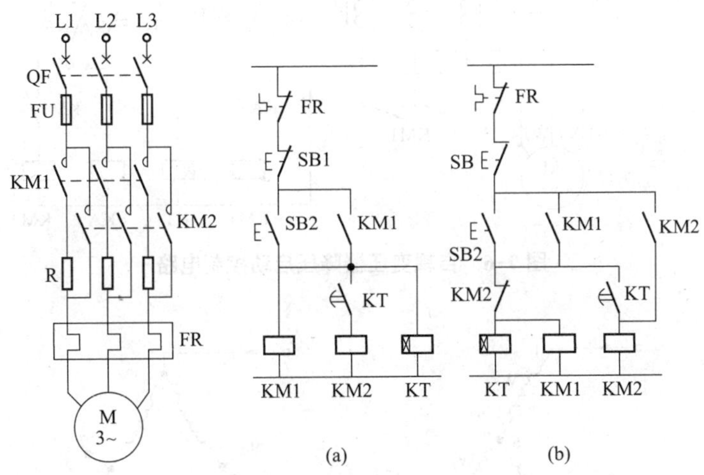

图 9–5　定子回路串电阻降压启动控制电路

三相异步电动机定子回路串入电抗器或电阻启动时，定子绕组实际所加电压降低，从而减小启动电流。但定子回路中串电阻启动时，能耗较大，实际应用不多。

2．自耦变压器（启动补偿器）降压启动

方法：自耦变压器也称启动补偿器。启动时电源接自耦变压器一次侧，二次侧接电动机。启动结束后电源直接加到电动机上。采用自耦变压器降压启动时，启动电流和启动转矩都下降为 K^2（K 为变压器的一、二次侧绕组的匝数比）倍，自耦变压器一般有 2 ～ 3 组抽头，其电压可以分别为一次电压 U_1 的 80%、65%或 80%、60%、40%。

三相笼形异步电动机采用自耦变压器降压启动的接线，如图 9–6 所示。

这种方法对定子绕组采用 Y 形或△形接法的笼形异步电动机都可以使用；缺点是设备体积大，投资较高。

3．延边三角形降压启动

方法：启动时电动机定子接成△形，如图 9–7（a）所示。启动结束后定子绕组改为△形接法，如图 9–7（b）所示。

如果将延边三角形看成一部分为 Y 形接法；另一部分为△形接法，则 Y 形部分比重越大，启动时电压降得越多。根据分析和试验可知，Y 形和△形的抽头比例为 1 ：1 时，电动机每相电

压是 264 V；抽头比例为 1 ∶ 2 时，每相绕组的电压为 290 V。可见，可采用不同的抽头比例来满足不同负载特性的要求。

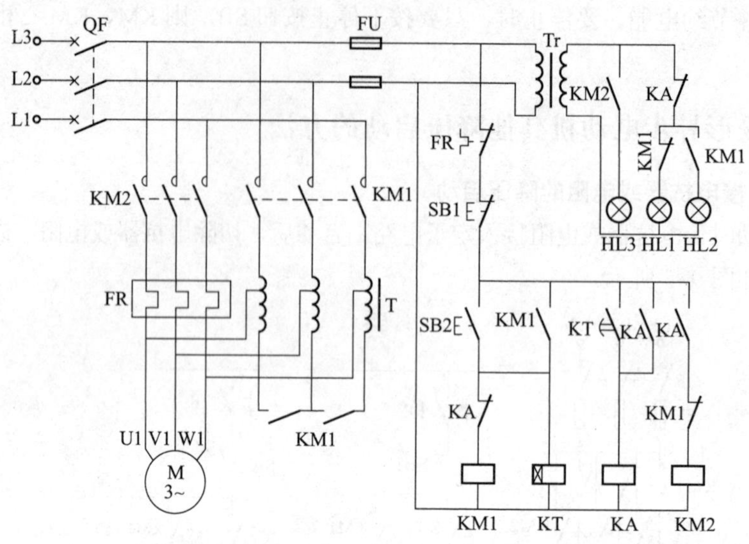

图 9-6　自耦变压器降压启动控制电路

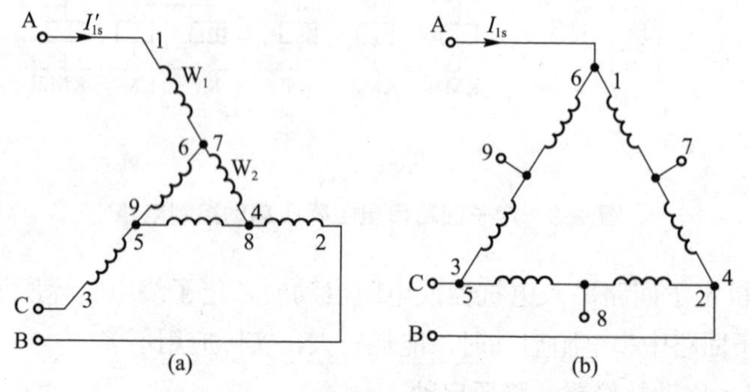

图 9-7　延边三角形启动电动机连接方式

（a）启动接法；（b）运行接法

延边三角形降压启动的优点是节省金属，质量轻；缺点是内部接线复杂。

9.1.3　Y—△降压启动控制电路的安装、调试与运行

1．准备工具、仪表及器材

所需工具、仪表及器材明细见表 9-1。

表 9-1　工具、仪表及器材明细表

分类	名称	型号或规格	数量
工具	电工通用工具	测电笔、螺钉旋具、尖嘴钳、斜口钳、电工刀等	1 套
	配线板	630 mm×700 mm×20 mm	1 块

续表

分类	名称	型号或规格	数量
仪表	万用表	MF47 或自定	1 块
器材	M：三相笼形异步电动机	WDJ26	1 台
	QF：低压断路器	DZ108-20	1 只
	FR：热继电器	JR36-20	1 只
	FU：熔断器	RL1-15 熔体 15 A	5 只
	SB：按钮	LA10-3H	2 个
	KM：交流接触器	CJ20-10	3 只
	KT：时间继电器	JS7-2A	1 只
	XT：端子板	JF-2.5/5	4 块
耗材	主电路导线	BV 1.5 mm^2	若干
	控制电路导线	BV 1.0 mm^2	若干
	按钮导线	BVR 0.75 mm^2	若干
	接地导线	BVR 1.5 mm^2（黄绿双色）	若干
	编码套管	ϕ8	0.6 m
	记号笔	自定	1 支
	紧固体		若干

2．安装电器元件

检查所给电器元件是否良好，如有问题及时跟指导教师提出。在教师指导下，根据电器元件布置图（图 9-8）在网孔板上固定电器元件。

3．线路连接

根据电气原理图结合电器元件布置图绘制电气安装接线图，如图 9-9 所示。根据所绘制的安装接线图和板前明线布线工艺要求，连接时间继电器转换的 Y—△降压启动控制线路。

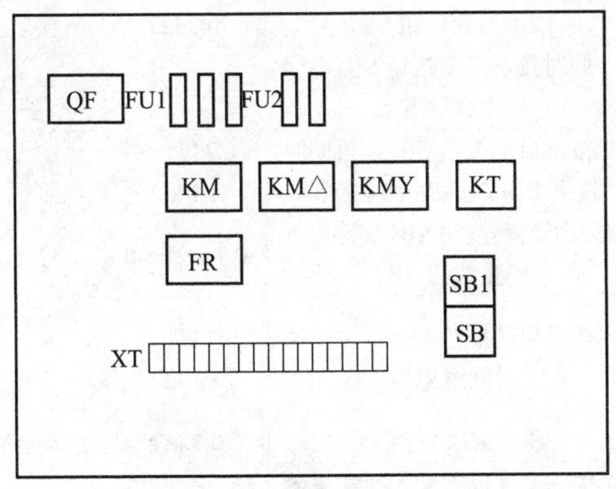

图 9-8　电器元件布置图

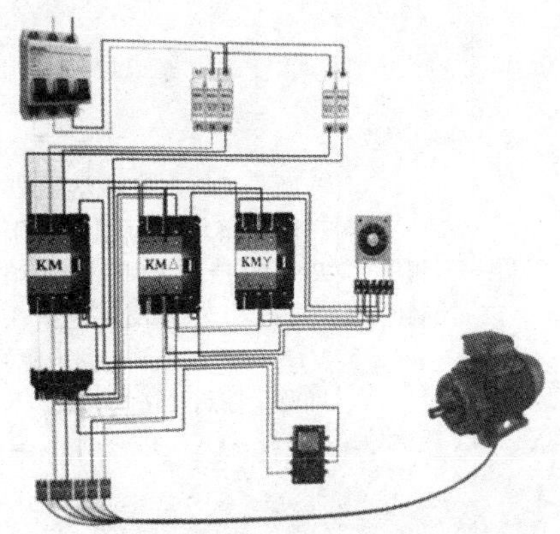

图 9-9　时间继电器转换的 Y —△降压启动控制线路的安装接线图

4．通电试车

（1）线路检查。

①按照线路图或接线图，从电源端开始逐段核对接线是否正确，有无漏接、错接之处；检查导线触头是否符合要求，压接是否牢固；检查触头接触是否良好，以避免带负载运转时产生闪弧现象。检查编号管的编号与接线图是否一致。

②用万用表检查线路的通断情况。检查时，一般应选用 $R\times1$ 或 $R\times10$ 倍率挡，并进行调零，以防止发生短路故障。检查电路时，可将表笔分别搭在电路的任意两条相线上，即检测3次，读数应为电动机绕组的电阻，若3次测定结果不为零且阻值大小基本相同，电路连接正确。

③用兆欧表检查线路的绝缘电阻值，应不小于 2 MΩ。

（2）逻辑功能检查。完成上述线路检查后，用万用表分别对主电路和控制电路进行测量，具体测量过程与结果可参照表 9–2。

表 9–2　万用表检查本线路过程对照表

<table>
<tr><th rowspan="2">测量要求</th><th colspan="4">测量过程</th><th rowspan="2">正确阻值</th><th rowspan="2">备注</th></tr>
<tr><th>测量任务</th><th>总工序</th><th>工序</th><th>操作方法</th></tr>
<tr><td rowspan="14">空载</td><td rowspan="6">测量主电路</td><td rowspan="2">断开 QF，取下熔断器 FU2 的熔体，万用表置于 $R\times1$ 挡（调零后），分别测量三相电源 U11、V11、W11 三相之间的阻值</td><td>1</td><td>未操作任何电器</td><td>∞</td><td></td></tr>
<tr><td>2</td><td>同时压下 KM、KM△触点架</td><td>∞</td><td>短路检测</td></tr>
<tr><td rowspan="4">断开 QF，取下熔断器 FU2 的熔体，万用表置于 $R\times1$ 挡（调零后）</td><td>3</td><td>未操作任何电器</td><td>∞</td><td></td></tr>
<tr><td>4</td><td>按下 KM 触点架，测量每一相的电源端和电动机接线端子首端 U1、V1、W1 的阻值</td><td>0</td><td>通路检测</td></tr>
<tr><td>5</td><td>按下 KM△触点架，分别测量 U1–W2、V1–U2、W1–V2 的阻值</td><td>0</td><td>△接通路检测</td></tr>
<tr><td>6</td><td>按下 KMY 触点架，分别测量 U2–V2、V2–W2、W2–U2 的阻值</td><td>0</td><td>Y 接通路检测</td></tr>
<tr><td rowspan="8">测量控制电路</td><td rowspan="8">断开 QF，装好熔断器 FU2 的熔体，万用表置于 $R\times100$ 挡或 $R\times1k$ 挡（调零后），将两支表笔搭在 V12、W12（控制电路电源）间测量控制线路的阻值</td><td>7</td><td>未操作任何电器</td><td>∞</td><td></td></tr>
<tr><td>8</td><td>按下启动按钮 SB1</td><td>0.7 kΩ</td><td>Y 接启动</td></tr>
<tr><td>9</td><td>同时按下启动按钮 SB1、KM△触点架</td><td>0.7 kΩ</td><td>△接自锁</td></tr>
<tr><td>10</td><td>先按下启动按钮 SB1，再同时按下 KMY、KM△触点架</td><td>0.7 kΩ → 1.1 kΩ</td><td>互锁</td></tr>
<tr><td>11</td><td>先按下启动按钮 SB1，再按下停止按钮 SB2</td><td>0.7 kΩ → 0</td><td>停止</td></tr>
<tr><td>12</td><td>先按下启动按钮 SB1，再拔掉时间继电器</td><td>0.7 kΩ → 1.1 kΩ</td><td></td></tr>
<tr><td>13</td><td>压下 KM 触点架</td><td>0.7 kΩ</td><td>启动自锁</td></tr>
<tr><td>14</td><td>先按下 KM 触点架，再按下停止按钮 SB1</td><td>0.7 kΩ → 0</td><td>停止</td></tr>
</table>

你检测的结果正确吗？如果正确，请进入下一步。

（3）通电试车。通电试车前要检查安全措施，试车时要遵守安全操作规程，出现故障时要停车检查。

检查三相电源，将热继电器电流整定值按电动机的需要调节好，在指导教师的监护下通电试车。

按照操作步骤要求分别完成线路的空载试车与带负载试车，并将观察到的空载试车过程情况和带负载试车过程情况分别填入表 9–3 和表 9–4 中。

表 9–3　空载试车过程情况记录表

步骤	操作内容	观察内容（包括声音）		备注
		交流接触器 KM		
		正确结果	观察结果	
1	合上 QF，按下启动按钮 SB1 后松开	接触器 KM、KMY 线圈得电并保持吸合		
2	SB1 松开几秒后	接触器 KM 线圈保持吸合、KMY 线圈断电释放、KM △线圈得电并保持吸合		
3	按下 SB 停止按钮后	接触器 KM、KMY、KM △线圈断电		

表 9–4　带载试车过程情况记录表

步骤	操作内容	观察内容（包括声音）			备注
		交流接触器 KM	电动机 M		
			正确结果	观察结果	
1	合上 QF，按下启动按钮 SB1 后松开	接触器 KM、KMY 线圈得电并保持吸合	电动机 Y 接降压启动		
2	SB1 松开几秒后	接触器 KM 线圈保持吸合、KMY 线圈断电释放、KM △线圈得电并保持吸合	电动机△接全压运行		
3	按下 SB 停止按钮后	接触器 KM、KMY、KM △线圈断电	电动机 M 断电停车		

你观察的结果正确吗？如果正确，恭喜你项目完成！

通电试车结束后，应等电动机停转以后再切断电源开关。拆线时，先拆三相电源导线，再拆电动机接线，最后拆配线板上导线和电器元件。

按照实训管理规定及施工现场 6S 标准要求整理实训现场，经教师同意方可离开。

任务拓展

按钮转换的 Y—△降压启动控制电路的常见故障分析与排除：

故障现象 1：空操作时线路工作正常，带负载试车时，“Y”启动过程正常，按下 SB2 时 KMY 释放而 KM △得电动作，但电动机发出异响，转速急速下降。

故障现象 2：试车时“Y”启动正常，按下 SB2 时，KMY 释放且 KM △动作，电动机全压工作，但松开 SB2 时，KM △又释放而 KMY 动作，电动机退回“Y”状态。

故障现象 3：线路空操作试演工作正常，带负载试车按下 SB1 时，KM 及 KMY 均得电动作，但电动机发出异响。立即按下 SB3 停车，KM 及 KMY 释放，灭弧罩内有较强的电弧。

任务 9.1 任务书

<table>
<tr><td>任务编号</td><td>9.1</td><td>任务名称</td><td>笼形异步电动机的降压启动控制与实现</td></tr>
<tr><td colspan="4">

任务描述：

各种控制线路启动时，加在电动机定子绕组上的电压为电动机的额定电压，是全压启动，又称直接启动。其优点是电气设备少、电路简单、维修量小。但是异步电动机直接启动时，启动电流一般为额定电流的 4 ～ 7 倍，在电源变压器容量不够、电动机功率较大的情况下会使变压器输出电压下降，影响本身的启动转矩，也会影响同一供电线路中其他电气设备的正常工作。因此，实际生产当中较大容量的电动机（如图 1 所示的大功率水泵）需要降压启动。电路中电动机由星形接法启动，采用时间继电器延迟一定时间后，自动转换为三角形接法运行，以达到自动减压启动的目的。笼形异步电动机采用星—三角（Y—△）降压启动，由于其启动可靠、操作简单、安装方便、成本低，并且对电网影响较小，因此在工农业生产实践中得到了广泛的应用。本任务主要介绍 Y—△降压启动控制电路的工作原理，通过完成本任务，学习者可以知道 Y—△降压控制线路的特点。

图 1　大功率水泵

</td></tr>
<tr><td colspan="4">

学习目标

☆**知识目标：**

1. 了解直接启动和降压启动控制线路的适用场合；
2. 掌握 Y—△降压启动控制线路的组成和工作原理；
3. 掌握 Y—△降压启动控制线路故障分析与检修方法；
4. 学会 Y—△降压启动控制线路检测方法。

☆**技能目标：**

1. 能够正确使用常用的电工工具、电工仪表；
2. 能够正确识别、标识、选用部分低压电器及相关附件；
3. 能够正确识读并绘制 Y—△降压启动控制系统的原理图、电器元件布置图和电器元件安装接线图；
4. 能够根据 Y—△降压启动控制电气接线图进行合理布线；
5. 能够正确分析、排除 Y—△降压启动控制线路的常见故障。

☆**情感目标：**

1. 培养学生理论联系实际的良好学习习惯；
2. 激发浓厚的学习兴趣，培养严谨的学习态度；
3. 培养良好的职业道德；
4. 在工作实践中，培养学生与他人合作的团队精神。

</td></tr>
</table>

续表

知识学习

1．学习定子串电阻控制线路

定子绕组串电阻降压启动的控制线路如图 2 所示。

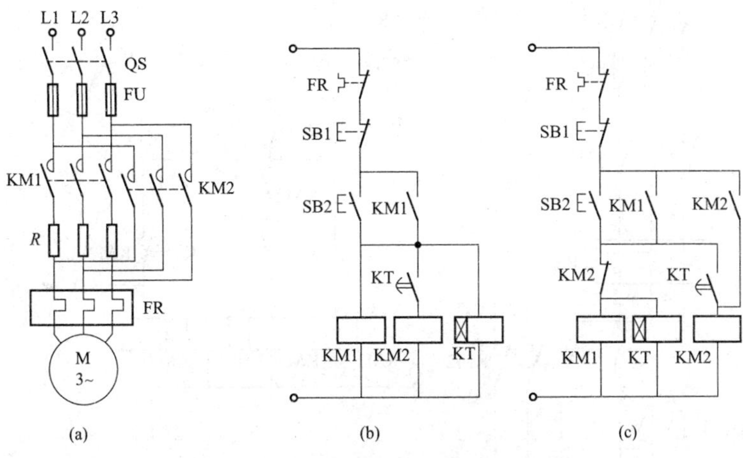

图 2　定子绕组串电阻降压启动的控制线路

（a）主电路；（b）控制线路一；（c）控制线路二

引导性问题

（1）当交流接触器 KM1 得电时，电动动机工作于____________状态，当交流接触器 KM2 得电时，电动机工作于____________状态。

（2）在控制线路中，按下启动按钮____________，____________和____________线圈得电，交流接触器________的主触点吸合，时间继电器 KT 通电开始计时，当达到时间继电器的整定值时，其____________闭合，____________的线圈得电，电动机____________运行。

（3）叙述控制线路二的工作过程。

启动过程：

停止过程：

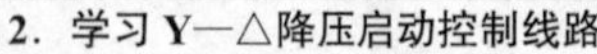

续表

2. 学习Y—△降压启动控制线路

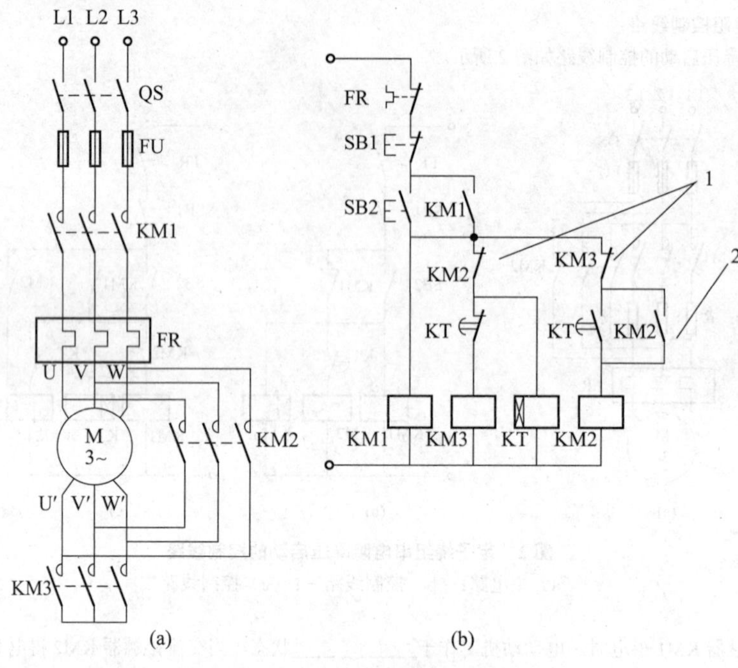

图3 Y—△降压启动控制线路

（a）主电路；（b）控制电路

引导性问题

（1）在Y—△降压启动控制线路中，交流接触____________和____________线圈得电，电动机____________运行；交流接触____________和____________线圈得电，电动机____________运行。

（2）如图3（b）所示，其中标注1实现____________功能，标注2实现____________功能。

（3）叙述Y—△降压启动控制线路的工作过程。

启动过程：

停止过程：

任务 9.1 工作单

任务编号	9.1	任务名称	笼形异步电动机的降压启动控制与实现		成绩	
班级			小组		日期	
小组成员						

1. 实践准备

（1）在 630 mm×700 mm×20 mm 配线板上完成三相异步电动机单向运行控制电路的安装。

（2）设备、工具及材料。任务实施所需的工具、材料明细见表 1。

表 1　工具、材料明细表

分类	名称	型号或规格	数量
耗材	主电路导线	BV 1.5 mm^2	若干
	控制电路导线	BV 1.0 mm^2	若干
	按钮导线	BVR 0.75 mm^2	若干
	接地导线	BVR 1.5 mm^2（黄绿双色）	若干
	接线端子排	JD0−1020，380 V，10 A 10 节或自定	1 条
	编码套管	$\phi 8$	0.6 m
	记号笔	自定	1 支
	紧固体		若干
仪表	万用表	MF47 或自定	1 块
工具	电工通用工具	钢丝钳、螺钉旋具（一字和十字）、尖嘴钳、剥线钳等	1 套
	配线板	630 mm×700 mm×20 mm	1 块

2．绘制电气原理图

续表

3．电器元件选择（表 2）

选择电器元件，并按要求完成表 2。

表 2　电器元件清单表

名称	符号	型号	规格	数量

4．绘制电器元件布置图

续表

5．安装与检查

用万用表检查本线路，过程对照见表 3。

表 3　万用表检查本线路过程对照表

测量要求	测量过程				测量阻值
	测量任务	总工序	工序	操作方法	
空载	测量主电路	断开 QF，取下熔断器 FU2 的熔体，万用表置于 $R\times1$ 挡（调零后），分别测量三相电源 U11、V11、W11 三相之间的阻值	1	未操作任何电器	
			2	同时压下 KM、KM △触点架	
		断开 QF，取下熔断器 FU2 的熔体，万用表置于 $R\times1$ 挡（调零后）	3	未操作任何电器	
			4	压下 KM 触点架，测量每一相的电源端和电动机接线端子首端 U1、V1、W1 的阻值	
			5	压下 KM △触点架，分别测量 U1-W2、V1-U2、W1-V2 的阻值	
			6	压下 KMY 触点架，分别测量 U2-V2、V2-W2、W2-U2 的阻值	
	测量控制电路	断开 QF，装好熔断器 FU2 的熔体，万用表置于 $R\times100$ 挡或 $R\times1\text{k}$ 挡（调零后），将两支表笔搭在 V12、W12（控制电路电源）间测量控制线路的阻值	7	未操作任何电器	
			8	按下启动按钮 SB1	
			9	同时按下启动按钮 SB1、KM △触点架	
			10	先按下启动按钮 SB1，再同时压下 KMY、KM △触点架	
			11	先按下启动按钮 SB1，再按下停止按钮 SB2	
			12	先按下启动按钮 SB1，拔掉时间继电器	
			13	压下 KM 触点架	
			14	先压下 KM 触点架，再按下停止按钮 SB1	

续表

6. 调试与运行

（1）空载调试过程（不接电动机，并切除主电路）（表4）。

表4　空载调试过程情况记录单

<table>
<tr><th colspan="5">笼形异步电动机降压启动控制线路空载调试过程</th></tr>
<tr><th rowspan="3">步骤</th><th rowspan="3">操作内容</th><th colspan="2">观察内容（包括声音）</th><th rowspan="3">备注</th></tr>
<tr><th colspan="2">交流接触器 KM</th></tr>
<tr><th>正确结果</th><th>观察结果</th></tr>
<tr><td>1</td><td>按下启动按钮 SB2</td><td></td><td></td><td></td></tr>
<tr><td>2</td><td>当达到时间继电器的整定值</td><td></td><td></td><td></td></tr>
<tr><td>3</td><td>按下停止按钮 SB1</td><td></td><td></td><td></td></tr>
<tr><td>4</td><td></td><td></td><td></td><td></td></tr>
<tr><td>5</td><td></td><td></td><td></td><td></td></tr>
</table>

（2）有载调试过程（接入电动机和主电路）（表5）。

表5　有载调试过程情况记录单

<table>
<tr><th colspan="6">笼形异步电动机降压启动控制线路有载调试过程</th></tr>
<tr><th rowspan="3">步骤</th><th rowspan="3">操作内容</th><th colspan="3">观察内容（包括声音）</th><th rowspan="3">备注</th></tr>
<tr><th rowspan="2">交流接触器 KM</th><th colspan="2">电动机 M</th></tr>
<tr><th>正确结果</th><th>观察结果</th></tr>
<tr><td>1</td><td>按下启动按钮 SB2</td><td></td><td></td><td></td><td></td></tr>
<tr><td>2</td><td>当达到时间继电器的整定值</td><td></td><td></td><td></td><td></td></tr>
<tr><td>3</td><td>按下停止按钮 SB1</td><td></td><td></td><td></td><td></td></tr>
<tr><td>4</td><td></td><td></td><td></td><td></td><td></td></tr>
<tr><td>5</td><td></td><td></td><td></td><td></td><td></td></tr>
</table>

7. 成果展示与总结

任务 9.2　绕线式异步电动机降压启动控制与实现

任务描述

Y—△降压启动控制电路，由于启动转矩大为降低，只适用于空载或轻载启动。在实际生产中，对要求启动转矩较大且能平滑调速的场合，常常采用三相绕线式异步电动机。如桥式起重机控制大车前后移动的电动机和小车左右移动的电动机均采用绕线式电动机拖动，因为绕线式电动机启动电流小，启动转矩大，且可以转子串电阻调速，符合起重机的控制要求。

图 9-10 所示的桥式起重机启动时电动机与正常工作时电动机的带载能力相同，就是可以带负载启动，普通笼形电动机不允许带载启动，即启动时输出力矩小，电动机输出功率小，绕线式异步电动机转子串电阻器分压启动，作用是降低启动电流，一级一级切除电阻，最终使电动机达到全压高速运转。

通过本任务的学习，学习者掌握绕线式异步电动机转子串电阻启动的基本原理，完成绕线式异步电动机转子串电阻启动控制的安装、调试与运行。

图 9-10　桥式起重机

9.2.1　降压启动控制电路的原理

1. 绕线式异步电动机转子串电阻降压启动

图 9-11 所示为绕线式异步电动机转子串电阻启动控制电气原理图。启动时，在转子回路串入作 Y 连接、分级切换的三相启动电阻器，以减小启动电流、增大启动转矩。随着电动机转速的升高，逐级减小可变电阻。启动完毕后，切除可变电阻器，转子绕组被直接短接，电动机便在额定状态下运行。

图 9-11 中 KM4 为电源接触器，KM1 ～ KM3 为短接转子电阻接触器，KI1、KI2、KI3 为电流继电器，其线圈串接在电动机转子电路中。这三个继电器的吸合电流都相同，但释放电流不同。其中，KI1 的释放电流最大，KI2 次之，KI3 最小。

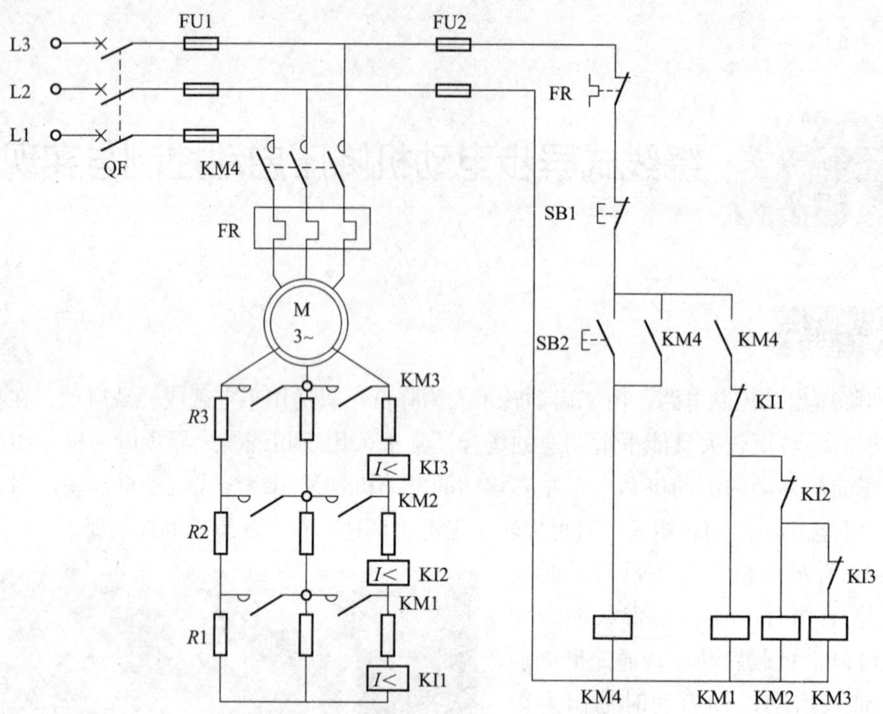

图 9-11　绕线式异步电动机转子串电阻启动控制电气原理

结合图 9-12 分析线路工作过程，具体如下：

由于电动机启动时转子电流较大，3 个欠电流继电器 KI1 ～ KI3 均吸合，所以它们的动断触点断开，使接触器 KM1 ～ KM3 均不动作，电阻全部接入。当电动机转速升高后电流减小，KI1 首先释放，它的动断触点闭合，使接触器 KM1 线圈通电，短接第一段转子电阻 *R*1，随着转速升高，电流逐渐下降，使 KI2 释放，接触器 KM2 线圈通电，短接第二段启动电阻 *R*2，如此下去，直到将转子全部电阻短接，电动机启动完毕。

停车时按 SB1，控制电路断电，各接触器均释放，电动机停车。

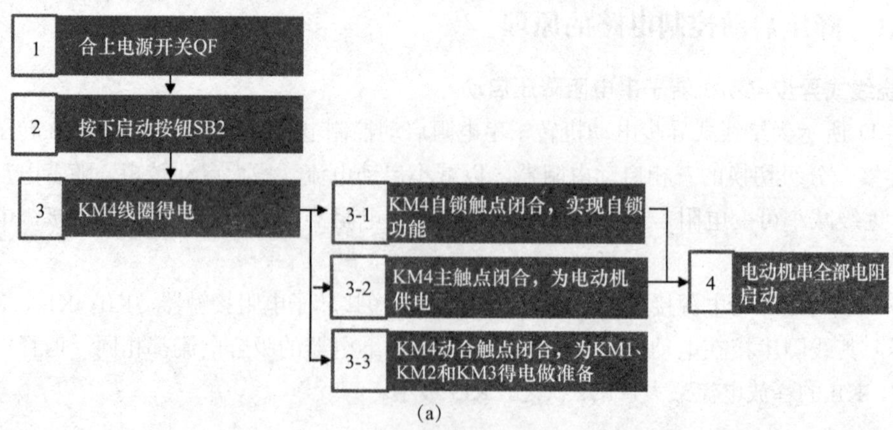

图 9-12　转子串电阻降压启动控制电路的工作过程和电路图

（a）工作过程

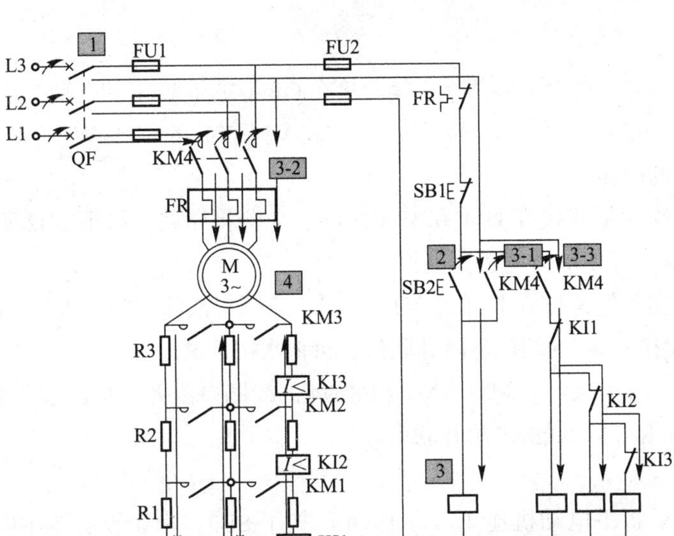

图 9-12　转子串电阻降压启动控制电路的工作过程和电路图（续）

（b）电路图

2．时间原则实现转子串电阻启动控制

图 9-13 所示为时间原则控制转子串电阻启动控制电路。KM4 为电源接触器，KM1 ～ KM3 为短接转子电阻接触器，KT1 ～ KT3 为启动时间继电器，自动控制电阻短接。

线路工作过程：按下 SB2 启动时，KM4 线圈得电，KM4 主触点闭合，电动机转子串电阻启动。然后，依靠 KT1、KT2、KT3 三只时间继电器和 KM1、KM2、KM3 三只接触器的相互配合来完成电阻的逐段切除，电阻切除完毕，启动结束。线路中只有 KM3、KM4 长期通电，而 KT1、KT2、KT3、KM1、KM2 五只线圈的通电时间均被压缩到最低限度。这样做一方面是节省了电能，更重要的是延长了它们的使用寿命。

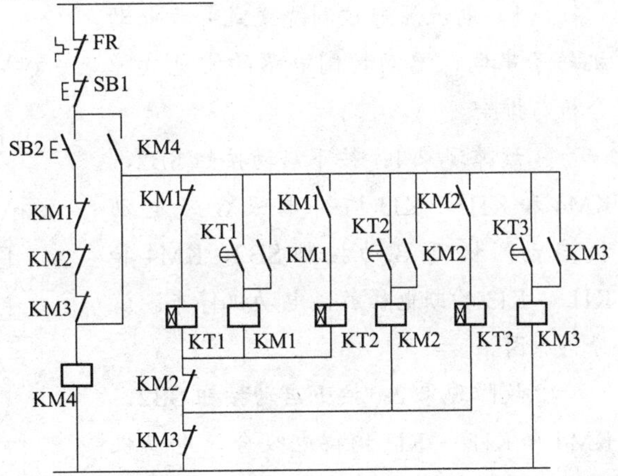

图 9-13　时间原则控制转子电路串电阻启动控制电路图

利用时间原则控制线路存在两个问题：时间继电器一旦损坏，线路将无法实现电动机正常启动和运行；电阻的分段切除是利用时间继电器实现的，时间继电器是依靠经验来设定时间，而利用电流继电器控制的启动电路是直接依据电路中电流的递减来逐段切除电阻的，其启动平滑性会更好。

9.2.2　转子串电阻降压启动控制电路的安装、调试与运行

实施过程与前面任务基本相同，本任务操作过程中需要重点说明的内容如下。

1．自检

（1）主电路的检测。将万用表两支表笔跨接在 OF 下端子 U11 和电动机首端 U1 处，应测得断路，按下 KM4 的触头架，万用表显示通路，重复 V11–V1 和 W11–W1 之间的检测。

（2）控制电路的检测。

①将万用表两支表笔跨接在 U11 和 V11 之间，应测得断路；按下 SB2 不放，应测得 KM4 的线圈电阻；同时再按下 SB1，应测得断路。

②将万用表两支表笔跨接在 U11 和 V11 之间，应测得断路；按下 KM4 的触头架，应测得 KM1、KM2、KM3 和 KM4 的线圈电阻并联值。再依次按下 KI1 的触头架，应测得 KM4 的线圈电阻值；按下 KI2 的触头架，应测得 KM1 和 KM4 的线圈电阻并联值；按下 KI3 的触头架，应测得 KM1、KM2 和 KM4 的线圈电阻并联值。

2．通电试车

（1）空操作试验拆下电动机连线，合上 OF，按下 SB2，由于没有接主电路，KI1、KI2 和 KI3 中没有电流，所以有 KM4、KM1、KM2 和 KM3 一起吸合，用绝缘棒依次按下 KI3、KI2 和 KI1 的触头架，分别出现 KM3 失电，KM3 和 KM2 一起失电，KM1、KM2、KM3 一起失电的现象。按下 SB1，控制电路失电，所有都复位。

（2）带负荷试车断开 QF，连接好电动机接线。合上 QF，做好随时切断电源的准备。按下 SB2，用钳形电流表观察电动机的启动电流变化情况，同时，观察电流继电器 KI1、KI2 和 KI3 的工作情况，以及 KM1、KM2 和 KM3 逐步吸合的工作情况；直至电动机正常运行。

任务拓展

（1）电流原则控制绕线式异步电动机转子串电阻启动控制电路的常见故障分析与排除。

①故障现象 1：按下启动按钮 SB2，KM4 和 KI1 ～ KI3 均得电吸合，电动机启动；松开启动按钮 SB2，KM4 和 KI1 ～ KI3 均断电释放，电动机停车。试分析原因。

②故障现象 2：按下启动按钮 SB2，KM4 和 KI1 ～ KI3 均得电吸合，电动机启动；随着启动电流的下降，KI1 释放，KM1 得电，切除 R_1；然后 KI3 释放，KM2 与 KM3 均无得电；最后 KI2 释放，KM2 与 KM3 同时得电。试分析原因？

（2）试分析图 9–14 所示的转子电路串频敏变阻器启动控制电路原理。

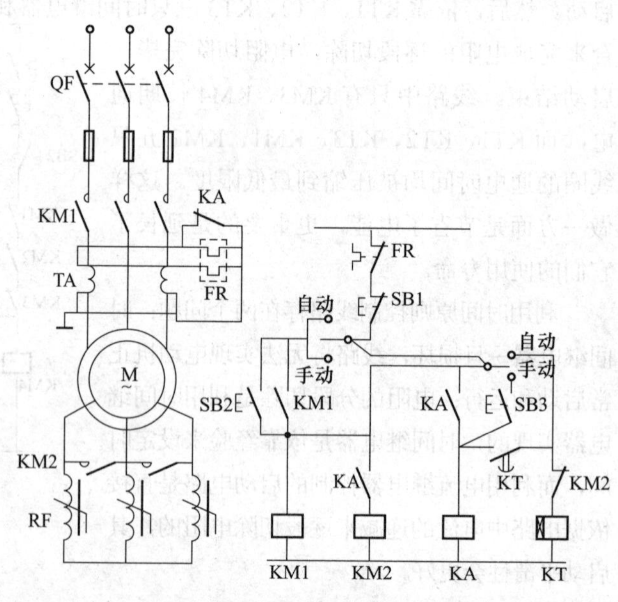

图 9–14　转子电路串频敏电阻器启动控制电路

任务 9.2 任务书

<table>
<tr><td>任务编号</td><td>9.2</td><td>任务名称</td><td>绕线式异步电动机降压启动控制与实现</td></tr>
<tr><td colspan="4">

任务描述：

Y—△降压启动控制电路，由于启动转矩大为降低，只适用于空载或轻载启动。在生产实际中对要求启动转矩较大、且能平滑调速的场合，常常采用三相绕线式异步电动机。如桥式起重机控制大车前后移动的电动机和小车左右移动的电动机均采用绕线式电动机拖动，因为绕线式电动机启动电流小，启动转矩大，且可以转子串电阻调速，符合起重机的控制要求。

如图 1 所示，桥式起重机启动时电动机与正常工作时电动机的带载能力相同，就是可以带负载启动，普通笼形电动机不允许带载启动，即启动时输出力矩小，电动机输出功率小，绕线式异步电动机转子串电阻器分压启动，作用是降低启动电流，一级一级切除电阻，最终使电动机达到全压高速运转。

通过本任务的学习，学习者掌握绕线式异步电动机转子串电阻启动的基本原理，完成绕线式异步电动机转子串电阻启动控制的安装、调试与运行。

图 1　桥式起重机

</td></tr>
<tr><td colspan="4">

学习目标

☆**知识目标：**

1. 了解直接启动和降压启动控制线路的适用场合；
2. 掌握定子绕组串电阻启动控制线路的组成和工作原理；
3. 掌握定子绕组串电阻降压启动控制线路故障分析与检修方法。

☆**技能目标：**

1. 能够正确使用常用的电工工具、电工仪表；
2. 能够正确识别、标识、选用部分低压电器及相关附件；
3. 能够正确识读定子绕组串电阻降压启动控制系统的原理图、电器元件布置图和电器元件安装接线图；
4. 能够根据定子绕组串电阻降压启动控制电气接线图进行合理布线；
5. 能够正确分析、排除定子绕组串电阻降压启动控制线路的常见故障。

☆**情感目标：**

1. 培养学生理论联系实际的良好学习习惯；
2. 激发浓厚的学习兴趣，培养严谨的学习态度；
3. 培养良好的职业道德；
4. 在工作实践中，培养学生与他人合作的团队精神。

</td></tr>
</table>

续表

知识学习

学习绕线式异步电动机转子串电阻启动控制线路

绕线式异步电动机转子串电阻启动控制电气原理图如图 2 所示。

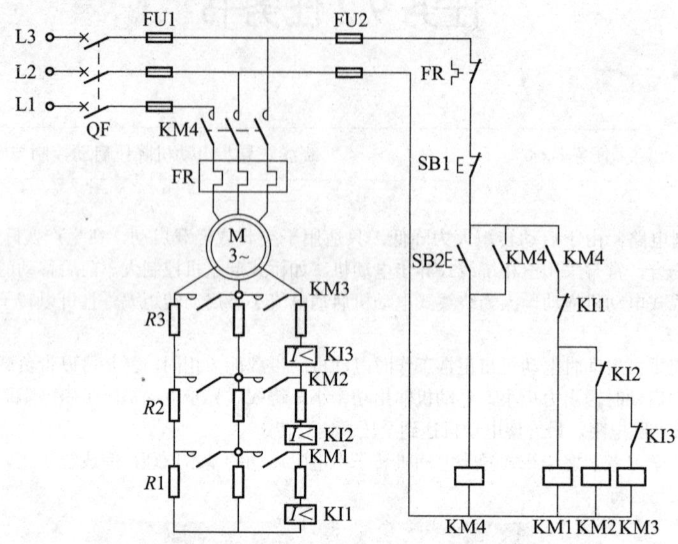

图 2　绕线式异步电动机转子串电阻启动控制电气原理图

引导性问题

（1）控制线路中有哪几种保护？分别是由什么电器元件实现的？

（2）叙述绕线式异步电动机转子串电阻启动控制线路的工作过程。

启动过程：

停止过程：

任务 9.2 工作单

任务编号	9.2	任务名称	绕线式异步电动机启动控制与实现	成绩	
班级			小组	日期	
小组成员					

1. 实践准备

（1）在 630 mm×700 mm×20 mm 配线板上完成三相异步电动机单向运行控制电路的安装。

（2）设备、工具及材料。任务实施所需的工具、材料明细见表 1。

表 1　工具、材料明细表

分类	名称	型号或规格	数量
耗材	主电路导线	BV 1.5 mm^2	若干
	控制电路导线	BV 1.0 mm^2	若干
	按钮导线	BVR 0.75 mm^2	若干
	接地导线	BVR 1.5 mm^2（黄绿双色）	若干
	接线端子排	JD0-1020，380 V，10 A 10 节或自定	1 条
	编码套管	ϕ8	0.6 m
	记号笔	自定	1 支
	紧固体		若干
仪表	万用表	MF47 或自定	1 块
工具	电工通用工具	钢丝钳、螺钉旋具（一字和十字）、尖嘴钳、剥线钳等	1 套
	配线板	630 mm×700 mm×20 mm	1 块

2．绘制电气原理图

续表

3．电器元件选择（表 2）

选择电器元件，并按要求完成表 2。

表 2　电器元件清单表

名称	符号	型号	规格	数量

4．绘制电器元件布置图

续表

5．安装与检查

用万用表检查本线路，过程对照见表 3。

表 3　万用表检查本线路过程对照表

<table>
<tr><th rowspan="2">测量要求</th><th colspan="4">测量过程</th><th rowspan="2">测量阻值</th></tr>
<tr><th>测量任务</th><th>总工序</th><th>工序</th><th>操作方法</th></tr>
<tr><td rowspan="12">空载</td><td rowspan="4">测量主电路</td><td rowspan="2">断开 QF，取下熔断器 FU2 的熔体，万用表置于 $R\times1$ 挡（调零后），分别测量三相电源 U11、V11、W11 三相之间的阻值</td><td>1</td><td>未操作任何电器</td><td></td></tr>
<tr><td>2</td><td>压下 KM4 触点架</td><td></td></tr>
<tr><td rowspan="2">断开 QF，取下熔断器 FU2 的熔体，万用表置于 $R\times1$ 挡（调零后），分别测量三相电源与电动机端的阻值</td><td>3</td><td>未操作任何电器</td><td></td></tr>
<tr><td>4</td><td>压下 KM4 触点架</td><td></td></tr>
<tr><td rowspan="8">测量控制电路</td><td rowspan="8">断开 QF，装好熔断器 FU2 的熔体，万用表置于 $R\times100$ 挡或 $R\times1\text{k}$ 挡（调零后），将两支表笔搭在 V12、W12（控制电路电源）间测量控制线路的阻值</td><td>5</td><td>未操作任何电器</td><td></td></tr>
<tr><td>6</td><td>按下启动按钮 SB2</td><td></td></tr>
<tr><td>7</td><td>先按下启动按钮 SB2，再按下 KI1 触点架</td><td></td></tr>
<tr><td>8</td><td>先按下启动按钮 SB2，再按下 KI2 触点架</td><td></td></tr>
<tr><td>9</td><td>先按下启动按钮 SB2，再按下 KI3 触点架</td><td></td></tr>
<tr><td>10</td><td>先按下启动按钮 SB2，再按下停止按钮</td><td></td></tr>
<tr><td>11</td><td>压下 KM4 触点架</td><td></td></tr>
<tr><td>12</td><td>压下 KM4 触点架，再按下停止按钮 SB1</td><td></td></tr>
</table>

续表

6. 调试与运行

（1）空载调试过程（不接电动机，并切除主电路）（表 4）。

表 4　空载调试过程情况记录单

步骤	操作内容	观察内容（包括声音）		备注
		交流接触器 KM		
		正确结果	观察结果	
1	合上 QF，按下启动按钮 SB2 后松开	接触器 KM1、KM2、KM3、KM4 线圈都得电并保持吸合		
2	用绝缘棒按下 KI3 的衔铁	接触器 KM3 线圈断电释放		
3	用绝缘棒按下 KI2 的衔铁	接触器 KM3、KM2 线圈断电释放		
4	用绝缘棒按下 KI1 的衔铁	接触器 KM1、KM2、KM3 线圈断电释放		
5	按下停止按钮 SB1 后松开	接触器 KM1、KM2、KM3、KM4 线圈都断电释放		

（2）有载调试过程（接入电动机和主电路）（表 5）。

表 5　有载调试过程情况记录单

步骤	操作内容	观察内容（包括声音）			备注
		交流接触器 KM	电动机 M		
			正确结果	观察结果	
1	合上 QF，按下启动按钮 SB2 后松开	接触器 KM4 线圈得电并保持吸合	电动机 M 降压启动运行		
2	电动机转速升高后电流减小	接触器 KM4 线圈保持吸合，KM1、KM2、KM3 线圈陆续得电	电动机 M 转速逐渐升高直至全压运行		
3	按下停止按钮 SB1 后松开	接触器 KM1、KM2、KM3、KM4 线圈都断电释放	电动机 M 断电停车		

7. 成果展示与总结

项目 10　三相异步电动机的制动控制与实现

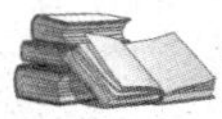

知识目标

1. 掌握异步电动机的制动状态；
2. 掌握三相异步电动机常用制动方法；
3. 掌握三相笼形异步电动机反接制动控制线路的工作原理及设计方法；
4. 掌握电动机单向能耗制动控制线路的工作原理及设计方法；
5. 掌握反接制动中限流电阻的估算方法；
6. 掌握能耗制动中直流电流和变压器容量的估算方法。

能力目标

1. 能够按照电器元件布置图完成电源反接制动控制线路的安装；
2. 能够根据电气安装接线图完成电源反接制动控制线路的连接；
3. 能够根据单向能耗制动控制电气原理图绘制电器元件布置图及电气安装接线图；
4. 能够根据绘制的电器元件布置图及安装接线图完成单向能耗制动控制线路的装调；
5. 能够使用电工仪表完成主电路、控制电路的检查；
6. 能够根据检查结果判断故障位置并排除。

任务 10.1　反接制动控制线路的控制与实现

任务描述

电动机断开后，由于惯性作用不会马上停止转动，而是需要转动一段时间后才能完全停止。这种情况对于某些生产机械是不适宜的。例如，起重机的吊钩需要准确定位，万能铣床需要立即停转等。图 10–1 所示为万能铣床。为了满足这些生产机械的这种要求，就需要对电动机进行制动。

图 10–1　万能铣床

所谓制动，就是给电动机一个与转动方向相反的转矩，使它迅速停转（或限制其转速）。制动的方法一般有机械制动和电气制动两类。

利用机械装置使电动机断开电源后迅速停转的方法叫作机械制动。机械制动常用的方法有电磁抱闸制动器制动和电磁离合器制动。

使电动机在切断电源停转的过程中，产生一个和电动机实际旋转方向相反的电磁力矩（制动转力矩），迫使电动机迅速停转的方法称为电气制动。电气制动常用的方法有反接制动、能耗制动、回馈制动等。

10.1.1　反接制动的原理

依靠改变电动机定子绕组的电源相序来产生制动转矩，迫使电动机迅速停转的方法叫作反接制动。在图 10-2（a）中，当 QS 向上投合时，电动机定子绕组电源电压相序为 L1-L2-L3，电动机将沿旋转磁场方向［图 10-2（b）中顺时针方向］，以 $n < n_1$ 的转速正常运转。

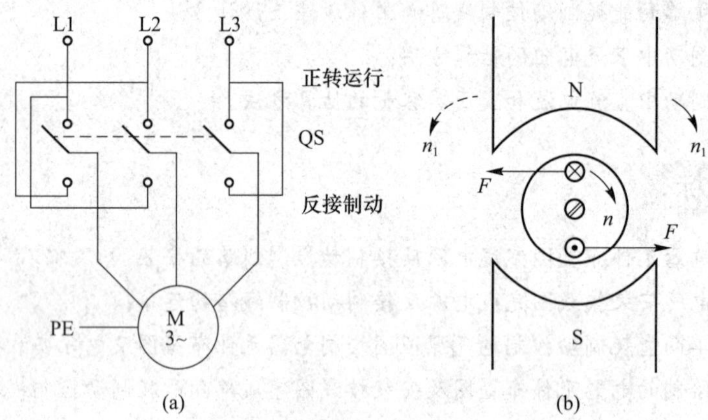

图 10-2　反接制动原理图

（a）电动机接线图；（b）磁场示意

当电动机需要停转时，拉下开关 QS，使电动机先脱离电源（此时转子由于惯性仍按原方向旋转）。随后，将开关 QS 迅速向下投合，由于 Ll、L2 两相电源线对调，电动机定子绕组电源电压相序变为 L2-Ll-L3，旋转磁场反转［图 10-2（b）中的逆时针方向］，此时转子将以 $n + n_1$ 的相对转速沿原转动方向切割旋转磁场，在转子绕组中产生感应电流，用右手定则判断出其方向，如图 10-2（b）所示。而转子绕组一旦产生电流，又受到旋转磁场的作用，产生电磁转矩，其方向可用左手定则判断出来。可见，此转矩方向与电动机的转动方向相反，使电动机受制动迅速停转。

反接制动制动力强、制动迅速、控制电路简单、设备投资少，但制动准确性差，制动过程中冲击力强烈，易损坏部件，因此，一般用于 10 kW 以下小容量的电动机，适用于制动要求迅速、系统惯性大，不经常启动与制动的设备，如铣床、镗床、中型车床等主轴的制动控制。

当电动机转速接近零时，应立即切断电动机电源，否则电动机将反转。为此，在反接制动设施中，为保证电动机的转速被制动到接近零时，能迅速切断电源，防止反向启动，常利用速度继电器（又称反接制动继电器）来自动地及时切断电源。

10.1.2　反接制动控制线路工作原理

图 10-3 所示的电路为单向启动反接制动控制线路电路原理图。反接制动控制线路的主电路和正反转控制线路的主线路相同，由于反接制动时转子与旋转磁场的相对转速较高，约为启动时的 2 倍，致使定子、转子中的电流会很大，大约是额定值的 10 倍。因此，反接制动电路增加了限流电阻 R。

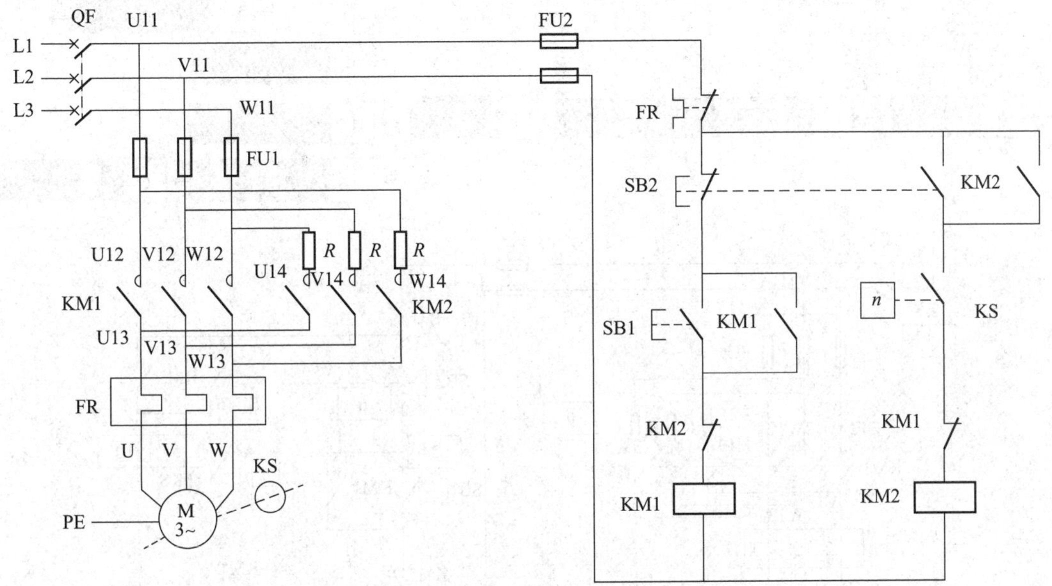

图 10-3　单向启动反接制动控制线路电路原理图

线路中 KM1 为正转运行接触器，KM2 为反转制动接触器，KS 为速度继电器，其轴（图 10-3 中用虚线表示）与电动机轴相连。SB1 为启动按钮，SB2 为停止按钮，FR 为热继电器。QF 为电源开关，FU1 为主电路熔断器，FU2 为控制电路熔断器。

结合图 10-4 分析电路工作过程如下：

单向启动：

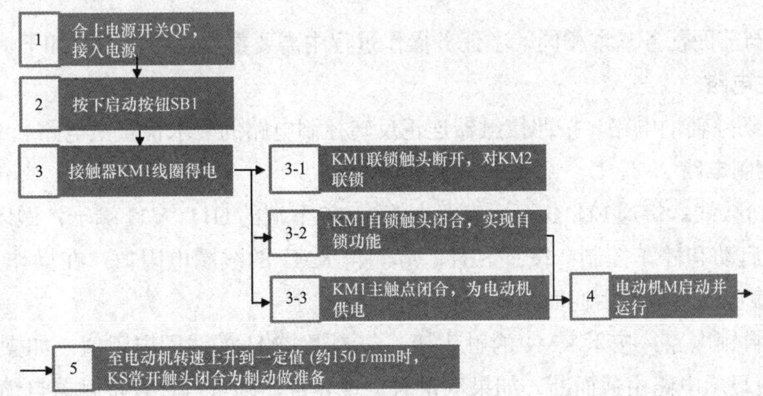

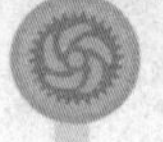

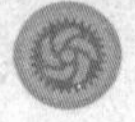

反接制动：

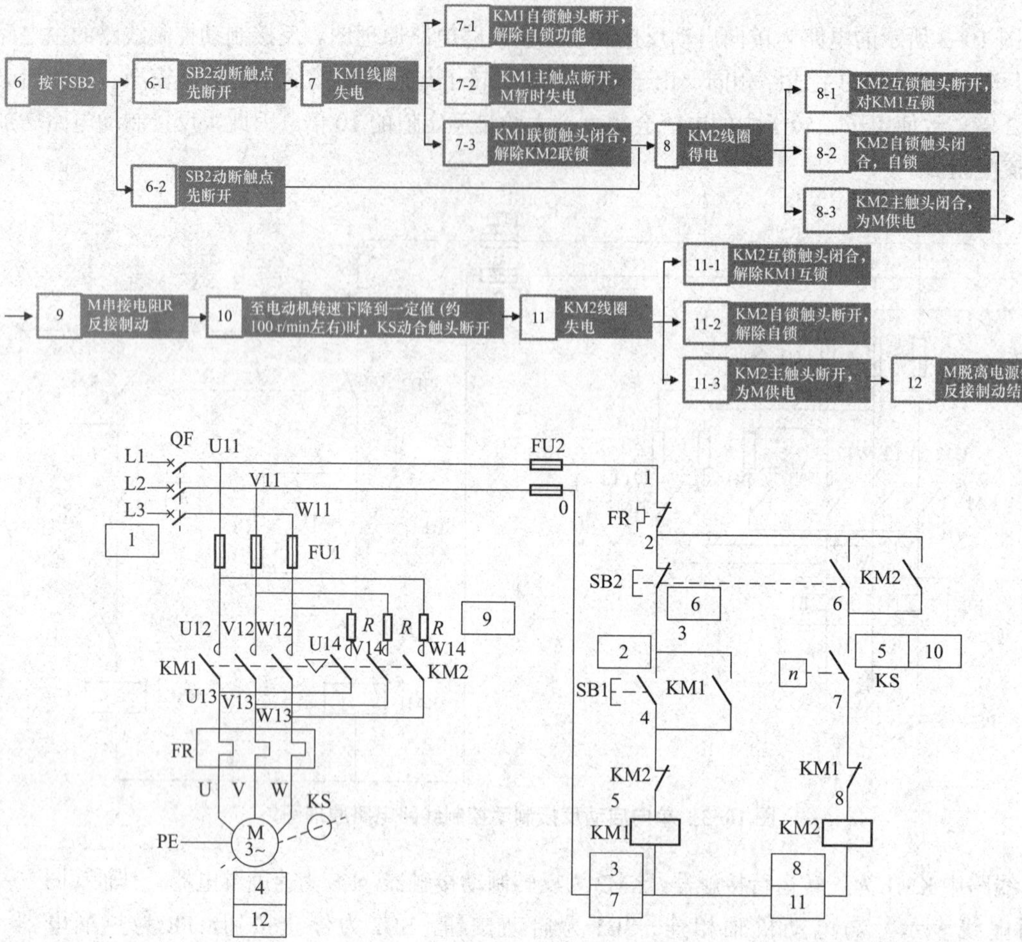
6 按下SB2
6-1 SB2动断触点先断开
6-2 SB2动断触点先断开
7 KM1线圈失电
7-1 KM1自锁触头断开，解除自锁功能
7-2 KM1主触点断开，M暂时失电
7-3 KM1联锁触头闭合，解除KM2联锁
8 KM2线圈得电
8-1 KM2互锁触头断开，对KM1互锁
8-2 KM2自锁触头闭合，自锁
8-3 KM2主触头闭合，为M供电
9 M串接电阻R反接制动
10 至电动机转速下降到一定值（约100 r/min左右）时，KS动合触头断开
11 KM2线圈失电
11-1 KM2互锁触头闭合，解除KM1互锁
11-2 KM2自锁触头断开，解除自锁
11-3 KM2主触头断开，为M供电
12 M脱离电源停转，反接制动结束
QF
L1
L2
L3
U11
V11
W11
FU1
FU2
U12 V12 W12
U14 V14 W14
R R R
KM1
KM2
U13 V13 W13
FR
U V W
KS
PE
M 3~
SB2
SB1
n
KS

图 10-4　反接制动控制线路控制过程

10.1.3　反接制动控制线路的安装、调试与运行

安装步骤与前面任务基本相同，本任务操作过程中需要重点说明的内容如下。

1．检测主电路

断开 FU2 切除辅助电路，按照接触器连正反转控制电路的要求检查主电路。

2．检查控制电路

拆下电动机接线，接通 FU2。万用表两支笔接 QF 下端的 U11、V11 端子，做以下几项检查：

（1）检查启动和停车控制：按下 SB1，应测得 KM1 的线圈电阻值；在操作 SB1 的同时按下 SB2，万用表应显示电路由通而断。

（2）检查自锁电路：按下 KM1 的触头架，应测得 KM1 的线圈电阻值；如操作的同时按下 SB2，万用表应显示电路由通而断。如果测量时发现异常，则重点检查接触器自锁触上、下端子的连线。容易接错处：将 KM1 的自锁线错接到 KM2 的自锁触头上；将常闭触头用作自锁触头

等，应根据异常现象分析、检查。

(3)检查制动电路：按下 SB2，电路不通。打开速度继电器的端盖，拨动摆杆，使 KS 闭合；按下 SB2，应测得 KM2 的线圈电阻值，同时按下 KM1 的触头架，万用表应显示电路由通而断；放开 SB2 按下 KM2 的触头架，应测得 KM2 的线圈电阻值。

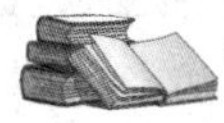

任务拓展

（1）单向电源反接制动控制电路的常见故障分析与排除。

故障现象 1：按下 SB1 后松开，电动机正常启动运行；按下 SB2 后，电动机断电，但继续惯性运转，制动未起作用。

故障现象 2：按下 SB2 后，电动机处于制动状态，但 KM2 释放时电动机转速仍较高（约 300 r/min），不能很快停车。

故障现象 3：电动机制动时，KM2 释放后，电动机徐徐反转。

（2）分析图 10-5 所示的电磁抱闸控制电路的动作过程。

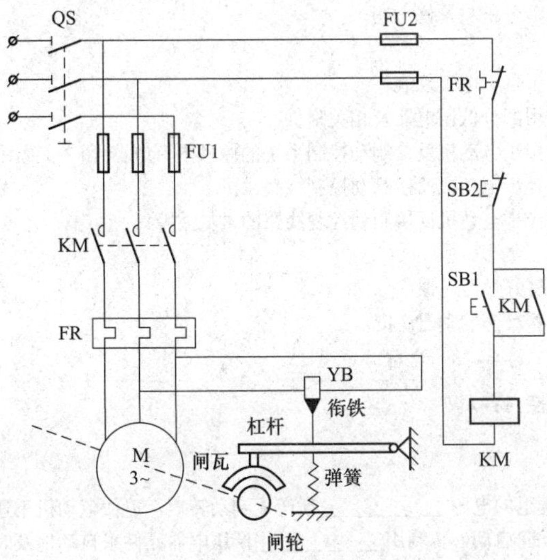

图 10-5　电磁抱闸控制电路

任务10.1任务书

任务编号	10.1	任务名称	反接制动控制线路的控制与实现

任务描述：

机床在生产加工过程中为了提高生产效率，在完成某一工步后要求立即停止。但是由于惯性作用，电动机在断开电源后不会马上停止转动，而是需要继续转动一段时间后才能停下来，为了满足生产效率要求对拖动电动机采取制动措施。

三相异步电动机的制动方法一般有机械制动和电气制动两种。目前，电气制动常用的方法有反接制动、能耗制动和再生发电制动。在实际生产过程中前两种使用较多。

本任务就是要求学习者完成某三相异步电动机制动控制线路的设计、安装、调试运行与故障排除。

学习目标

☆**知识目标：**

1. 掌握反接制动工作原理；
2. 掌握反接制动控制线路的结构和工作原理；
3. 掌握反接制动控制线路故障分析与检修方法。

☆**技能目标：**

1. 能够正确使用常用的电工工具、电工仪表；
2. 能够正确识别、标识、选用部分低压电器及相关附件；
3. 能够正确识读并绘制三相异步电动机反接制动控制系统的原理图、电器元件布置图和电器元件安装接线图；
4. 能够正确安装、调试三相异步电动机反接制动控制线路；
5. 能够正确分析、排除三相异步电动机反接制动控制线路的常见故障。

☆**情感目标：**

1. 培养学生理论联系实际的良好学习习惯；
2. 激发浓厚的学习兴趣，培养严谨的学习态度；
3. 培养良好的职业道德。

知识学习（参考书及知识链接内容）

1．学习反接制动工作原理

引导性问题

（1）依靠改变电动机定子绕组的电源__________来产生制动转矩，迫使电动机迅速停转的方法叫作反接制动。

（2）反接制动时，为防止反向启动，常利用__________低压电器元件来自动地及时切断电源。

2．学习反接制动的控制线路

引导性问题

单向运转的反接制动的控制线路如图1所示。

（1）当交流接触器KM1得电时，电动机工作于__________状态，当交流接触器KM2得电时，电动机工作于__________状态。

（2）按下启动按钮__________，接触器__________线圈通电并自锁，电动机工作于__________状态。

（3）按下停止按钮__________，__________断电释放，__________线圈通电动作并自锁，__________的动合主触点闭合，改变了电动机定子绕组中电源的__________，电动机工作于__________状态，电动机的转速迅速下降，当转速低于100 r/min时，__________复位，__________线圈断电释放，制动过程结束。

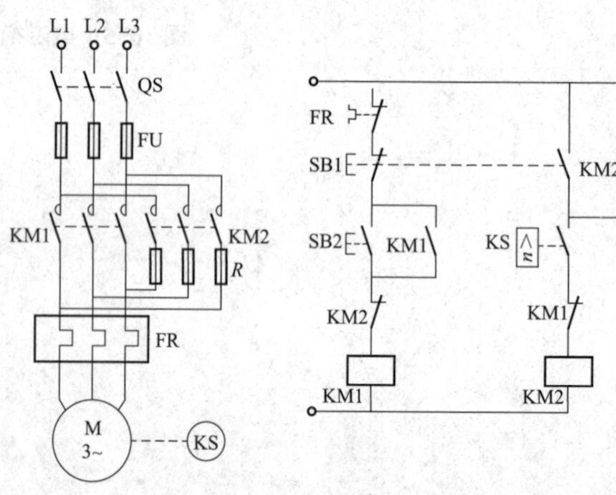

图1 单向运转的反接制动的控制线路

任务 10.1 工作单

任务编号	10.1	任务名称	反接制动控制线路的控制与实现	成绩	
班级		小组		日期	
小组成员					

1. 实践准备

（1）在 630 mm×700 mm×20 mm 配线板上完成三相异步电动机单向运行控制电路的安装。

（2）设备、工具及材料。任务实施所需的工具、材料明细见表 1。

表 1　工具、材料明细表

分类	名称	型号或规格	数量
耗材	主电路导线	BV 1.5 mm^2	若干
	控制电路导线	BV 1.0 mm^2	若干
	按钮导线	BVR 0.75 mm^2	若干
	接地导线	BVR 1.5 mm^2（黄绿双色）	若干
	接线端子排	JD0-1020，380 V，10 A 10 节或自定	1 条
	编码套管	$\phi 8$	0.6 m
	记号笔	自定	1 支
	紧固体	—	若干
仪表	万用表	MF47 或自定	1 块
工具	电工通用工具	钢丝钳、螺钉旋具（一字和十字）、尖嘴钳、剥线钳等	1 套
	配线板	630 mm×700 mm×20 mm	1 块

2. 绘制电气原理图

续表

3. 电器元件选择（表 2）

选择电器元件，并按要求完成表 2。

表 2　电器元件清单表

名称	符号	型号	规格	数量

4. 绘制电器元件布置图

续表

5．安装与检查

用万用表检查本线路，过程对照见表 3。

表 3　万用表检查本线路过程对照表

<table>
<tr><th rowspan="2">测量要求</th><th colspan="4">测量过程</th><th rowspan="2">测量阻值</th></tr>
<tr><th>测量任务</th><th>总工序</th><th>工序</th><th>操作方法</th></tr>
<tr><td rowspan="16">空载</td><td rowspan="6">测量主电路</td><td rowspan="3">断开 QS，取下熔断器 FU2 的熔体，万用表置于 R× 1 挡（调零后），分别测量三相电源 U11、V11、W11 三相之间的阻值</td><td>1</td><td>未操作任何电器</td><td></td></tr>
<tr><td>2</td><td>压下 KM1 触点架</td><td></td></tr>
<tr><td>3</td><td>压下 KM2 触点架</td><td></td></tr>
<tr><td rowspan="3">断开 QF，取下熔断器 FU2 的熔体，万用表置于 R× 1 挡（调零后），分别测量每一相的电源端和电动机端的阻值</td><td>4</td><td>未操作任何电器</td><td></td></tr>
<tr><td>5</td><td>压下 KM1 触点架</td><td></td></tr>
<tr><td>6</td><td>压下 KM2 触点架</td><td></td></tr>
<tr><td rowspan="10">测量控制电路</td><td rowspan="10">断开 QS，装好熔断器 FU2 的熔体，万用表置于 R×100 挡或 R×1k 挡（调零后），将两支表笔搭在 U12、V12（控制电路电源）间测量控制线路的阻值</td><td>7</td><td>未操作任何电器</td><td></td></tr>
<tr><td>8</td><td>按下启动按钮 SB1</td><td></td></tr>
<tr><td>9</td><td>先按下 SB1，再按下停止按钮 SB2</td><td></td></tr>
<tr><td>10</td><td>先按下 SB1，再压下 KM2 触点架</td><td></td></tr>
<tr><td>11</td><td>先压下 KM1 触点架，再压下停止按钮 SB2</td><td></td></tr>
<tr><td>12</td><td>先压下 KM1 触点架，再压下 KM2 触点架</td><td></td></tr>
<tr><td>13</td><td>按下停止按钮 SB2</td><td></td></tr>
<tr><td>14</td><td>先拨动 KS 摆杆使 KS 闭合，再按下停止按钮 SB2</td><td></td></tr>
<tr><td>15</td><td>先拨动 KS 摆杆使 KS 闭合，再按下停止按钮 SB2，同时压下 KM1 触点架</td><td></td></tr>
<tr><td>16</td><td>先拨动 KS 摆杆使 KS 闭合，再压下 KM2 触点架</td><td></td></tr>
</table>

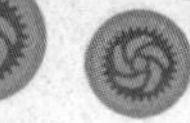

续表

6．调试与运行

（1）空载调试过程（不接电动机，并切除主电路）（表 4）。

表 4　空载调试过程情况记录单

<table>
<tr><td colspan="5">三相异步电动机制动控制线路与实现空载调试过程</td></tr>
<tr><td rowspan="3">步骤</td><td rowspan="3">操作内容</td><td colspan="2">观察内容（包括声音）</td><td rowspan="3">备注</td></tr>
<tr><td colspan="2">交流接触器 KM</td></tr>
<tr><td>正确结果</td><td>观察结果</td></tr>
<tr><td>1</td><td>按下启动按钮 SB1</td><td></td><td></td><td></td></tr>
<tr><td>2</td><td>按下停止按钮 SB2</td><td></td><td></td><td></td></tr>
<tr><td>3</td><td></td><td></td><td></td><td></td></tr>
<tr><td>4</td><td></td><td></td><td></td><td></td></tr>
<tr><td>5</td><td></td><td></td><td></td><td></td></tr>
</table>

（2）有载调试过程（接入电动机和主电路）（表 5）。

表 5　有载调试过程情况记录单

<table>
<tr><td colspan="6">三相异步电动机制动控制线路与实现有载调试过程</td></tr>
<tr><td rowspan="3">步骤</td><td rowspan="3">操作内容</td><td colspan="3">观察内容（包括声音）</td><td rowspan="3">备注</td></tr>
<tr><td rowspan="2">交流接触器 KM</td><td colspan="2">电动机 M</td></tr>
<tr><td>正确结果</td><td>观察结果</td></tr>
<tr><td>1</td><td>按下启动按钮 SB2</td><td></td><td></td><td></td><td></td></tr>
<tr><td>2</td><td>按下停止按钮 SB1</td><td></td><td></td><td></td><td></td></tr>
<tr><td>3</td><td>转速低于 100 r/min</td><td></td><td></td><td></td><td></td></tr>
<tr><td>4</td><td></td><td></td><td></td><td></td><td></td></tr>
</table>

7．成果展示与总结

任务 10.2　能耗制动控制与实现

任务描述

反接制动，其优点是设备简单，调整方便，制动迅速，价格低；缺点是制动冲击大，制动能量损耗大，不宜频繁制动，且制动准确度不高，故适用制动要求迅速、系统惯性较大制动不频繁的场合。对于要求频繁制动的设备，则采用能耗制动控制，如立式磨床（图 10-6）及龙门刨床、各种组合机床主轴的定位等。

图 10-6　立式磨床

通过本任务的学习，学习者可以掌握能耗制动控制原理，完成单向能耗制动控制线路的安装与调试。

10.2.1　能耗制动原理

当电动机切断交流电源后，立即在定子绕组中通入直流电，迫使电动机停转的方法称为能耗制动。其制动原理如图 10-7 所示。先断开电源开关 S1 切断电动机的交流电源，这时转子仍沿原方向惯性运转；随后立即合上开关 S2，电动机 V、W 同相定子绕组通入直流电，使定子中产生一个恒定的静止磁场，这样做惯性运转的转子因切制磁力线而在转子绕组中产生感应电流，其方向可用右手定则判断出来，上面标“×”，下面标“•”。绕组中一旦产生了感应电流，又立即受到静止磁场的作用，产生电磁转矩，用左手定则判断，可知转矩的方向正好与电动机的转向相反，使电动机受制动迅速停转。由于这种制动方法是通过在定子绕组中通入直流电以消耗转子惯性运转的动能来进行制动的，所以称为能耗制动，又称为动能制动。

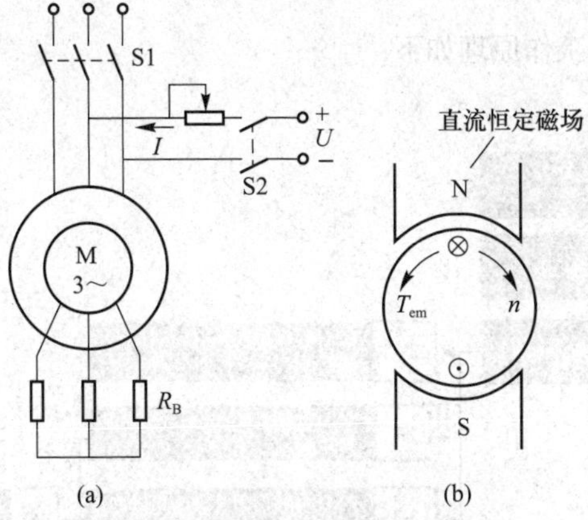

图 10-7　三相异步电动机的能耗制动

（a）接线图；（b）制动原理图

10.2.2　单向能耗制动控制线路工作原理

图 10-8 所示为单向能耗制动控制线路电气原理。其一般适用于 10 kW 以上大容量电动机的控制。其中，直流电源由单相桥式整流器供给，TC 为整流变压器，电阻 R_P 是用来调节直流电流的，从而调节制动强度。整流变压器一次侧与直流侧同时进行切换，有利于提高触头的使用寿命。KM1 为正常运行接触器，KM2 为直流电源接触器。制动电流通入电动机的时间由启动时间继电器 KT 的延时长短决定。

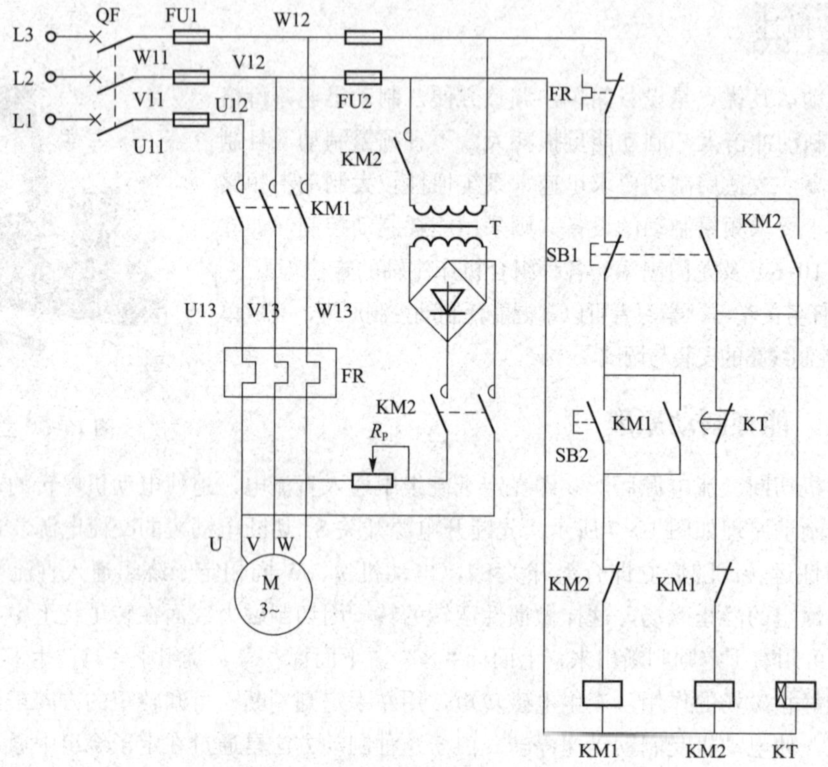

图 10-8　单向能耗制动控制线路电气原理

单向能耗制动控制线路工作原理如下：

（1）单向启动运转：

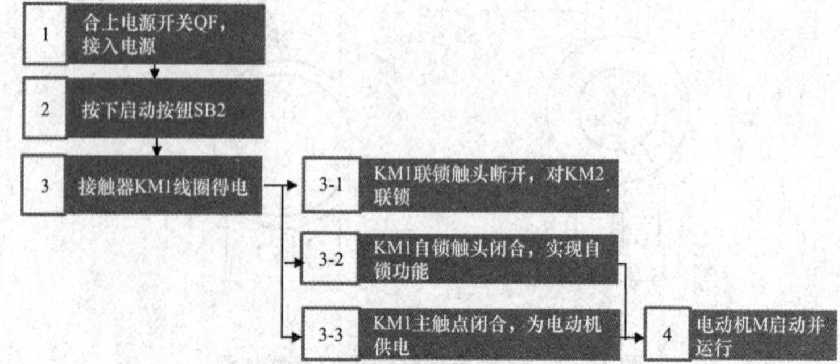

（2）能耗制动：

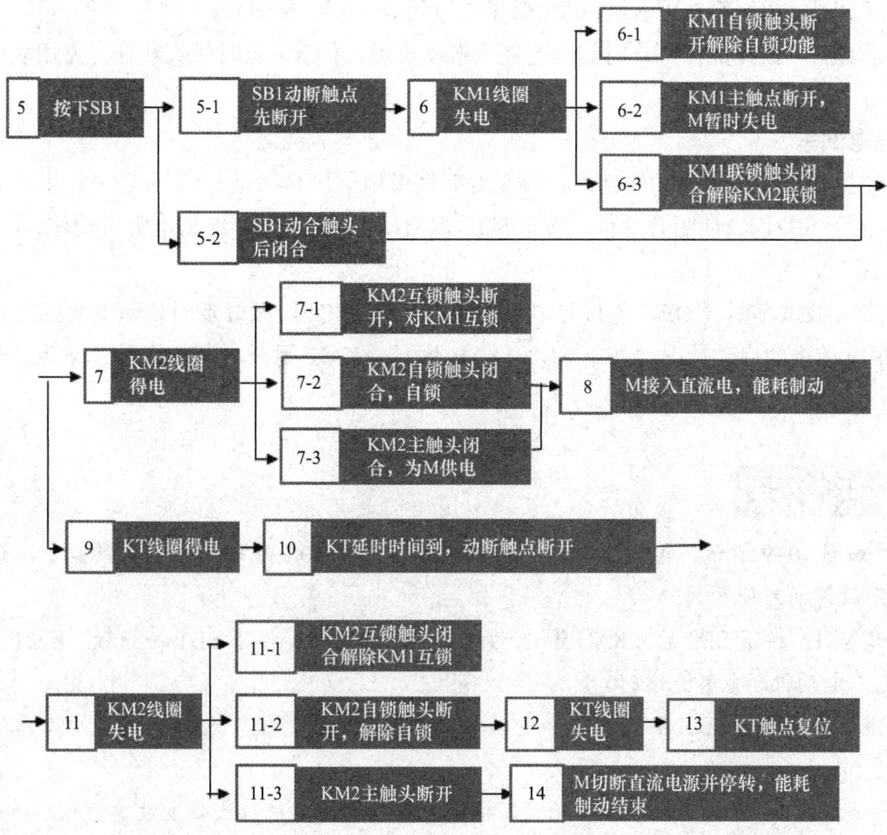

能耗制动的特点是制动电流较小，能量损耗小，制动准确，但它需要直流电源，制动速度较慢，所以，能耗制动适用于要求平稳制动的场合，也可应用于起重机一类带位能性负载的机械上，用来限制重物下降的速度，使重物保持匀速下降。

10.2.3　单向能耗制动控制线路的安装、调试与运行

任务实施步骤与前面任务基本相同，本任务操作过程中需要重点说明以下几个方面。

1．自检

用万用表检查电路的通断情况。万用表选用倍率适当的电阻挡（$R\times1$），并进行校零。

（1）检查主电路。断开 FU2 切除辅助电路，万用表两支表笔接 QF 下端的 V11、W11 端子。

①按下 KM1 的触头架，万用表显示由断到通。

②按下 KM2 的触头架，万用表显示由断到通，要注意万用表的正负极性。

（2）检查控制电路。拆下电动机接线，接通 FU2。万用表两支表笔接 QF 下端的 V11、W11 端子，做以下几项检查：

①按下 SB2，应测得 KM1 的线圈电阻值；在操作 SB2 的同时轻轻按下 SB1，万用表应显示电路由通而断。

②按下 KM1 的触头架，再按下 KM2 的触头架，万用表显示由通到断。

③按下 SB1，再轻轻按下 KM1 的触头架，万用表显示由通到断。

④按下 SB1，拔掉晶体管式时间继电器或按动气囊，使 KT 延时触头断开，万用表显示由通到断。

2．通电试车

（1）空操作试验拆下电动机连线，调整好时间继电器的延时动作时间（一般为 3 ～ 5 s），合上 QF，按下 SB2，KM1 吸合动作，按下 SB2，KM1 失电断开，KM2 得电吸合动作，3 ～ 5 s 后，KM2 失电断开。

（2）带负载试车断开 QF，连接好电动机接线，合上 QF，做好随时切断电源的准备。按下 SB2，观察电动机的启动情况，按下 SB2，KM1 断开，KM2 闭合，电动机迅速停转，停转后，KM2 分断。

任务拓展

（1）如图 10-9 所示，单管能耗制动控制一般适用于 10 kW 以下电动机的控制。试分析找出发生如下故障的可能原因：

故障现象 1：按下 SB2 后，KM1 和电动机正常启动运行；按下 SB1 松开后，KM1、KM2、KT 均失电，电动机断电停止运行。

故障现象 2：按下 SB2 后，KM1 和电动机正常启动运行；按下 SB1 时，主电路熔断器立即熔断。

（2）分析图 10-9 所示的单管能耗制动控制电气原理，并进行线路安装与调试。

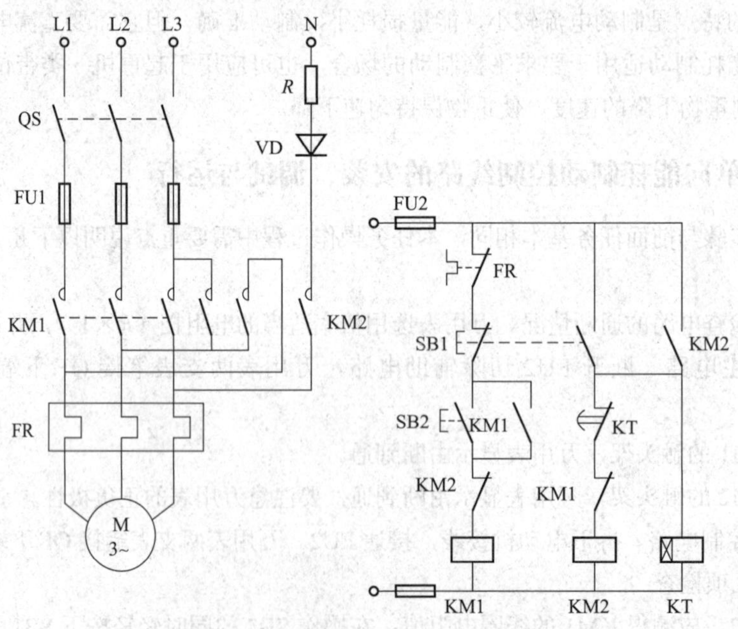

图 10-9　单管能耗制动控制电气原理

任务 10.2 任务书

任务编号	10.2	任务名称	能耗制动控制与实现

任务描述：

反接制动，其优点是设备简单，调整方便，制动迅速，价格低；缺点是制动冲击大，制动能量损耗大，不易频繁制动，且制动准确度不高，故适用制动要求迅速，系统惯性较大制动不频繁的场合。而对于要求频繁制动的设备采用能耗制动控制。如磨床及龙门刨床、各种组合机床主轴的定位等。

通过本任务的学习，学习者可以掌握能耗制动控制原理，完成单向能耗制动控制线路的安装与调试。

学习目标

☆知识目标：

1. 掌握能耗制动工作原理；
2. 掌握能耗制动控制线路的结构和工作原理；
3. 掌握能耗制动控制线路故障分析与检修方法。

☆技能目标：

1. 能够正确使用常用的电工工具、电工仪表；
2. 能够正确识别、标识、选用部分低压电器及相关附件；
3. 能够正确识读并绘制三相异步电动机能耗制动控制系统的原理图、电器元件布置图和电器元件安装接线图；
4. 能够正确安装、调试三相异步电动机能耗制动控制线路；
5. 能够正确分析、排除三相异步电动机能耗制动控制线路的常见故障。

☆情感目标：

1. 培养学生理论联系实际的良好学习习惯；
2. 激发浓厚的学习兴趣，培养严谨的学习态度；
3. 培养良好的职业道德。

知识学习（参考书及知识链接内容）

1．学习能耗制动工作原理

引导性问题

（1）当电动机切断交流电源后，立即在定子绕组中通入____________电，迫使电动机停转的方法称为能耗制动。

（2）能耗制动适用于要求____________的场合，也可应用于起重机一类带位能性负载的机械上，用来限制重物下降的速度，使重物保持匀速下降。

2．学习能耗制动控制线路

引导性问题

按时间原则控制的电动机能耗制动控制线路如图 1 所示。

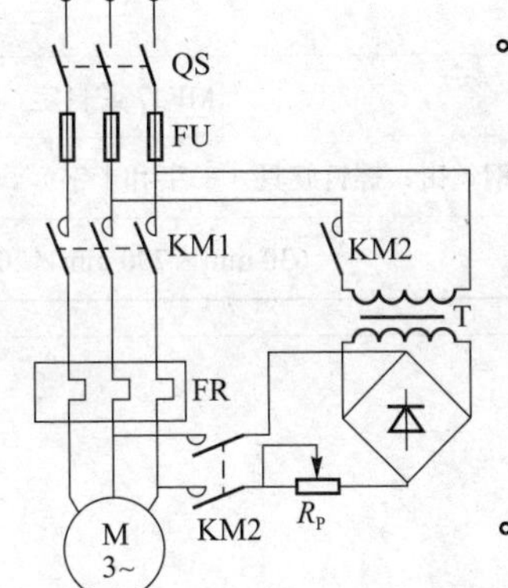

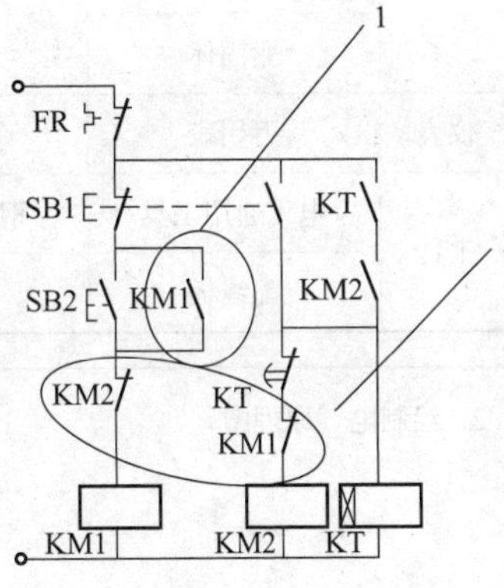

图 1 按时间原则控制的电动机能耗制动控制线路

（1）图中标注 1 实现____________功能，标注 2 实现____________功能。

（2）启动时，按下启动按钮____________，交流接触器____________线圈得电并且自锁，电动机启动并运行。

（3）能耗制动时，按下停止按钮____________，交流接触器____________线圈失电，____________线圈得电，电动机接入____________电实现能耗制动。当时间继电器延时时间到，交流接触器____________线圈失电，电动机切断直流电源能耗制动结束。

任务 10.2 工作单

任务编号	10.2	任务名称	能耗制动控制与实现	成绩	
班级		小组		日期	
小组成员					

1. 实践准备

（1）在 630 mm×700 mm×20 mm 配线板上完成三相异步电动机单向运行控制电路的安装。

（2）设备、工具及材料。任务实施所需的工具、材料明细见表 1。

表 1　工具、材料明细表

分类	名称	型号或规格	数量
耗材	主电路导线	BV 1.5 mm^2	若干
	控制电路导线	BV 1.0 mm^2	若干
	按钮导线	BVR 0.75 mm^2	若干
	接地导线	BVR 1.5 mm^2（黄绿双色）	若干
	接线端子排	JD0-1020，380 V，10 A 10 节或自定	1 条
	编码套管	ϕ8	0.6 m
	记号笔	自定	1 支
	紧固体	—	若干
仪表	万用表	MF47 或自定	1 块
工具	电工通用工具	钢丝钳、螺钉旋具（一字和十字）、尖嘴钳、剥线钳等	1 套
	配线板	630 mm×700 mm×20 mm	1 块

2．绘制电气原理图

续表

3．电器元件选择（表 2）

选择电器元件，并按要求完成表 2。

表 2　电器元件清单表

名称	符号	型号	规格	数量

4．绘制电器元件布置图

续表

5. 安装与检查

用万用表检查本线路，过程对照表 3。

表 3　万用表检查本线路过程对照表

测量要求	测量过程				测量阻值
	测量任务	总工序	工序	操作方法	
空载	测量主电路	断开 QF，取下熔断器 FU2 的熔体，万用表置于 *R*×1 挡（调零后），分别测量三相电源 U11、V11、W11 三相之间的阻值	1	未操作任何电器	
			2	压下 KM1 触点架	
			3	压下 KM2 触点架	
		断开 QF，取下熔断器 FU2 的熔体，万用表置于 *R*×1 挡（调零后），分别测量三相电源与电动机首端 U11-U、V11-V、W11-W 间的阻值	4	未操作任何电器	
			5	压下 KM1 触点架	
			6	压下 KM2 触点架	
	测量控制电路	断开 QF，装好熔断器 FU2 的熔体，万用表置于 *R*×100 挡或 *R*×1k 挡（调零后），将两支表笔搭在 U12、V12（控制电路电源）间测量控制线路的阻值	7	未操作任何电器	
			8	按下启动按钮 SB2	
			9	先按下 SB2，再按下按钮 SB1	
			10	先按下 SB2，再压下 KM2 触点架	
			11	压下 KM1 触点架	
			12	先压下 KM1 触点架，再压下 KM2 触点架	
			13	按下停止按钮 SB1	
			14	先按下 SB1，再压下 KM1 触点架	
			15	先按下 SB1，再拔掉时间继电器 KT	
			16	压下 KM2 触点架	

续表

6．调试与运行

（1）空载调试过程（不接电动机，并切除主电路）（表 4）。

表 4　空载调试过程情况记录单

三相异步电动机制动控制线路与实现空载调试过程				
步骤	操作内容	观察内容（包括声音）		备注
		交流接触器 KM		
		正确结果	观察结果	
1	按下启动按钮 SB2			
2	按下停止按钮 SB1			
3	KT 时间到			
4				
5				

（2）有载调试过程（接入电动机和主电路）（表 5）。

表 5　有载调试过程情况记录单

三相异步电动机制动控制线路与实现有载调试过程					
步骤	操作内容	观察内容（包括声音）			备注
		交流接触器 KM	电动机 M		
			正确结果	观察结果	
1	按下启动按钮 SB2				
2	按下停止按钮 SB1				
3	KT 时间到				
4					
5					

7．成果展示与总结

项目 11　三相异步电动机的调速控制与实现

知识目标

1. 掌握异步电动机的调速方法；
2. 掌握变极调速的接线原理；
3. 掌握双速电动机控制线路的工作原理及设计方法；
4. 了解变频调速、变转差率调速的特点。

能力目标

1. 能够识读双速电动机电气原理图、电器元件布置图、电气安装接线图；
2. 能够按照电气原理图及电器元件布置图完成双速电动机控制线路的安装；
3. 能够根据电气原理图及电气安装接线图完成双速电动机控制线路的连接；
4. 能够使用电工仪表完成控制线路的故障诊断与排除。

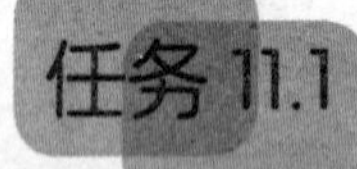

任务 11.1　变极调速电动机控制与实现

任务描述

城市轨道交通车辆空调系统是城市轨道交通车辆的重要组成部分之一，它与日常生活中常见的家用办公空调的功能相同，在城市轨道交通车辆中承担着调节客室内空气温度、增强客室内空气流动，提高城市轨道车辆乘坐舒适性的作用。

以北京地铁 13 号线为例，空调机组中设有 1 台蒸发风机、2 台冷凝风机和 2 台压缩机，冷凝风机大多采用双速电动机来传动（双速电动机属于异步电动机变极调速）。本任务要求学习者认识双速电动机，理解它的变速原理，掌握双速电动机控制线路的工作原理，学会双速电动机控制线路的安装。

11.1.1　异步电动机的调速方法

异步电动机的转速关系式：

$$n=60（1-s）f/p$$

式中　s——转差率；

p——极对数；

f——供电电源的频率。

异步电动机转子的实际转速与定子旋转磁场的同步转速的差值叫作电动机的转速差。

通常把同步转速 n_1 和电动机转子转速 n 两者之差与同步转速 n_1 的比值叫作转差率 s。

由上式可以看出，异步电动机调速可以分为以下三大类：

（1）变极调速：改变电动机绕组的磁极对数 p。

（2）变频调速：改变供电电源的频率 f。

（3）改变转差率调速：改变电动机的转差率 s。

1．变极调速

变极调速是通过改变定子绕组的磁极对数来改变旋转磁场同步转速进行调速的。由于磁极对数 p 是整数，因此它不能实现平滑调速，只能是有级调速。在供电频率 $f=50$ Hz 的电网，$p=1$、2、3、4 时，相应的同步转速 $n_0=3\ 000$、1 500、1 000、750（r/min）。变极调速只适用变极电动机，现国内生产的有双、三、四速等几类。

2．变频调速

变频调速是通过改变异步电动机供电电源的频率 f 来实现无级调速的。从实现原理上考虑，变频调速是一个简洁的方法。从调速特性上看，变频调速的任何一个速度段的硬度均接近自然机械特性，调速特性好，如果能有一个可变频率的交流电源，则可实现连续调速，平滑性好。变频器就是一种可以实现变频、变压的变流电源的专业装置。

3．变转差率调速

变转差率调速常用的方法有降电压调速、转子串电阻调速、串级调速。

（1）降电压调速。降电压调速是通过降低定子电压的方法来改变电动机的转速。在调速过程中，它的转差能量以发热形式损耗在转子绕组中，属于低效调速方式。由于电磁转矩与定子电压的平方成正比，改变定子电压就可以改变电动机的机械特性，与某一负载特性相匹配就可以稳定在不同的转速上，从而实现调速功能。

降电压调速的主要优点是控制设备比较简单，可实现无级调速，初始投资低，使用维护比较方便；缺点是机械特性软，调速范围窄，调速效率比较低。其适用于调速要求不高、较长时间在高速区运行的中小容量的异步电动机。

（2）转子串电阻调速。转子串电阻调速适用于绕线式异步电动机，通过在电动机的转子回路中串入不同阻值的电阻，人为改变转子电流从而改变电动机的转速。

转子串电阻调速的优点是设备简单，维护方便；控制方法简单，易于实现；其缺点是只能有级调速，平滑性差；低速时机械特性软，故静差率大；低速时转差大，转子铜损高，运行效率低。其适用于调速范围不太大和调速特性要求不高的场合。

（3）串级调速。串级调速方式是转子回路串电阻方式的改进，基本工作方式也是通过改变转子回路的等效阻抗从而改变电动机的工作特性，达到调速的目的。实现方式：在转子回路串入一个可变的电动势，从而改变转子回路的回路电流，进而改变电动机转速。

串级调速的优点是可以通过某种控制方式使转子回路的能量回馈的电网，从而提高效率，还可以实现无级调速；缺点是对电网干扰大，调速范围窄。

4．调速方式比较

异步电动机调速方式比较见表 11–1。

表 11–1　异步电动机调速方式比较

调速方式			调速比	效果	效率	适应负载
变极调速	鼠笼式	变极对数	2 ∶ 1 ～ 4 ∶ 1	不平滑	高	恒转矩、恒功率
变转差率调速	鼠笼式	调定子电压	1.5 ∶ 1 ～ 10 ∶ 1	不平滑	低	恒转矩
		转差离合器	3 ∶ 1 ～ 10 ∶ 1	平滑	低	恒转矩
	绕线式	调转子电阻	2 ∶ 1	不平滑	低	恒转矩
		机械式串级	2 ∶ 1	平滑	较高	恒转矩
		电气串级	2 ∶ 1 ～ 4 ∶ 1	平滑	较高	恒转矩
变频调速	鼠笼式	调定子频率	2 ∶ 1 ～ 10 ∶ 1	平滑	高	恒转矩、恒功率
	绕线式	调转子频率	4 ∶ 1 ～ 20 ∶ 1	平滑	高	恒转矩、恒功率

11.1.2　双速电动机的接线原理

双速电动机属于异步电动机变极调速。双速电动机定子绕组常见的接法有△ /YY 和 Y/YY 两种。图 11–1 所示为 4/2 极的△ /YY 双速电动机定子绕组接线原理。图中，三相定子绕组接成△，由 3 个连接点接出 3 个出线端 U1、V1、W1，从每相绕组的中点各接出一个接线端 U2、V2、W2，这样定子绕组共有 6 个出线端。通过改变这 6 个出线端与电源的连接方式就可以得到两种不同的转速。

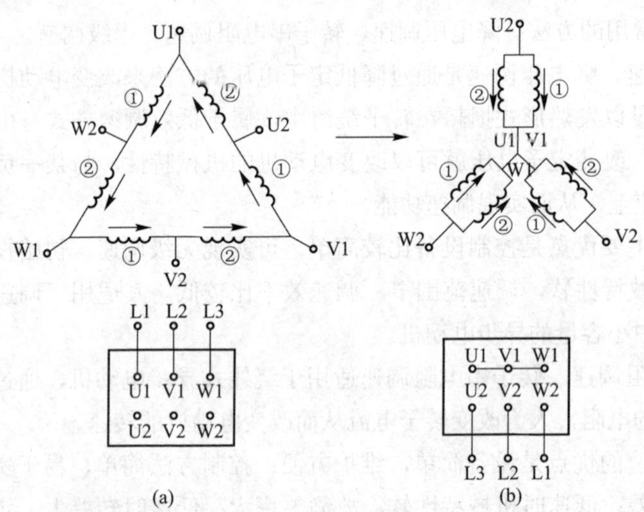

图 11–1　双速电动机三相定子绕组的△ / YY 接线原理

（a）低速——△接法（4 极）；（b）高速——YY 接法（2 极）

电动机低速工作时，就把三相电源分别接在出线端 U1、V1、W1 上，另外 3 个出线端 U2、V2、W2 悬空不接，如图 11-1（a）所示，此时电动机定子绕组接成△，这样每相绕组中的①、②线圈串联，电流方向如图 11-1（a）中的箭头所示，此时电动机磁极为 4 极，同步转速为 1 500 r/min，低速运行。

若将电动机定子绕组的 U2、V2、W2 三个接线端接三相交流电源，而将另外 3 个接线端 U1、V1、W1 连接在一起，则原来三角形连接的定子绕组变为双星形接线，如图 11-1（b）所示，此时每相绕组中的①、②线圈互相并联，电源方向如图 11-1（b）中的箭头所示，此时电动机磁极为 2 极，同步转速为 3 000 r/min，高速运行。

图 11-2 所示为 6/4 极的 Y/YY 双速电动机定子绕组接线原理。将电动机定子绕组的 U1、VI、W1 三个接线端子接三相交流电源，U2、V2、W2 三个接线端悬空，三相定子绕组接成 Y 形，这样每相绕组中的①、②线圈串联，电流方向如图 11-2（a）中的箭头所示，电动机以 6 极启动低速运行。

若将电动机定子绕组的 U2、V2、W2 三个接线端接三相交流电源，而将另外 3 个接线端 U1、V1、W1 连接在一起，则原来 Y 形连接的定子绕组变为双星形接线，如图 11-2（b）所示，此时每相绕组中的①、②线圈互相并联，电源方向如图 11-2（b）中的箭头所示，电动机以 4 极启动高速运行。

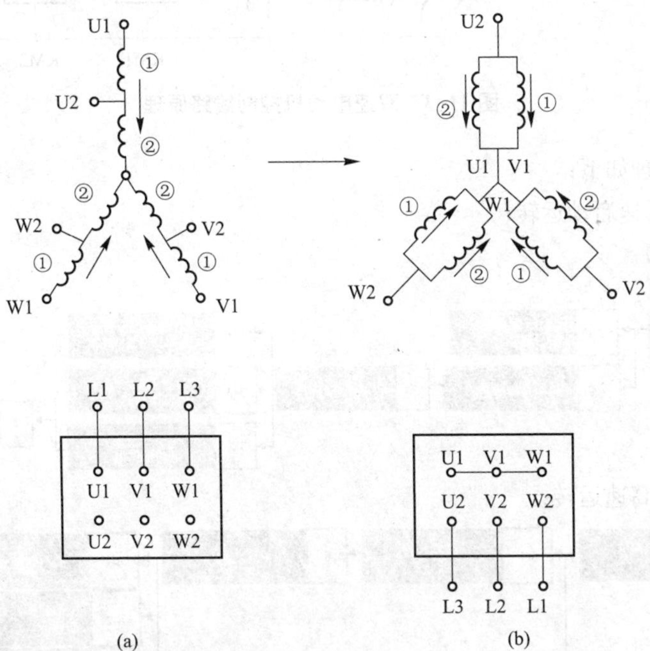

图 11-2　双速电动机三相定子绕组的 Y / YY 接线原理

（a）低速—Y 接法（6 极）；（b）高速—YY 接法（4 极）

11.1.3　双速电动机控制电路的基本原理

图 11-3 所示为利用按钮切换的双速电动机控制线路原理。按钮切换的双速电动机控制线路中放置了 3 个按钮，分别用于低速启动 SB2、高速运行 SB3 和停止 SB1，实现低速与高速的直接转换而无须经过停止状态。

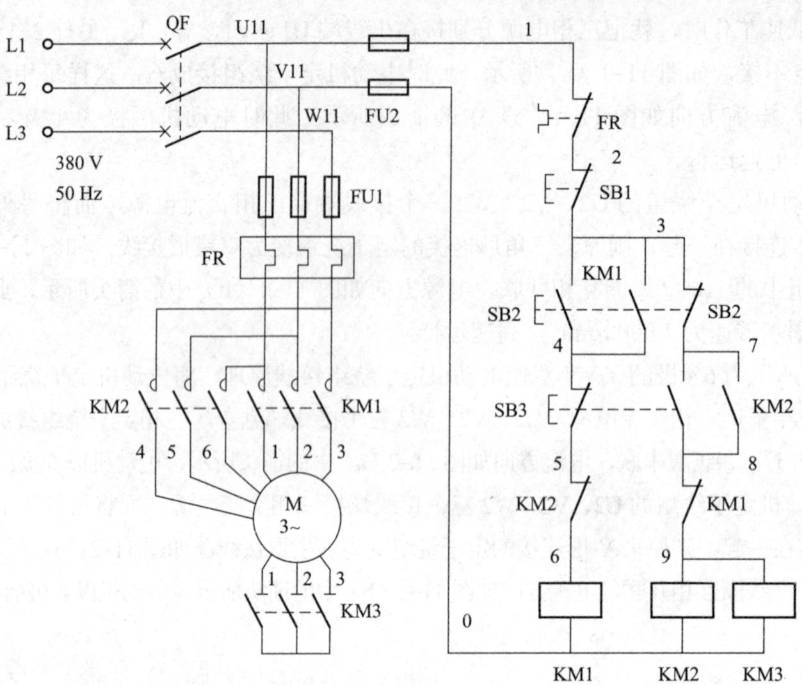

图 11-3　双速电动机控制线路原理

电路的工作原理如下：

（1）△连接低速启动运转：

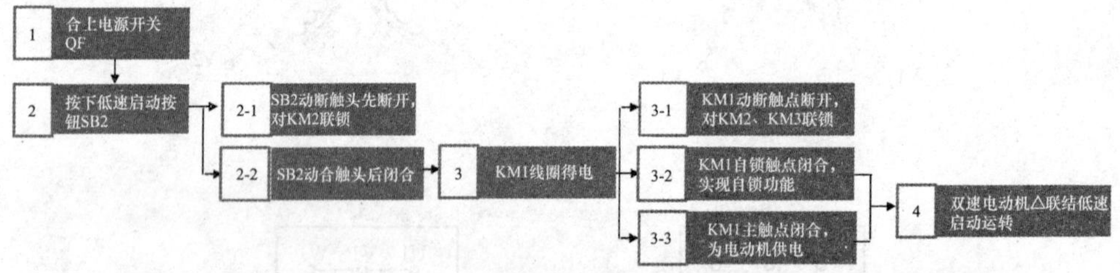

（2）YY 连接高速运转：

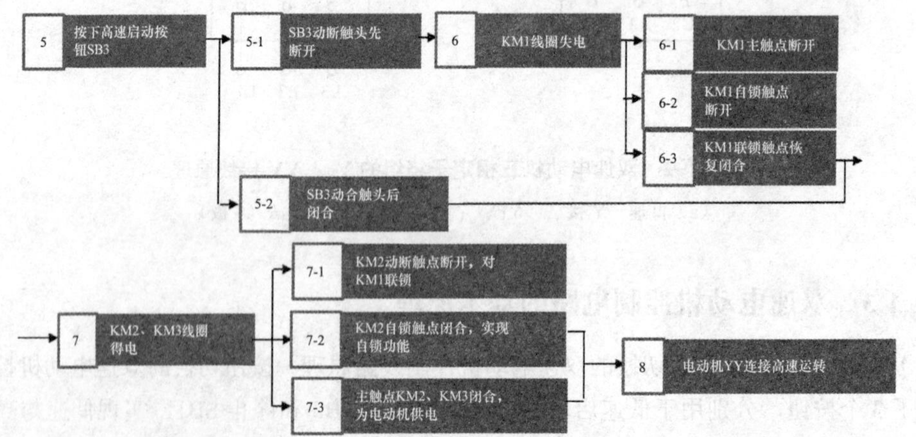

11.1.4　双速电动机控制电路的安装、调试与运行

任务实施与前面任务基本相同，本任务操作过程中需要重点说明的内容如下。

1．自检

（1）检查主电路。断开 FU2 切除辅助电路。

①检查各相通路。两支表笔分别接 U11–V11、V11–W11 和 W11–U11 端子测量相间电阻值，未操作前测得断路；分别压下 KM1、KM2 的触头架，均应测得电动机一相绕组的直流电阻值。

②检查△ /YY 转换通路。两支表笔分别接 U11 端子和电动机的首端 U 端子，压下 KM1 的触头架时应测得 $R \to 0$，松开 KM1 而压下 KM2 触头架时，应测得电动机一相绕组的电阻值。用同样的方法测量 V11–V、W11–W 之间通路。

（2）检查辅助电路。拆下电动机接线，接通 FU2，将万用表笔接于 QF 下端 U11、V11 端子，做以下几项检查：

①检查△连接低速启动运转及停车。操作按钮前应测得断路；按下 SB2 时，应测得 KM1 的线圈电阻值；如同时再按下 SB3，万用表应显示电路由通而断。

②检查 YY 连接高速运转。按下 SB3，应测得 KM2 和 KM3 的线圈电阻并联值。轻按 SB2，断路；压下 KM2 触点架，也应测得 KM2 和 KM3 的线圈电阻并联值。

2．通电试车

（1）空操作试验。合上 QF，做以下几项试验：

①△连接低速启动运转及停车。按下 SB2，KM1 应立即动作并能保持吸合状态；按下 SB1，使 KM1 释放。

② YY 连接高速运转及停车。按下 SB3，KM2、KM3 同时吸合；按下 SB1，KM2、KM3 同时释放。

（2）带负载试车。切断电源后，连接好电动机接线，合上 QF 试车。

①试验△连接低速启动运转后转 YY 连接高速运转及停车。操作按下 SB2，使电动机△连接低速启动运转后，再按下 SB3，使电动机 YY 连接高速运转，最后按下 SB1 停车。

②试验电动机 YY 连接高速运转。按下 SB3，电动机 YY 连接高速运转。

试车时要注意观察电动机启动时的转向和运行声音，电动机运转过程中用转速表测量电动机的转速。如有异常立即停车检查。

任务拓展

（1）如图 11–3 所示，试分析找出发生如下故障的可能原因：

故障现象：按下 SB2 后，KM1 和电动机正常启动运行；按下 SB3 松开后，KM1 失电，KM2 和 KM3 均失电，电动机断电停止运行。

（2）用时间继电器控制双速电动机，电路如图 11–4 所示。

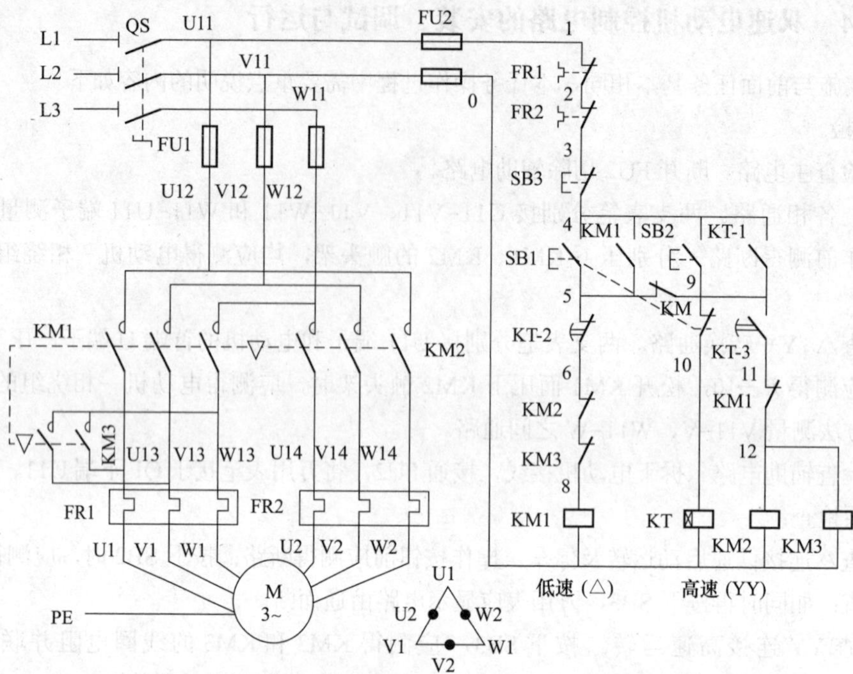

图 11-4　时间继电器控制双速电动机电路

（3）用转换开关和时间继电器控制双速电动机，电路如图 11-5 所示。

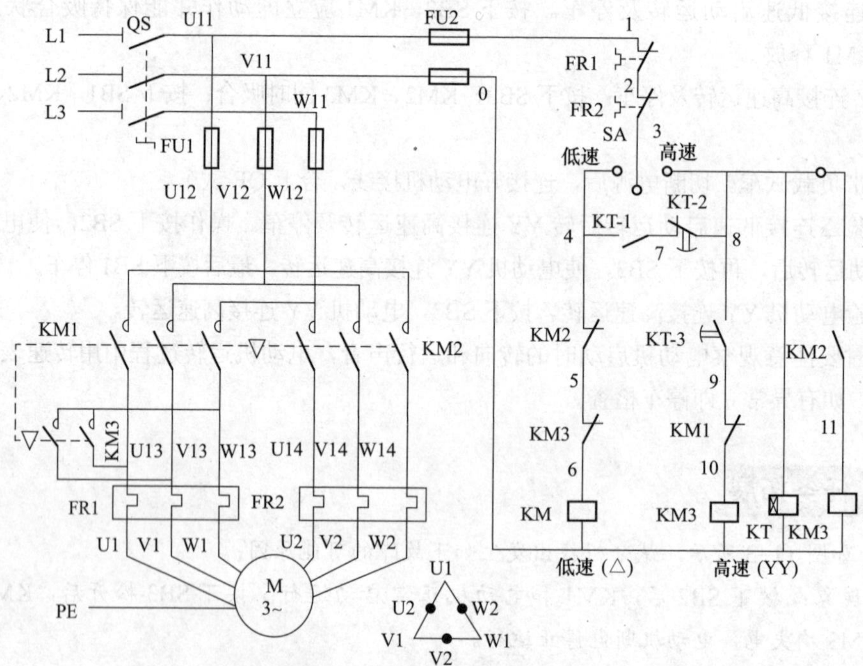

图 11-5　转换开关和时间继电器控制双速电动机电路

任务 11.1 任务书

任务编号	11.1	任务名称	变极调速电动机控制与实现

任务描述：

城市轨道交通车辆空调系统是城市轨道交通车辆的重要组成部分之一，它与日常生活中常见的家用办公空调的功能相同，在城市轨道交通车辆中承担着调节客室内空气温度、增强客室内空气流动，提高城市轨道车辆乘坐舒适性的作用。

以北京地铁 13 号线为例，空调机组中设置 1 台蒸发风机、2 台冷凝风机和 2 台压缩机，冷凝风机大多采用双速电动机来传动（双速电动机属于异步电动机变极调速）。本任务要求学习者认识双速电动机，理解它的变速原理，掌握双速电动机控制线路的工作原理，学会双速电动机控制线路的安装。

学习目标

☆知识目标：

1. 掌握异步电动机的调速方法；
2. 掌握变极调速的接线原理；
3. 掌握变极调速控制线路的结构和工作原理；
4. 掌握变极调速控制线路故障分析与检修方法。

☆技能目标：

1. 能够正确使用常用的电工工具、电工仪表；
2. 能够正确识别、标识、选用部分低压电器及相关附件；
3. 能够正确识读变极调速控制系统的原理图、电器元件布置图和电器元件安装接线图；
4. 能够正确安装、调试三相异步电动机变极调速控制线路；
5. 能够正确分析、排除三相异步电动机变极调速控制线路的常见故障。

☆情感目标：

1. 培养学生理论联系实际的良好学习习惯；
2. 激发浓厚的学习兴趣，培养严谨的学习态度；
3. 培养良好的职业道德。

知识学习

1．学习异步电动机的调速方法

引导性问题

（1）从异步电动机的转速关系式：$n=60（1-s）f/p$，异步电动机的调速方式有 3 种，分别是__________、__________和__________。

（2）改变电动机绕组的磁极对数 p 的调速方式叫作__________。

（3）改变供电电源的频率 f 的调速方式叫作__________。

（4）改变电动机的转差率 s 的调速方式叫作__________。

2．学习双速电动机的接线原理

引导性问题

（1）双速电动机定子绕组常见的接法有__________和__________两种。

（2）4/2 极的△ /YY 双速电动机，低速时的同步转速是__________r/min，高速时的同步转速是__________r/min。

（3）6/4 极的 Y/YY 双速电动机，低速时的同步转速是__________r/min，高速时的同步转速是__________r/min。

续表

3．学习双速电动机控制线路的基本原理

引导性问题

（1）图 1 所示为双速电动机控制线路原理图，图中__________按钮为低速启动按钮，__________按钮为高速启动按钮。

（2）低速启动时电动机是__________连接，高速运转时电动机是__________连接。

（3）按下启动低速启动按钮__________，__________线圈得电，电动机__________连接低速启动并运行，按下高速启动按钮__________，__________线圈得电，电动机__________连接高速启动并运行。

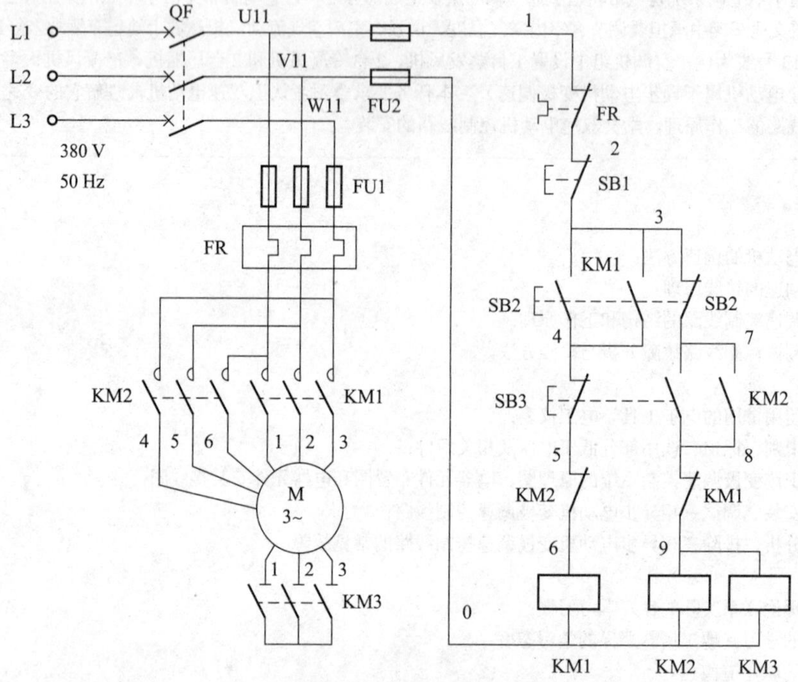

图 1　双速电动机控制线路原理图

任务 11.1 工作单

任务编号	11.1	任务名称	变极调速电动机控制与实现	成绩	
班级		小组		日期	
小组成员					

1. 实践准备

（1）在 630 mm×700 mm×20 mm 配线板上完成三相异步电动机单向运行控制线路的安装。

（2）设备、工具及材料。任务实施所需的工具、材料明细见表 1。

表 1　工具、材料明细表

分类	名称	型号或规格	数量
耗材	主电路导线	BV 1.5 mm^2	若干
	控制电路导线	BV 1.0 mm^2	若干
	按钮导线	BVR 0.75 mm^2	若干
	接地导线	BVR 1.5 mm^2（黄绿双色）	若干
	接线端子排	JD0-1020，380 V，10 A 10 节或自定	1 条
	编码套管	ϕ 8	0.6 m
	记号笔	自定	1 支
	紧固体		若干
仪表	万用表	MF47 或自定	1 块
工具	电工通用工具	钢丝钳、螺钉旋具（一字和十字）、尖嘴钳、剥线钳等	1 套
	配线板	630 mm×700 mm×20 mm	1 块

2．绘制电气原理图

3．电器元件选择（表 2）

选择电器元件，并按要求完成表 2。

表 2　电器元件清单表

名称	符号	型号	规格	数量

4．绘制电器元件布置图

续表

5．安装与检查

用万用表检查本线路，过程对照表 3。

表 3　万用表检查本线路过程对照表

测量要求	测量过程				测量阻值
	测量任务	总工序	工序	操作方法	
空载	测量主电路	断开 QF，取下熔断器 FU2 的熔体，万用表置于 $R\times1$ 挡（调零后），分别测量三相电源 U11-V11、V11-W11 和 W11-U11 间的阻值	1	未操作任何电器	
			2	压下 KM1 触点架	
			3	压下 KM2 触点架	
		断开 QF，取下熔断器 FU2 的熔体，万用表置于 $R\times1$ 挡（调零后），分别测量三相电源和电动机首端 U11-U、V11-V 和 W11-W 间的阻值	4	未操作任何电器	
			5	压下 KM1 触点架	
			6	压下 KM2 触点架	
	测量控制电路	断开 QF，装好熔断器 FU2 的熔体，万用表置于 $R\times100$ 挡或 $R\times1\text{k}$ 挡（调零后），将两支表笔搭在 U11、V11（控制电路电源）间测量控制线路的阻值	7	未操作任何电器	
			8	按下按钮 SB2	
			9	先按下 SB2，再按下按钮 SB3	
			10	先按下 SB2，再按下按钮 SB1	
			11	先按下 SB2，再压下 KM2 触点架	
			12	压下 KM1 触点架	
			13	先压下 KM1 触点架，再按下按钮 SB3	
			14	按下按钮 SB3	
			15	先按下 SB3，再按下按钮 SB2	
			16	先按下 SB3，再按下按钮 SB1	
			17	先按下 SB3，再压下 KM1 触点架	
			18	压下 KM2 触点架	
			19	先压下 KM2 触点架，再按下按钮 SB3	

续表

6．调试与运行

（1）空载调试过程（不接电动机，并切除主电路）（表 4）。

表 4　空载调试过程情况记录单

三相异步电动机制动控制线路与实现空载调试过程				
步骤	操作内容	观察内容（包括声音）		备注
		交流接触器 KM		
		正确结果	观察结果	
1	按下低速启动按钮 SB2			
2	按下高速启动按钮 SB3			
3	按下停止按钮 SB1			
4				
5				

（2）有载调试过程（接入电动机和主电路）（表 5）。

表 5　有载调试过程情况记录单

三相异步电动机制动控制线路与实现有载调试过程					
步骤	操作内容	观察内容（包括声音）			备注
		交流接触器 KM	电动机 M		
			正确结果	观察结果	
1	按下低速启动按钮 SB2				
2	按下高速启动按钮 SB3				
3	按下停止按钮 SB1				
4					
5					

7．成果展示与总结

任务 11.2 变频调速电动机控制与实现

任务描述

通过控制交流电动机的电压、电流和频率来调节交流电动机转速的变频调速技术与产品，可广泛应用于风机、水泵、机床、轧机、机车牵引、电梯等场合。轨道交通牵引的关键技术之一就是交流电动机的变频调速技术；对于风机、泵类负载通常采用变频调速产品——变频器来控制。本任务以西门子 MM440 变频器为例，要求学习者在简单了解通用变频器的基础上，完成变频调速控制线路的安装。

11.2.1 变频调速原理

变频调速原理是将电网电压提供的恒压恒频交流电转换为变压变频的交流电，它是通过平滑改变异步电动机的供电频率来调节异步电动机的同步转速，从而实现异步电动机的无级调速。这种调节同步转速的方法，可以由高速到低速保持有限的转差率，效率高、调速范围大、精度高，是交流电动机一种比较理想的调速方法。

在电动机里，直接反映磁通大小的是定子绕组的反电动势 E_1，它的计算公式为

$$E_1=4.44k_EN_1f\Phi_1=K_Ef\Phi_1 \tag{11-1}$$

式中 E_1——定子绕组每相的反电动势（V）；

k_E——绕组系数；

N_1——定子每相绕组的匝数；

f——电流的频率（Hz）；

Φ_1——定子每个磁极下的基波磁通（Wb）；

K_E——常数，$K_E=4.44k_EN_1$。

可见，反电动势和频率和磁通的乘积成正比，即

$$\Phi_1=K_E\frac{E_1}{f} \tag{11-2}$$

由式（11-2）可知，保持磁通 Φ_1 不变的方法是保持反电动势 E_1 与频率 f 之比不变。也就是说，保持磁通 Φ_1 不变的准确方法：

$$\frac{E_1}{f}=\text{const} \tag{11-3}$$

反电动势 E_1 是定子绕组切割定子电流自身的磁通而产生的，无法从外部控制其大小，故在实际工作中，式（11-3）所表达的条件将难以实现。

考虑到定子绕组的电动势平衡方程：

$$\dot{U}_1=-\dot{E}_1+\dot{I}_1\ (r_1+jX_1)\ =-\dot{E}_1+\Delta\dot{U}_1 \tag{11-4}$$

式中　U_1——施加于定子每相绕组的电源相电压（V）；

I_1——流过定子绕组的电流（A）；

r_1——定子一相绕组的电阻（Ω）；

X_1——定子一相绕组的漏磁电抗（Ω）；

ΔU_1——定子一相绕组的阻抗压降（V）。

在式（11-4）中，定子绕组的阻抗压降 ΔU_1 在电压 U_1 中所占比例较小，如果把它忽略不计，那么用比较容易从外部进行控制的外加电压 U_1 来近似地代替反电动势 E_1 是具有现实意义的。即

$$\frac{U_1}{f}\approx\frac{E_1}{f}=\text{const} \tag{11-5}$$

所以，在控制电动机的电源频率变化的同时控制变频器的输出电压，并使两者之比 U_1/f 为恒定，从而使电动机的磁通基本保持恒定。

11.2.2　变频器的基本结构

变频器已经有几十年的发展历史，曾经出现过多种类型的变频器。但是，目前市场上的主流变频器，其基本结构类似，如图 11-6 所示。

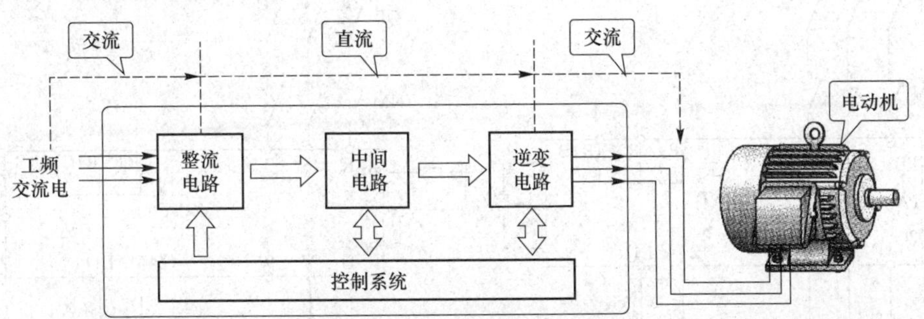

图 11-6　变频器的基本构成

（1）整流电路通常又被称为电网侧变流器，它将三相或单相交流电整流成直流电。常见的低压整流电路是由二极管构成的不可控桥式整流电路或由两组晶闸管变流器构成的可逆变流器。而对中压大容量的整流电路多采用多重化 12 脉冲以上的变流器。

（2）中间电路通常又称为直流环节，其作用是滤除整流后的电压纹波和缓冲因异步电动机（属于感性负载）而产生的无功能量，主要包括限流电路、滤波电路、制动电路和高压指示电路。

（3）逆变电路通常又被称为负载侧变流器，它的主要作用是根据控制回路有规律地控制逆变器中主开关器件的导通与关断，从而得到任意频率的三相交流电输出。

控制系统主要由运算电路、检测电路、控制信号的输入 / 输出电路、驱动电路和保护电路组成。其主要任务是完成对逆变电路的开关控制、对整流电路的电压控制及完成各种保护功能等。

11.2.3 变频器调速系统的设计原则

在设计变频调速系统控制电路时，应该注意以下两个原则。

1. 不能使用变频器输入侧的交流接触器直接启动、停止变频器

如图 11-7（a）所示，相当于变频器通过交流接触器 KM 接通电源，此时如果电位器 R_P 并不处于“0”位，电动机将开始启动并升速。这种方式控制电动机启动或停止是不适宜的。这是因为：

（1）容易出现误动作。变频器内，主电路的时间常数较短，故直流电源上升至稳定值也较快。而控制电源的时间常数较长，控制电路在电源未充电正常电压之前，工作状况有可能出现紊乱。所以，不少变频器在说明书中明确规定：禁止用这种方法来启动电动机。

（2）电动机不能准确停机。变频器在切断电源后，其逆变电路将立即“封锁”，输出电压为零。因此，电动机将处于自由制动状态，而不能按预置的降速时间进行降速。

（3）容易对电源形成干扰。变频器在刚接通电源的瞬间，有较大的充电电流。如果经常用这种方式来启动电动机，将使电网受到冲击而形成干扰。

（4）缩短变频器的使用寿命。由于电源投入时浪涌电流的反复入侵会导致变频器开关器件的寿命（开关寿命为 100 万次左右）缩短，因此应避免通过交流接触器 KM 频繁开关变频器。

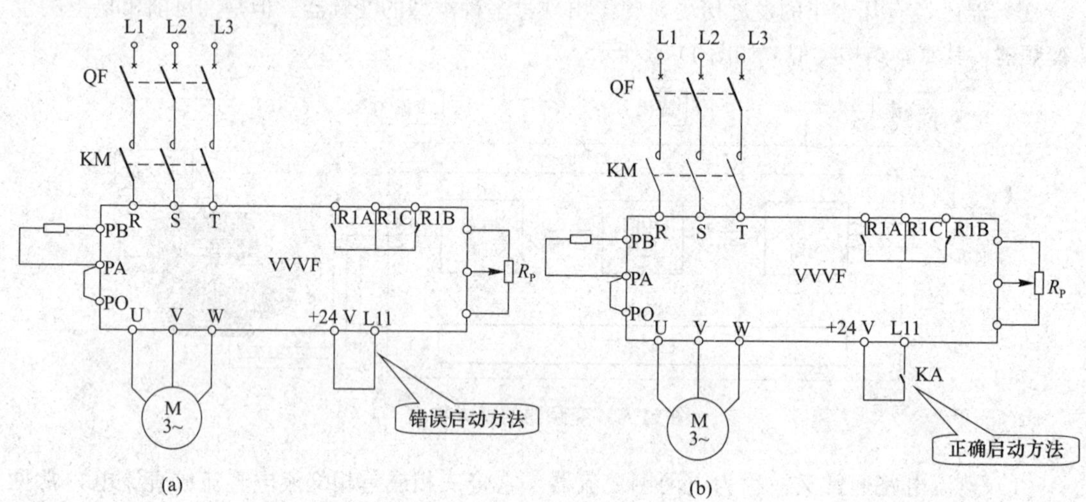

图 11-7 变频器的启动方式

（a）通过 KM 直接启动；（b）通过 KA 启动

正确的控制方法如下：

（1）接触器 KM 只起到变频器接通电源的作用；

（2）电动机的启动和停止通过继电器 KA 控制变频器的逻辑输入端来实现，如图 11-7（b）所示；

（3）接触器 KM 和继电器 KA 之间应该有互锁：一方面，只有在接触器 KM 动作，使变频器接通电源后，继电器 KA 才能动作；另一方面，只有在继电器 KA 断开，电动机减速并停止后，接触器 KM 才能断开，切断变频器的电源。

2．在接触器、继电器的线圈旁并联阻容吸收电路

由于交流接触器、继电器的线圈都具有较大的电感，在接通或断开的瞬间，电流的突变会产生很大的自感电动势，可能使变频器内部的触点或晶体管击穿，因此，当由变频器的输出端子直接控制接触器和继电器时，应在接触器、继电器的线圈旁并联阻容吸收电路，如图 11-8 所示。

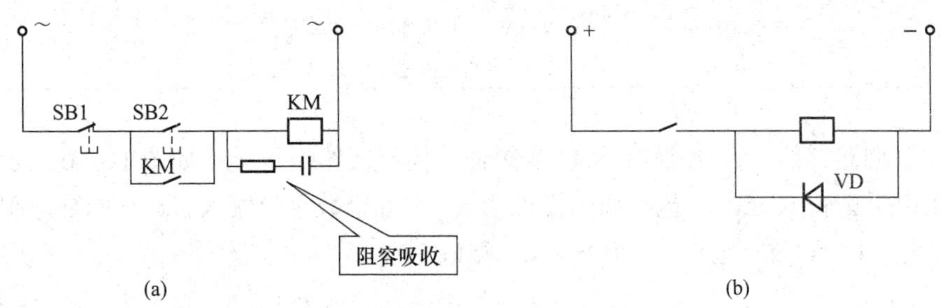

图 11-8 浪涌电压吸收电路

（a）阻容吸收；（b）反向二极管

11.2.4 变频调速控制线路的工作原理

1．变频器的接线

不同厂家生产的变频器，其输入、输出端子及接线方法都有所区别，在实际应用中应仔细查阅产品操作手册。下面以西门子 MM440 变频器为例，介绍变频器的接线方法。

（1）主回路的接线。西门子 MM440 变频器的主回路端子接线图如图 11-9 所示。主回路端子功能说明见表 11-2。它根据单相变频器或三相变频器的不同，在进线方式上有所区别；根据尺寸的不同，在制动单元上的配置也有所不同，可分为内置制动单元和外置制动单元两种。

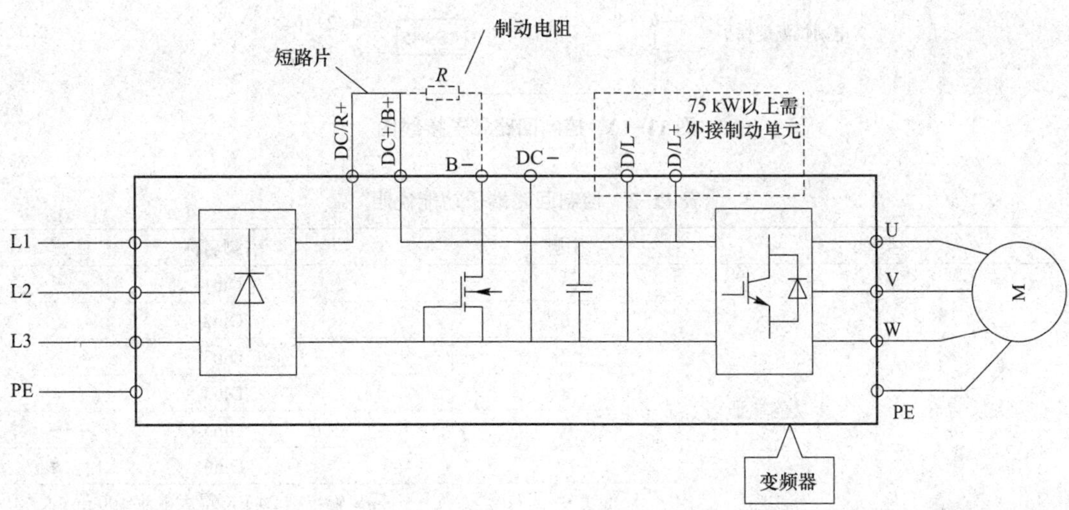

图 11-9 主回路端子接线图

表 11-2　主回路端子说明

端子记号	端子名称	端子功能说明
L1、L2、L3	交流电源输入端	连接工频电源。 交流电源与变频器之间一般是通过空气断路器和交流接触器相连接
U、V、W	变频器输出端	接三相笼形交流电动机
B +、B-	制动电阻器连接	内部制动回路有效
D/L +、D/L-	连接制动单元	75 kW 以上需外接制动单元
PE	接地	变频器外壳接地用，必须接大地

（2）控制回路接线。西门子 MM440 变频器的控制回路端子接线如图 11-10 所示。控制回路端子功能说明见表 11-3。它包括两个模拟量输入、6 个数字量输入、1 个 PTC 电阻输入、两个模拟量输出、3 个数字量输出、1 个 RS-485 端口。

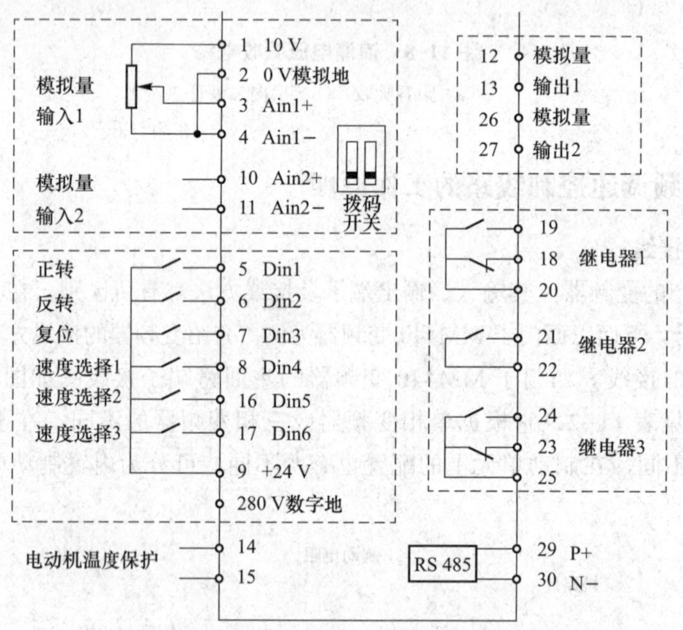

图 11-10　控制回路端子接线图

表 11-3　控制回路端子功能说明

类型		引脚	引脚名称
开关量端子	多功能端子	5	Din1
		6	Din2
		7	Din3
		8	Din4
		16	Din5
		17	Din6
		9	隔离输出＋ 24 V，最大电流 100 mA
		28	0 V 数字地

续表

类型		引脚	引脚名称
模拟量端子	频率设定	1	频率设定用 10 V 电源
		2	0 V 模拟地
		3	频率设定端（电压）
		4	频率设定公共端
		10	模拟电流输入端
		11	
输出信号	模拟量输出端子	12、13	模拟量输出 1
		26、27	模拟量输出 2
	继电器接点	18、19、20	18 与 20 常闭接点 19 与 20 常开接点
		21、22	常开接点
		23、24、25	23 与 25 常闭接点 24 与 25 常开接点
电动机温度保护端子		14 与 15	
RS-485 通信		29 与 30	P ＋、N−

2．变频调速控制线路的工作原理

图 11-11 所示为异步电动机正反转变频运行典型控制电路。其主要包括主电路和控制电路两大部分。其中，主电路包括断路器 QF、交流接触器 KM、变频器主电路、三相异步电动机；控制电路包括按钮 SB1~ SB6、继电器 KA1 与 KA2、变频器频率给定电位器。

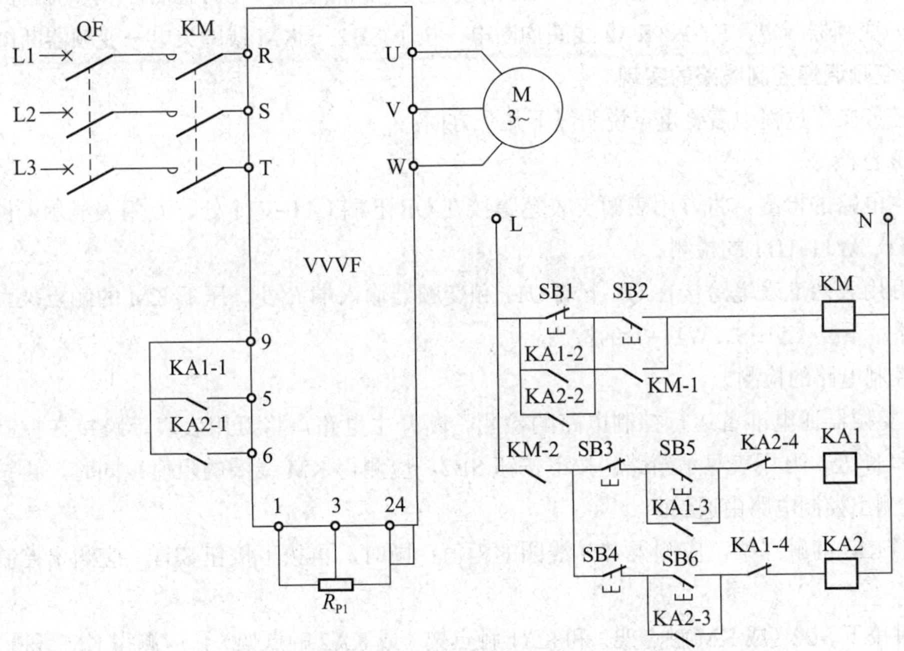

图 11-11　异步电动机正反转变频运行控制电路

按钮 SB2、SB1 用于控制交流接触器 KM，从而控制变频器接通或切断电源，无论是正转运行还是反转运行，只有在交流接触器 KM 线圈得电吸合后，变频器已经通电的状态下才能进行。

按钮 SB5、SB3 用于控制正转继电器 KA1，从而控制电动机的正转运行与停止。

按钮 SB6、SB4 用于控制反转继电器 KA2，从而控制电动机的反转运行与停止。

在停止按钮 SB1 两端并联继电器 KA1、KA2 的常开触点用以防止电动机在运行状态下通过 KM 直接停机。

接触器 KM 的常开触点 KM-2，确保了正转和反转运行只有在接触器 KM 已经动作，变频器已经通电的状态下才能运行。

电路的工作原理如下（先合上电源开关 QF）：

（1）变频器通电：按下 SB2 → KM 线圈得电→自锁触点 KM-1 闭合并自锁→变频器得电并保持→触点 KM-2 闭合→变频器准备运行。

（2）电动机正转：按下 SB5 → KA1 线圈得电→ KA1-2 触点闭合→确保 KM 线圈始终得电→ KA1-4 辅助分断触头对 KA2 联锁→自锁触点 KA1-3 闭合并自锁→ KA1-1 触点闭合，变频器正转输入信号端 ST 接通电动机正转→调节电位器→电动机变频调速。

（3）电动机正转停止：按下 SB3 → KA1 线圈失电触点复位→ STF 断开→电动机停止。

（4）电动机反转：按下 SB6 → KA2 线圈得电→ KA2-2 触点闭合→确保 KM 线圈始终得电→ KA2-4 辅助分断触头对 KA1 联锁→自锁触点 KA2-3 闭合并自锁→ KA2-1 触点闭合→变频器反转输入信号端 STR 接通电动机反转→调节电位器→电动机变频调速。

（5）电动机反转停止：按下 SB4 → KA2 线圈失电触点复位→ STR 断开→电动机停止。

（6）变频器断电：KA1、KA2 线圈均断电→按下 SB1 → KM 线圈失电→变频器断电。

3．变频调速控制线路的实现

本任务操作过程中需要重点说明以下几个方面：

（1）自检。

①主电路的检测。将万用表两支表笔跨接在 QF 下端 U11-V11 处，万用表显示断路。重复 V11-W11、W11-U11 的检测。

将万用表两支表笔跨接在 QF 下端 U11 和变频器输入端 *R* 处，压下 KM 的触点架，万用表显示通路。重复 V11-S、W11-T 的检测。

②控制电路的检测。

a．变频器通电准备运行控制电路的检测。断开主电路，将万用表表笔跨接在控制电路输入端 L 和 N 处，万用表显示断路；按下按钮 SB2，应测得 KM 线圈的阻值；同时，再按下按钮 SB1，应测出控制电路由通到断。

按下 KM 的触点架，应测得 KM 线圈的阻值；同时，再按下按钮 SB1，应测出控制电路由通到断。

同时按下 SB2（或 KM 触点架）和 KA1 触点架（或 KA2 触点架），应测得 KM 线圈的阻值，此时按下 SB1，应测出控制电路没有断开。

b．电动机调速运行控制电路的检测。将万用表表笔跨接在控制电路输入端 L 和 N 处，在按

下 KM 触点架的同时按下 SB5，应测得 KA1 线圈的阻值，按下 SB3（或 KA2 触点架），应测出控制电路由通到断；在按下 KM 触点架的同时按下 SB6，应测得 KA2 线圈的阻值，按下 SB4（或 KA1 触点架），应测出控制电路由通到断。

（2）通电试车。

①空载试车。断开 QF，控制电路上电，按下 SB2，KM 线圈得电吸合；按下 SB5，KA1 线圈得电吸合，按下 SB1，KA1 线圈没有失电，按下 SB3，KA1 线圈失电；按下 SB6，KA2 线圈得电吸合，按下 SB1，KA2 线圈没有失电，按下 SB4，KA2 线圈失电；按下 SB1，控制电路断电。

②带载试车。合上 QF，按下 SB2，变频器通电准备运行，按照表 11-4 设置变频器参数。

表 11-4　参数设置

序号	参数号	出厂值	设定值	功能
1	P1000	2	2	由键盘（电动电位计）输入设定值
2	P0700	2	2	选择命令源“由端子排输入”
3	P0701	1	1	ON 正转接通，OFF 停止
4	P0702	1	2	ON 反转接通，OFF 停止
5	P1080	0	0	电动机运行的最低频率（Hz）
6	P1082	50	50	电动机运行的最高频率（Hz）
7	P1120	10	5	斜坡上升时间（s）
8	P1121	10	5	斜坡下降时间（s）

按下 SB5，KA1 线圈得电，变频器正转 5 端启动信号输入，电动机正转启动并运行，顺时针调节电位器，电动机正转加速运行；按下正转停止按钮 SB3，正转停止。

按下 SB6，KA2 线圈得电，变频器反转 6 端启动信号输入，电动机反转启动并运行，顺时针调节电位器，电动机反转加速运行；按下正转停止按钮 SB4，反转停止。

正转或反转停止后，按下停止按钮 SB1，变频器断电。

任务 11.2 任务书

<table>
<tr><td>任务编号</td><td>11.2</td><td>任务名称</td><td>变频调速电动机控制与实现</td></tr>
<tr><td colspan="4">任务描述：
通过控制交流电动机的电压、电流和频率来调节交流电动机转速的变频调速技术与产品，可广泛应用于风机、水泵、机床、轧机、机车牵引、电梯等场合。轨道交通的牵引其关键技术之一就是交流电动机的变频调速技术；对于风机、泵类负载通常采用变频调速产品——变频器来控制。本任务以西门子 MM440 变频器为例，在简单了解通用变频器的基础上，完成变频调速控制线路的安装。</td></tr>
<tr><td colspan="4">学习目标
☆知识目标：
1. 认识 MM440 变频器；
2. 掌握变频控制线路的工作原理；
3. 理解变频调速原理。
☆技能目标：
1. 能够正确使用常用的电工工具、电工仪表；
2. 能够正确识别、标识、选用部分低压电器及相关附件；
3. 能够正确识读变频调速控制系统的原理图、电器元件布置图和电器元件安装接线图；
4. 能够正确安装、调试三相异步电动机变频调速控制线路；
5. 能够正确分析、排除三相异步电动机变频调速控制线路的常见故障。
☆情感目标：
1. 培养学生理论联系实际的良好学习习惯；
2. 激发浓厚的学习兴趣，培养严谨的学习态度；
3. 培养良好的职业道德。</td></tr>
<tr><td colspan="4">知识学习（参考书及知识链接内容）
1．变频调速原理
引导性问题
（1）变频调速原理是将电网电压提供的恒压恒频交流电转换为____________的交流电。
（2）变频调速的前提条件是保持____________不变，其准确控制的实现方法是：____________，在实际应用中常用的实现方法是：____________。
2．变频调速控制线路的工作原理
引导性问题
（1）西门子 M440 变频器的输入端标号是____________；输出端标号是____________；开关量 DIN1–DIN4 的端子标号是____________；模拟量输入端标号是____________。
（2）变频器参数说明（表 1）。

表 1　变频器参数说明
<table>
<tr><th>序号</th><th>参数号</th><th>设定值</th><th>功能</th></tr>
<tr><td>1</td><td>P0700</td><td>2</td><td></td></tr>
<tr><td>2</td><td>P1000</td><td>2</td><td></td></tr>
<tr><td>3</td><td>P0701</td><td>1</td><td></td></tr>
<tr><td>4</td><td>P0702</td><td>2</td><td></td></tr>
<tr><td>5</td><td>P1080</td><td>10</td><td></td></tr>
<tr><td>6</td><td>P1082</td><td>50</td><td></td></tr>
</table>
</td></tr>
</table>

任务 11.2 工作单

任务编号	11.2	任务名称	变频调速电动机控制与实现	成绩	
班级		小组		日期	
小组成员					

1. 实践准备

（1）在 630 mm×700 mm×20 mm 配线板上完成三相异步电动机单向运行控制电路的安装。

（2）设备、工具及材料。任务实施所需的工具、材料明细见表 1。

表 1　工具、材料明细表

分类	名称	型号或规格	数量
耗材	主电路导线	BV 1.5 m^2	若干
	控制电路导线	BV 1.0 m^2	若干
	按钮导线	BVR 0.75 m^2	若干
	接地导线	BVR 1.5 m^2（黄绿双色）	若干
	接线端子排	JD0-1020，380 V，10 A 10 节或自定	1 条
	编码套管	ϕ 8	0.6 m
	记号笔	自定	1 支
	紧固体		若干
仪表	万用表	MF47 或自定	1 块
工具	电工通用工具	钢丝钳、螺钉旋具（一字和十字）、尖嘴钳、剥线钳等	1 套
	配线板	630 mm×700 mm×20 mm	1 块

2．绘制电气原理图

续表

3．电器元件选择

选择电器元件，并按要求完成表 2。

表 2　电器元件清单表

名称	符号	型号	规格	数量

4．绘制电器元件布置图

续表

5．安装与检查

用万用表检查本线路，过程对照表 3。

表 3　万用表检查本线路过程对照表

<table>
<tr><th rowspan="2">测量要求</th><th colspan="4">测量过程</th><th rowspan="2">测量阻值</th></tr>
<tr><th>测量任务</th><th>总工序</th><th>工序</th><th>操作方法</th></tr>
<tr><td rowspan="19">空载</td><td rowspan="6">测量主电路</td><td rowspan="3">断开 QF，取下熔断器 FU2 的熔体，万用表置于 $R\times1$ 挡（调零后），分别测量三相电源 U11–V11、V11–W11 和 W11–U11 间的阻值</td><td>1</td><td>未操作任何电器</td><td></td></tr>
<tr><td>2</td><td>压下 KM1 触点架</td><td></td></tr>
<tr><td>3</td><td>压下 KM2 触点架</td><td></td></tr>
<tr><td rowspan="3">断开 QF，取下熔断器 FU2 的熔体，万用表置于 $R\times1$ 挡（调零后），分别测量三相电源和电动机首端 U11–U、V11–V 和 W11–W 间的阻值</td><td>4</td><td>未操作任何电器</td><td></td></tr>
<tr><td>5</td><td>压下 KM1 触点架</td><td></td></tr>
<tr><td>6</td><td>压下 KM2 触点架</td><td></td></tr>
<tr><td rowspan="13">测量控制电路</td><td rowspan="13">断开 QF，装好熔断器 FU2 的熔体，万用表置于 $R\times100$ 挡或 $R\times1$k 挡（调零后），将两支表笔搭在 U11、V11（控制电路电源）间测量控制线路的阻值</td><td>7</td><td>未操作任何电器</td><td></td></tr>
<tr><td>8</td><td>按下按钮 SB2</td><td></td></tr>
<tr><td>9</td><td>先按下 SB2，再按下按钮 SB3</td><td></td></tr>
<tr><td>10</td><td>先按下 SB2，再按下按钮 SB1</td><td></td></tr>
<tr><td>11</td><td>先按下 SB2，再压下 KM2 触点架</td><td></td></tr>
<tr><td>12</td><td>压下 KM1 触点架</td><td></td></tr>
<tr><td>13</td><td>先压下 KM1 触点架，再按下按钮 SB3</td><td></td></tr>
<tr><td>14</td><td>按下按钮 SB3</td><td></td></tr>
<tr><td>15</td><td>先按下 SB3，再按下按钮 SB2</td><td></td></tr>
<tr><td>16</td><td>先按下 SB3，再按下按钮 SB1</td><td></td></tr>
<tr><td>17</td><td>先按下 SB3，再压下 KM1 触点架</td><td></td></tr>
<tr><td>18</td><td>压下 KM2 触点架</td><td></td></tr>
<tr><td>19</td><td>先压下 KM2 触点架，再按下按钮 SB3</td><td></td></tr>
</table>

续表

6. 调试与运行

（1）空载调试过程（不接电动机，并切除主电路）（表4）。

表4　空载调试过程情况记录单

序号	参数号	出厂值	设定值	功能
1	P1000	2		
2	P0700	2		
3	P0701	1		
4	P0702	1		
5	P1080	0		
6	P1082	50		
7	P1120	10		
8	P1121	10		

（2）有载调试过程（接入电动机和主电路）（表5）。

表5　有载调试过程情况记录单

三相异步电动机制动控制线路与实现有载调试过程					
步骤	操作内容	观察内容（包括声音）			备注
		交流接触器 KM	变频器	电动机 M	
1	按下 SB2				
2	按下 SB5				
3	按下 SB3				
4	按下 SB6				
5	按下 SB4				
6	按下 SB1				

7. 成果展示与总结（包括材料整理）

模块 3
变压器

项目 12　认识变压器

知识目标

1. 掌握常用变压器的基本结构和工作原理；
2. 掌握单相变压器的运行原理、运行特性及参数测定方法；
3. 了解三相变压器的磁路系统和电路系统；
4. 了解其他常用变压器的特点、原理和用途。

能力目标

1. 能够完成小型变压器的修理；
2. 能够完成小型变压器的故障分析与排除；
3. 能够正确判别变压器的同名端。

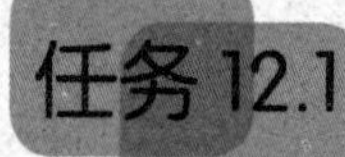

任务 12.1　变压器的结构与工作原理

任务描述

变压器是通过磁耦合作用传输交流电能和信号的变压变流设备，广泛应用于电力系统和电子线路。在电力系统输电方面，可以利用变压器提高输电电压。在输送相同电能的情况下，提高输电电压不仅可以减小输电线的截面面积，节省材料，同时，还可以减小线路损耗。因此，交流输电都是用变压器将发电动机发出的电压提高后再输送。在用电方面，为了保证安全和符合用电设备的电压要求，还需要利用变压器将电压降低。在电子线路中，除常用的电源变压器外，变压器还用来耦合或隔离电路，传递信号，实现阻抗匹配等。

12.1.1　变压器的结构与铭牌

1. 变压器的结构

图 12-1 所示为三相油浸式电力变压器的外形图。变压器的种类繁多，结构各有特点，但铁

芯和绕组是组成变压器的两个主要部分。本节以油浸式电力变压器为例，简要介绍变压器的结构及各主要部分功能。

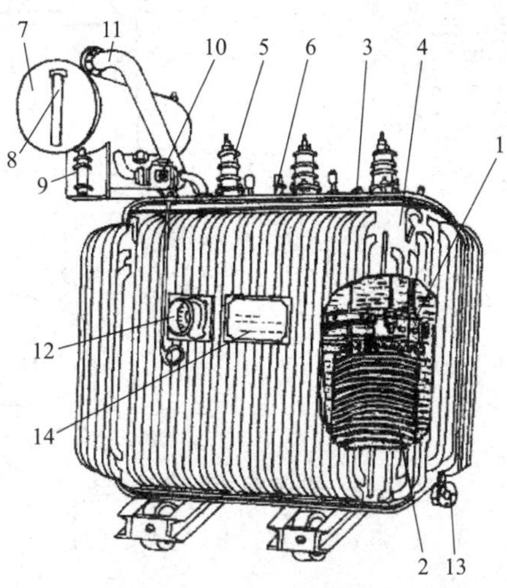

图 12-1　三相油浸式电力变压器的外形图

1—铁芯；2—绕组及绝缘；3—分接开关；4—油箱；5—一次套管；6—二次套管；7—储油柜；8—油位计；9—呼吸器；10—气体继电器；11—安全气道；12—信号式温度计；13—放油阀门；14—铭牌

（1）铁芯。铁芯是变压器的磁路部分，又作为绕组的支撑骨架。铁芯由铁芯柱和铁轭两部分组成。铁芯柱上套装有绕组，铁轭的作用则是使整个磁路闭合。为了提高磁路的导磁性能和减少交变磁通在铁芯中引起的磁滞损耗和涡流损耗（合称铁损耗），变压器铁芯一般由厚度为 0.35 ～ 0.5 mm 且表面涂有绝缘漆的热轧或冷轧硅钢片叠装而成。

铁芯结构的基本形式有芯式和壳式两种，如图 12-2 所示。芯式变压器的结构特点是绕组包围着铁芯，这种结构较为简单，绕组的装配及绝缘也较容易，绝大部分国产变压器均采用芯式结构。壳式变压器的结构特点是铁芯包围着绕组，这种结构的机械强度较高，但制造工艺复杂，使用材料较多，因此，除容量很小的电源变压器外，很少采用壳式结构。

（2）绕组。变压器的线圈通常称为绕组，它是变压器中的电路部分，小型变压器一般用具有绝缘的漆包圆铜线绕制而成，对容量稍大的变压器则用扁铜线或扁铝线绕制。

在变压器中，一般把接到电源的绕组称为一次侧绕组、原边绕组，接到负载的绕组称为二次侧绕组、副边绕组。根据一次侧、二次侧绕组在铁芯柱上排列的方式不同。变压器的绕组可分为同芯式和交叠式两种，如图 12-3 所示。

①同芯式绕组。同芯式绕组是将一次侧、二次侧绕组同芯地套装在铁芯柱上，如图 12-3（a）所示。为了便于与铁芯绝缘，把二次侧绕组套装在里面靠近铁芯柱，一次侧绕组套装在外面。这种绕组具有结构简单、制造方便的特点，主要用于国产电力变压器。

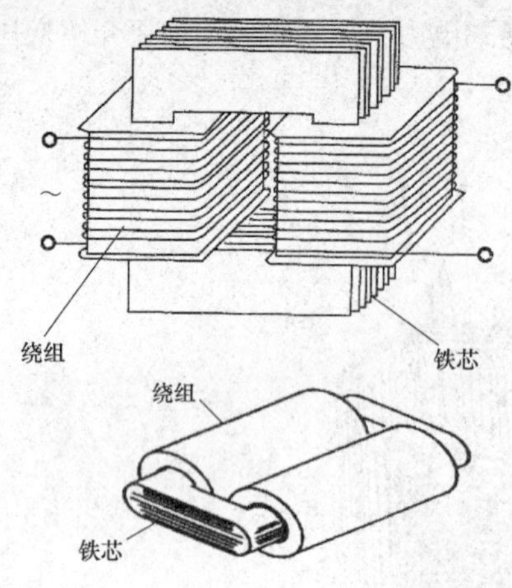

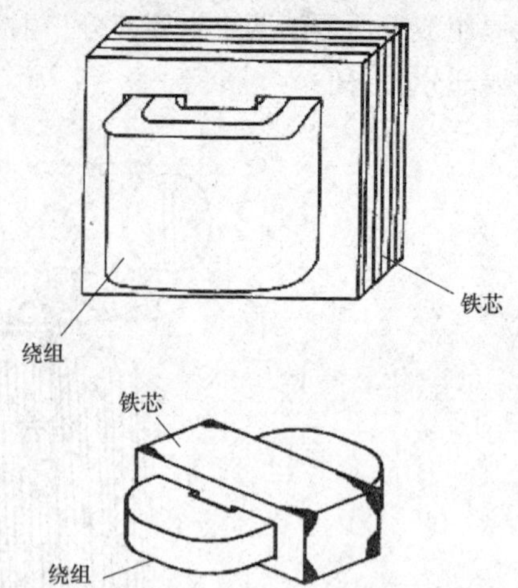

图 12-2　变压器铁芯结构示意

（a）芯式变压器；（b）壳式变压器

②交叠式绕组。交叠式绕组又称饼式绕组，它是将一次侧绕组及二次侧绕组分成若干个线饼，沿着铁芯柱的高度交替排列着，如图 12-3（b）所示。为了便于绝缘，一般最上层和最下层安放二次侧绕组。交叠式绕组的主要优点是漏抗小、机械强度高、引线方便。这种绕组形式主要用在低电压、大电流的变压器上，如容量较大的电炉变压器、电阻电焊机变压器等。

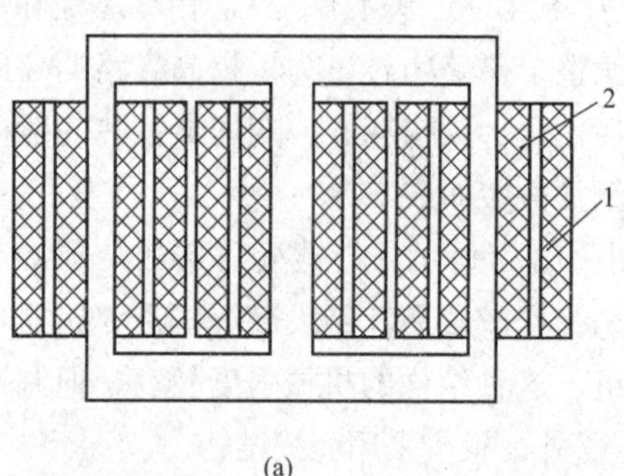

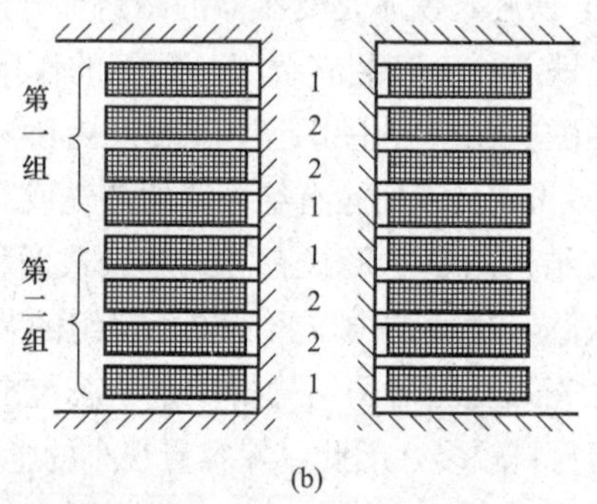

图 12-3　变压器绕组

（a）同芯式绕组；（b）交叠式绕组

1—一次侧绕组；2—二次侧绕组

（3）油箱及其他附件。电力变压器除器身外，典型的油浸式电力变压器还有油箱、储油柜、绝缘套管、气体继电器、安全气道、分接开关等器件，如图 12-1 所示。其作用是保证变压器的安全和可靠运行。

①油箱。油浸式变压器的外壳就是油箱，它保护变压器铁芯和绕组不受外力与潮气的侵蚀，并通过油的对流对铁芯与绕组进行散热。

②储油柜。油箱顶部装有储油柜，又称油枕，它通过连通管与油箱相通，储油柜内油面高度随变压器油的热胀冷缩而变动，储油柜限制了油与空气的接触面积，从而减少了水分的侵入与油的氧化。

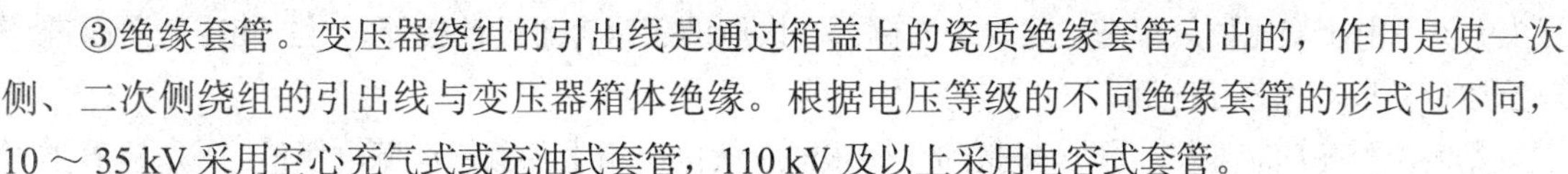

③绝缘套管。变压器绕组的引出线是通过箱盖上的瓷质绝缘套管引出的，作用是使一次侧、二次侧绕组的引出线与变压器箱体绝缘。根据电压等级的不同绝缘套管的形式也不同，10 ～ 35 kV 采用空心充气式或充油式套管，110 kV 及以上采用电容式套管。

④气体继电器。气体继电器又称瓦斯继电器，是变压器内部故障的保护装置。当变压器内部发生故障时，变压器油气化产生的气体使气体继电器动作，发出信号，示意工作人员及时处理或令其开关跳闸。

⑤安全气道。安全气道又称防爆管，安装于油箱顶部，是一个钢质长圆筒，上端口装有一定厚度的玻璃板或酚醛纸板，下端口与油箱连通。其作用是当变压器内部因发生故障引起压力骤增时，让油气流冲破玻璃板或酚醛纸板释放出，以免造成箱壁爆裂。

⑥分接开关。分接开关是用于调整电压比的装置，使变压器的输出电压控制在允许的变化范围内。通过改变变压器一次侧绕组的匝数，调节输出电压的大小。通常，输出电压的调节范围是额定电压的 ±5%。

2．变压器的铭牌

为了使变压器安全、经济、合理地运行，同时使用户对变压器的性能有所了解，变压器出厂时都安装了一块铭牌。在铭牌上标明了变压器的型号、额定值及有关数据。图 12-4 所示为三相电力变压器的铭牌。

铝线电力变压器

额定容量	560 kV · A	相数	3	额定频率	50 Hz
额定电压	高压	10 kV	额定电流	高压	32.3 A
	低压	230 ～ 400 V		低压	808 A
使用条件	户外式	绕组温升 65 ℃		油面温升 55 ℃	
短路电压	4.94%	冷却方式		油浸冷却式	
油质量 370 kg	器身质量 1 040 kg	总质量 1 900 kg		连接组 Y，yn0	

出厂序号　　×××厂　　年　月　　出品

图 12-4　三相电力变压器的铭牌

（1）变压器的型号。变压器的型号表示了一台变压器的结构、额定容量、电压等级和冷却方式等内容。例如，某变压器的型号为 SJL-500/10，具体含义如下：

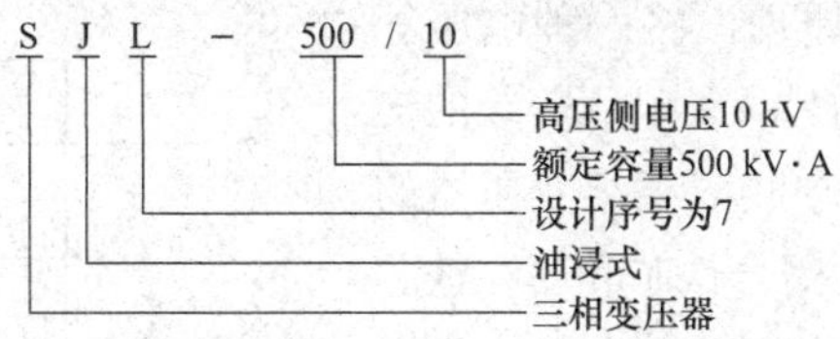

（2）变压器的额定值。额定值是对变压器正常工作状态所做的使用规定，是正确使用变压器的依据。

①额定容量 S_N。额定容量 S_N 是指变压器在额定工作条件下所能输出的视在功率，单位为 V·A

或 kV·A。由于变压器效率高，通常一次侧、二次侧的额定容量设计相等。对三相变压器而言，额定容量是指三相容量之和。

②额定电压 U_{1N} 和 U_{2N}。U_{1N} 是指加在变压器一次侧绕组上的额定电源电压值；U_{2N} 是指变压器一次侧绕组加额定电压，二次侧绕组开路时的空载电压值，单位为 V 或 kV。对三相变压器而言，额定电压是指线电压。

③额定电流 I_{1N} 和 I_{2N}。I_{1N} 和 I_{2N} 分别为一次侧、二次侧额定电流，是指变压器连续运行时一次侧、二次侧绕组允许通过的最大电流有效值。三相变压器的额定电流是指线电流，单位为 A。

对于单相变压器

$$I_{1N}=\frac{S_N}{U_{1N}} \quad I_{2N}=\frac{S_N}{U_{2N}} \tag{12-1}$$

对于三相变压器

$$I_{1N}=\frac{S_N}{\sqrt{3}U_{1N}} \quad I_{2N}=\frac{S_N}{\sqrt{3}U_{2N}} \tag{12-2}$$

④额定频率 f_N。f_N 是指变压器应接入的电源频率。我国规定标准工业用电的频率为 50 Hz。

⑤连接组标号。连接组标号是指三相变压器一次侧、二次侧绕组的连接方式，Y 表示高压绕组做星形连接；y 表示低压绕组做星形连接；D 表示高压绕组做三角形连接；d 表示低压绕组做三角形连接；n 表示低压绕组做星形连接时的中性线。

⑥阻抗电压。阻抗电压又称为短路电压，标志在额定电流时变压器阻抗压降的大小。通常用它与额定电压的百分比来表示。

另外，额定运行时变压器的效率、温升等数据均属于额定值。除额定值外，铭牌上还标有变压器的相数、变压器的运行方式及冷却方式等。为考虑运输，有时铭牌上还标出变压器的总质量、油质量、器身质量和外形尺寸等附属数据。

【例 12-1】 某变压器的额定容量为 100 kV·A，额定电压为 6 000 V/400 V，连接组为 Y，yn，试求一次、二次绕组的额定电流。

解：一次侧额定电流：$I_{1N}=\frac{S_N}{\sqrt{3}U_{1N}}=\frac{100\times10^3}{\sqrt{3}\times6\,000}\approx9.62$（A）

二次侧额定电流：$I_{2N}=\frac{S_N}{\sqrt{3}U_{2N}}=\frac{100\times10^3}{\sqrt{3}\times4\,00}\approx144.3$（A）

12.1.2 变压器的工作原理

变压器是利用电磁感应原理，将一种电压等级的交流电能变换为同频率的另一种电压等级的交流电能。图 12-5 所示为一台单相双绕组变压器的工作原理。它是由叠片组成的闭合铁芯和套在铁芯上的两个绕组组成，这两个绕组只有磁的耦合而没有电的联系，且具有不同的匝数。其中，一次侧绕组的匝数用 N_1 表示；二次侧绕组的匝数用 N_2 表示。

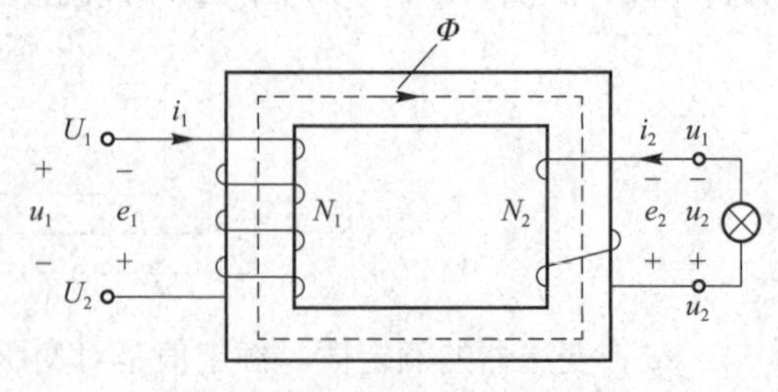

图 12-5 变压器的工作原理

试验表明，在给一次绕组施加直流电压的情况下，发现仅当开关开、闭瞬间才会使电灯亮一下，给一次侧绕组施加交流电压的情况下，发现电灯可以一直亮着。

当变压器的一次绕组接通交流电源时，在绕组中就会有交变的电流产生，并在铁芯中产生交变的磁通，该交变磁通与一次侧、二次侧绕组交链，在它们中都会感应出交变的感应电动势。二次侧绕组有了感应电动势，如果接上负载，便可以向负载供电，传输电能，实现了能量从一次侧到二次侧的传递，如图 12-5 所示，电灯也就一直亮着，在变压器的一次侧绕组上加直流电源时，仅当接通或断开电源时才会引起一次侧绕组中电流变化，使交链二次侧绕组的磁通发生变化，才会在二次侧绕组中产生瞬时的感应电动势，因而电灯只闪一下就灭了。

由此可知，变压器一般只用于交流电路，它的作用是传递电能，而不是产生电能，它只能改变交流电压、电流的大小，而不能改变频率。一次侧、二次侧绕组的电压与绕组的匝数成正比，一次侧、二次侧绕组的电流与绕组的匝数成反比。因此只要改变绕组的匝数比，就能达到改变输出电压和输出电流大小的目的，这就是变压器的基本工作原理。

电压与匝数成正比：

$$\frac{U_1}{U_2}=\frac{E_1}{E_2}=\frac{N_1}{N_2}=k \tag{12-3}$$

根据能量守恒，一次侧、二次侧功率相等：

$$U_1 I_1=U_2 I_2 \tag{12-4}$$

电压与匝数成正比：

$$\frac{I_1}{I_2}=\frac{U_2}{U_1}=\frac{N_2}{N_1}=\frac{1}{k} \tag{12-5}$$

12.1.3　变压器一次侧、二次侧绕组及同名端判别

1．变压器一次侧、二次侧绕组的判别

由于变压器一次侧、二次侧电压比等于匝数比，则可以通过测量一次侧、二次侧的直流电阻来判别一次侧、二次侧绕组。例如，某一小型变压器，一次侧、二次侧电压为 220/6 V，根据 $N_1/N_2 = U_1/U_2$，则一次侧绕组匝数一定高于二次侧绕组匝数，即一次侧绕组电阻一定大于二次侧绕组电阻。故电阻大的一侧为一次侧，电阻低的一侧为二次侧。

2．变压器绕组同名端判别

变压器主磁通 Φ 在绕组中产生的感应电动势是交变的，本没有固定的极性。这里要讲的极性，是指一次侧、二次侧绕组的相对极性。即在同一磁势作用下，产生同样极性感应电势的出线端，称为变压器的同名端；反之就是异名端。通常在同名端旁标注以相同的符号，如“*”或“·”。

在图 12-6 中用“·”标出了绕组的同名端。比较两图可见，同名端与绕组的绕向有关。图 12-6（a）中二次侧绕组的同名端为 1、3；图 12-6（b）中副绕组的同名端为 1、4。

如果变压器线圈绕向无法辨认，同名端也就无法看出，这就要用试验方法来测定同名端了。通常采用下面两种试验方法。

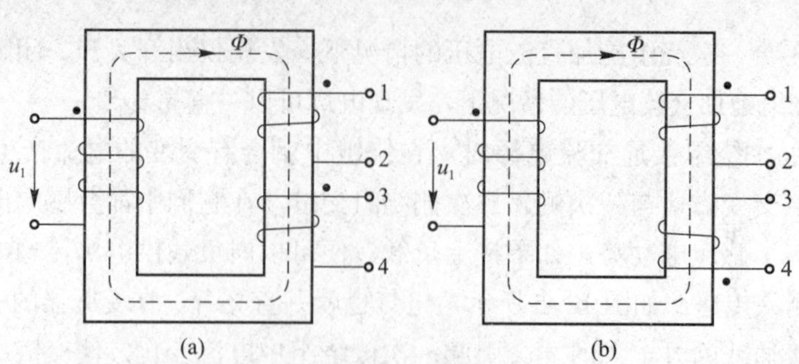

图 12-6　变压器的同名端

（a）绕法 1；（b）绕法 2

（1）交流法的判别。

①用试验的方法判定绕组间相对极性（同名端）时，先将两绕组各一个端点（如端点 2 与 4）相连接，如图 12-7 所示。

②在端点 1、2 上加以适当的交流电压 U_{12}（通过调压器加一个小于该绕组的额定电压），再用电压表测量端点 1 与 3、3 与 4 之间的电压。若电压有效值的关系为 $U_{13}=U_{12}+U_{34}$，则端点 1 与 3 为异名端。若 $U_{13}=|U_{12}+U_{34}|$，则端点 1 与 3 为同名端。

用同样的方法也可判定多绕组变压器绕组间端点的相对极性。

（2）直流法的判别。

①用万用表的电阻挡测量绕组的直流电阻，电阻大的绕组为一次侧，电阻小的绕组为二次侧。

②按图 12-8 所示的接线图将变压器一次侧 A 端接电池正极，X 端接电池负极；低压侧接万用表直流毫安挡，a 端接万用表负（黑）表笔，x 端接万用表正（红）表笔。当按下按钮开关时，若万用表指针正偏（指针逆时针偏转），则 A、a 为同名端。

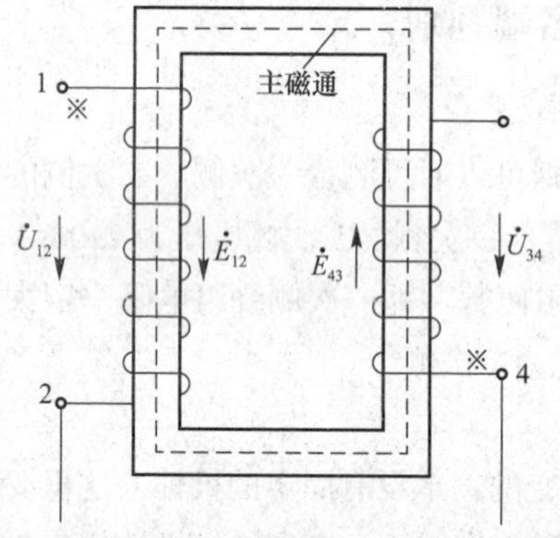

图 12-7　交流法判定变压器同名端接线图

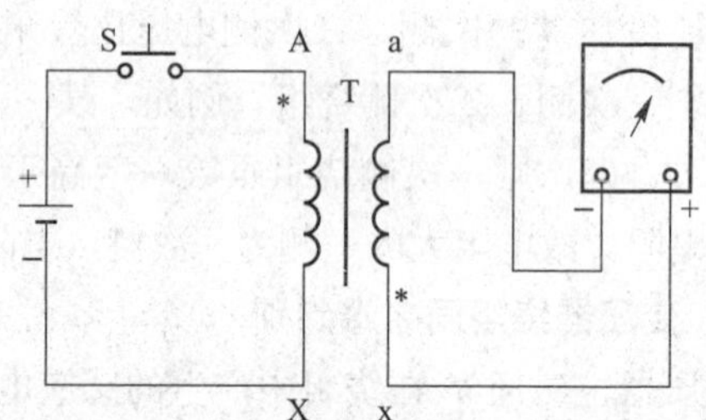

图 12-8　直流法判定变压器同名端接线图

12.1.4　小型变压器的检修

1．小型变压器的常见故障与处理方法

小型电压器体积小，造价低，一般用于负荷率和利用率较低的感性负载供电，在控制监测等回路中广泛应用。变压器故障会引起其他设备不能正常运行，运行维护人员需定期对变压器

进行维护，发现故障及时维修，小型变压器的故障主要是铁芯故障和绕组故障，另外，还有装配和绝缘不良等常见故障的现象，原因和处理方法见表 12-1。

表 12-1　小型变压器的常见故障与处理方法

故障现象	造成原因	处理方法
电源接通后无电压输出	①一次侧绕组断路或引出线脱焊 ②二次侧绕组断路或引出线脱焊	①拆换修理一次侧绕组或焊牢已出现接头 ②拆换修理二次侧绕组或焊牢已出现接头
温度过高或冒烟	①绕组匝间短路或一次侧、二次侧绕组间短路 ②绕组匝间或层间绝缘老化 ③铁芯硅钢片间绝缘太差 ④铁芯叠厚不足 ⑤负载过重	①拆换绕组或修理短路部分 ②重新绝缘或更换导线重绕 ③拆下铁芯，对硅钢片重新涂绝缘漆 ④加厚铁芯或重做骨架、重绕绕组 ⑤减轻负载
空载电流偏大	①一次侧、二次侧绕组匝数不足 ②一次侧、二次侧绕组局部匝间短路 ③铁芯叠厚不足 ④铁芯质量太差	①增加一次侧、二次侧绕组匝数 ②拆开绕组，修理局部短路部分 ③加厚铁芯或重做骨架、重绕绕组 ④更换或加厚铁芯
运行中噪声过大	①铁芯硅钢片未插紧或未压紧 ②铁芯硅钢片不符合设计要求 ③负载过重或电流电压过高 ④绕组短路	①插紧铁芯硅钢片或压紧铁芯 ②更换质量较高的同规格硅钢片 ③减轻负载或降低电源电压 ④查找短路部位，进行修复
二次测电压下降	①电源电压过低或负载过重 ②二次侧绕组匝间短路或对地短路 ③绕组对地绝缘老化 ④绕组受潮	①增加电源电压，使其达到额定值或降低负载 ②查找短路部位，进行修复 ③重新绝缘或更换重绕 ④对绕组进行干燥处理
铁芯或底板带电	①一次侧或二次侧绕组对地短路或一次侧、二次侧绕组匝间短路 ②绝缘对地绝缘老化 ③引出线头碰触铁芯或底板 ④绕组受潮或底板感应带电	①加强对地绝缘或拆换修理绕组 ②重新绝缘或更换绕组 ③排除引出线头与铁芯或底板的短路点 ④对绕组进行干燥处理或将变压器置于环境干燥场合使用

2．厂用电力变压器解体检修应如何进行

检修应按下述步骤进行：

（1）工作办理工作票、停电，拆除变压器的外部电气连接引线和二次引线，做好检修前的检查和试验工作。

（2）部分排油后拆卸套管、升高座、储油柜、冷却器、气体继电器、净油器、压力释放阀（或安全气道）、联管、温度计等附属装置，并分别进行校验和检修，在储油柜放油时应检查油位指示是否正确。

（3）排除全部油并进行处理。

（4）拆除无励磁分接开关操作杆；拆卸中腰法兰或大盖连接螺栓后吊钟罩（或器身）。

（5）检查器身状况，进行各部件的坚固并测试绝缘。

（6）更换密封胶垫、检修各部阀门，清洗、检修铁芯、绕组及油箱。

任务 12.2　变压器的运行维护

任务描述

在认识三相变压器磁路和连接组含义的基础上，对两台或两台以上的三相变压器并联运行情况进行分析，并得到在理想运行情况下，三相变压器并联运行的条件。

12.2.1　三相变压器的连接组与并联运行

根据磁路结构不同，可将三相变压器磁路系统分为两类，一类是三相磁路彼此独立的三相变压器组；另一类是三相磁路彼此相关的三相芯式变压器。

从运行原理来看，三相变压器在对称负载下运行时，各相的电压、电流大小相等，相位上彼此相差 120°，就其一相来说，与单相变压器没有什么区别。因此，单相变压器的基本方程式、等效电路和运行特性等可直接运用于三相变压器。本节仅讨论三相变压器的特有问题，即三相变压器组的磁路系统和电路系统。

1. 三相变压器组的磁路

三相变压器组是由三台完全相同的单相变压器组成的，相应的磁路为组式磁路，如图 12-9 所示。组式磁路的特点是三相磁通各有自己单独的磁路，互不相关。因此，当一次侧外加对称三相电压时，各相的主磁通必然对称，各相空载电流也是对称的。

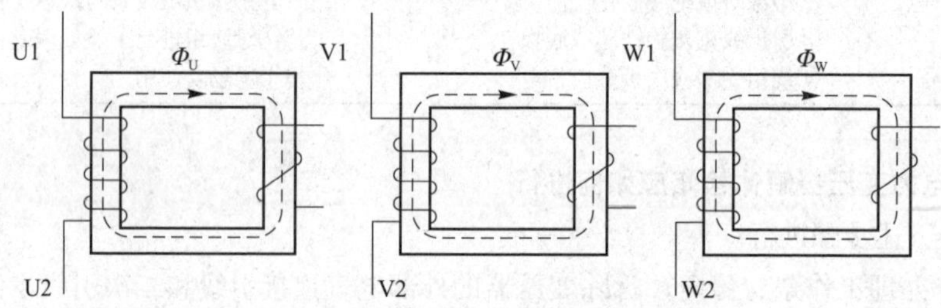

图 12-9　三相变压器组的磁路系统

2. 三相芯式变压器的磁路

三相芯式变压器的磁路是由三相变压器组演变而来的，如图 12-10（a）所示。这种铁芯构成的磁路的特点是三相磁路互相关联，各相磁通要借另外两相磁路闭合。当外加三相对称电压时，三相主磁通是对称的，但中间铁芯柱内的主磁通为 $\phi_U+\phi_V+\phi_W=0$，因此，可将中间铁芯柱省去，即可变成图 12-10（b）所示的结构形式。为了制造方便和节省材料，常把三相铁芯柱布置在同一平面内，即成为目前广泛采用的三相芯式变压器的铁芯，如图 12-10（c）所示。

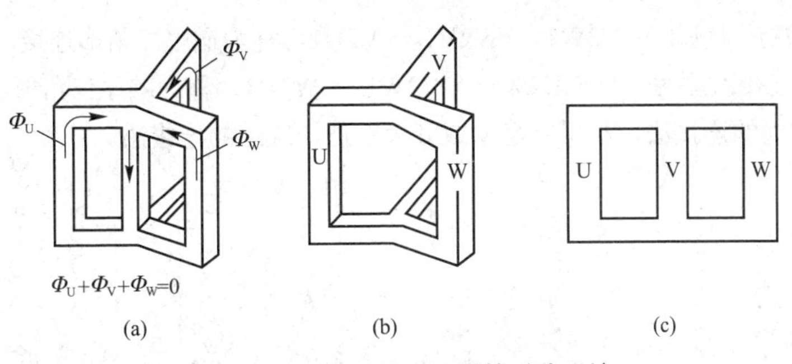

(a) (b) (c)

图 12-10 三相芯式变压器的磁路系统

（a）三个单相变压器的铁芯合并；（b）省去中间铁芯柱；（c）三相铁芯柱布置在同一平面内

三相芯式变压器的磁路特点如下：

（1）各相磁路彼此相关，每相磁通均以其他两相磁路作为自己的闭合回路；

（2）三相磁路长度不等，磁阻不对称。因此，当一次侧外加对称三相电压时，三相空载电流不对称，但由于负载时励磁电流相对于负载电流很小，因此这种不对称对变压器的负载运行影响很小，可忽略不计。

比较以上两种类型的三相变压器的磁路系统可以看出，在相同的额定容量下，三相芯式变压器比三相变压器组具有效率高、维护方便、节省材料、占地面积小等优点和磁路不对称的缺点。而三相变压器组中的每个单相变压器都比三相芯式变压器的体积小、质量轻、运输方便，另外，还可减少备用容量，所以现在广泛采用的是三相芯式变压器。对于一些超高压、特大容量的三相变压器，为减少制造及运输困难，常采用三相变压器组。

3. 三相变压器的电路系统——连接组别

三相变压器的绕组连接组是一个很重要的问题，它关系到变压器电磁量中的谐波问题及并联运行等一些运行上的问题。

（1）三相绕组的连接方法。为了使用三相变压器时能正确地连接三相绕组，变压器绕组的每个出线端都应有一个标志，规定变压器绕组首、末端的标志，见表 12-2。

表 12-2 变压器绕组的首端和末端标志

绕组名称	单相变压器		三相变压器		中性点
	首端	末端	首端	末端	
高压绕组	U1	U2	U1、V1、W1	U2、V2、W2	N
低压绕组	u1	u2	u1、v1、w1	u2、v2、w2	n

三相电力变压器主要采用星形和三角形两种连接方法。把三相绕组的末端 U2、V2、W2（或 u2、v2、w2）连接在一起成为中性点，而把三个首端 U1、V1、W1（或 u1、v1、w1）引出，便是星形连接，用字母 Y 或 y 表示，如果由中性点引出，则用 YN 或 yn 表示，如图 12-11(b)所示；把不同相绕组的首端、末端连接在一起，顺次连成一闭合回路，然后从首端 U1、V1、W1 引出，便是三角形连接，用字母 D 或 d 表示，如图 12-11（c）、（d）所示。其中，在图 12-11（c）中，

三相绕组的连接次序为 U1 → U2W1 → W2V1 → V2U1，称为逆序三角形连接；在图 12-11（d）中，三相绕组的连接次序为 U1 → U2W1 → V2W1 → W2U1，称为顺序三角形连接。大写字母 Y 或 D 表示高压绕组的连接法，小写字母 y 或 d 表示低压绕组的连接法。

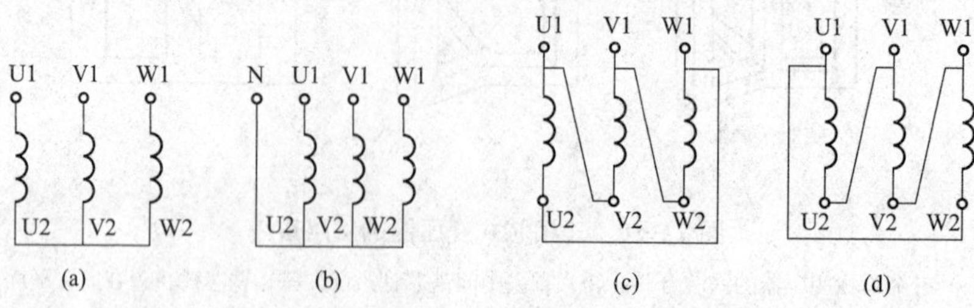

图 12-11　三相绕组的星形、三角形连接

（a）星形连接；（b）星形连接中点引出；（c）三角形逆序连接；（d）三角形顺序连接

（2）相变压器的连接组。单相变压器的连接组即高、低压绕组的连接方式及其线电动势间的相位关系。

三相变压器就其一相而言和单相变压器没有什么区别，故要想弄清楚三相变压器的连接组，就必须首先搞清楚单相变压器的连接组，即单相变压器高、低压绕组相电动势之间的相位关系。通常采用“时钟表示法”可以形象地表示单相变压器的连接组，即将高压绕组的电动势相量作为时钟的长针，始终指向时钟钟面“0”（“12”）处，将低压绕组的电动势相量作为时钟的短针，短针所指的钟点数为单相变压器的连接组标号。

单相变压器高、低压绕组绕在同一个铁芯柱上，被同一个主磁通所交链。当主磁通交变时，高、低压绕组之间有一定的极性关系，即在同一瞬间，高压绕组某一个端点的电位为正（高电位）时，低压绕组必有一个端点的电位也为正（高电位），这两个具有相同极性的端点，称为同极性端或同名端，在同名端的对应端点旁用符号“ · ”或“*”表示，如图 12-12 所示。同名端与绕组的绕向有关。对于已制成的变压器，都有同名端的标记。如果既没有标记，又看不出绕组的绕向；可通过试验的方法确定同名端。

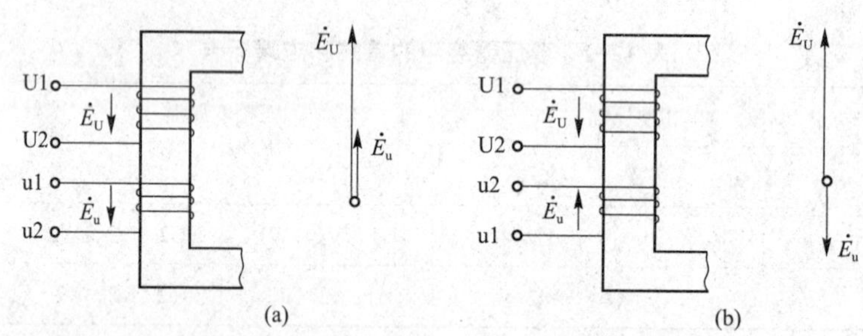

图 12-12　单相变压器的连接组

（a）I，I_0 连接组；（b）I，I_6 连接组

若规定高、低压绕组相电动势的方向都是从首端指向末端，则单相变压器的连接组有两种情况：

①当高、低压绕组的首端（或末端）为同名端时，高、低压绕组的电动势同相，如图 12-12（a）

所示，根据“时钟表示法”可确定其连接组标号为 0，故该单相变压器的连接组为 I，I_0，其中逗号前和逗号后的分别表示高、低压绕组均为单相，0 表示连接组标号。

②当高、低压绕组的首端（或末端）为异名端时，高、低压绕组的电动势反相，如图 12-12（b）所示，根据“时钟表示法”可确定其连接组标号为 6，故该单相变压器的连接组为 I，I_6。实际中，单相变压器只采用 I，I_0 连接组。

（3）三相变压器的连接组。三相变压器的连接方法有“Y，yn”“Y，d”“YN，d”“Y，y”“YN，y”“D，yn”“D，y”“D，d”等多种组合。其逗号前的大写字母表示高压绕组的连接；逗号后的小写字母表示低压绕组的连接，N（或 n）表示有中性点引出。

由于三相变压器的绕组可以采用不同的连接，从而使得三相变压器高、低压绕组的对应线电动势会出现不同的相位差，因此为了简明地表达高、低压绕组的连接方法及对应线电动势之间的相位关系，将变压器绕组的连接分成各种不同的组合，此组合就称为变压器的连接组，其中高、低压绕组线电动势的相位差用连接组标号来表示。三相变压器的连接组标号仍采用“时钟表示法”来确定，即将高压绕组线电动势（如）作为时钟的长针，始终指向时钟钟面“0”（“12”）处，将低压绕组对应的线电动势（如）作为时钟的短针，短针所指的钟点数即为三相变压器的连接组标号，将标号数字乘以 30°，就是低压绕组线电动势滞后于高压绕组对应线电动势的相位角。

标识三相变压器的连接组时，表示三相变压器高、低压绕组连接法的字母按额定电压递减的次序标注，且中间以逗号隔开，在低压绕组连接字母之后，紧接着标出其连接组标号，如“Y，y0”“Y，d11”等。

三相变压器的连接组标号不仅与绕组的同名端及首末端的标记有关，还与三相绕组的连接法有关。三相绕组的连接图按传统的方法，高压绕组位于上面，低压绕组位于下面。

根据绕组连接图，用“时钟表示法”判断连接组标号一般分为以下四个步骤：

①标出高、低压绕组相电动势的参考正方向。

②做出高压侧的电动势相量图（按 U → V → W 的相序），确定某一线电动势相量（如 E_{uv}）的方向。

③确定高、低压绕组的对应相电动势的相位关系（同相或反相），作出低压侧的电动势相量图，确定对应的线电动势相量（如 E_{uv}）的方向。为了方便比较，将高、低压侧的电动势相量图画在一起，取 U_1 与 u_1 点重合。

④根据高、低压侧对应线电动势的相位关系确定连接组的标号。

（4）不同连接法的三相变压器连接组。

①“Y，y0”连接组和“Y，y6”连接组。对图 12-13（a）所示的连接图，第一，在图 12-13（a）中标出高、低压绕组相电动势的参考正方向；第二，画出高压侧的电动势相量图，即作 E_U、E_V、E_W 三个相量使其构成一个星形，并在三个矢量的首端分别标上 U、V、W，再依据 $E_{UV}=E_U-E_V$，画出高压侧线电动势的相量 E_{UV}，如图 12-13（b）所示；第三，由于对应高、低压绕组的首端为同名端，因此高、低压绕组的相电动势同相，据此做相量 E_u、E_v、E_w 得低压侧电动势相量图（注意使 U 与 u 重合），再依据 $E_{UV}=E_U-E_V$ 画出低压侧的线电动势相量 E_{UV}，如图 12-13（b）所示；第四，由该相量图可知 E_{UV} 与 E_{uv} 同相，若把 E_{UV} 相量作为时钟的长针且

指向钟面“0”“处，将相量 E_{uv} 作为时钟的短针，则短针指向钟面“0”处，所以该连接组的标号是“0”，即“Y，y0”连接组。

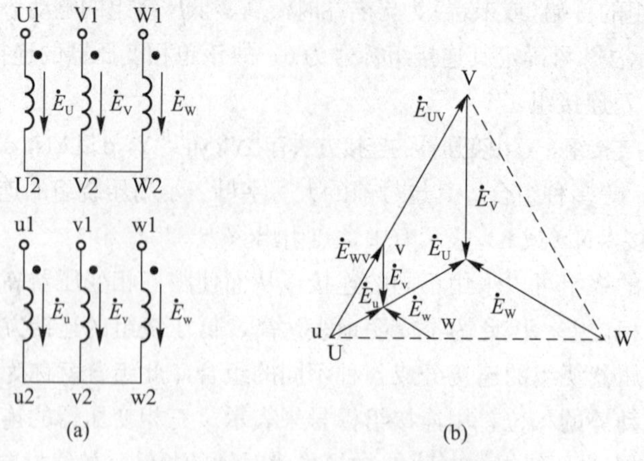

图 12-13　“Y，y0”连接组

（a）接线图；（b）相量图

在图 12-13（a）中，如将高、低压绕组的异名端作为首端，则高、低压绕组对应的相电动势反相，如图 12-14（a）所示。用同样的方法可确定，线电动势 E_{UV} 与 E_{uv} 的相位差为 180°，如图 12-14（b）所示，所以该连接组的标号是“6”，即“Y，y6”连接组。

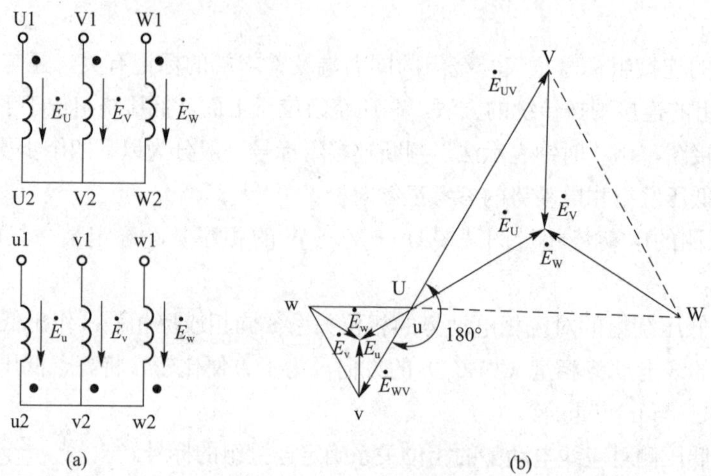

图 12-14　“Y，y6”连接组

（a）接线图；（b）相量图

②“Y，d11”连接组。对图 12-15（a）所示的连接图，根据判断连接组的方法，画出高、低压侧相量图，如图 12-15（b）所示。此时应注意，低压绕组为三角形连接，作低压侧相量图时，应使相量 E_u、E_v、E_w 构成一个三角形，并注意 $E_{uv} = -E_v$，由该相量图可知，E_{uv} 滞后于 E_{UV}330°，当 E_{UV} 指向钟面“0”处时，E_{uv} 指向“11”处，故其连接组为“Y，d11”。

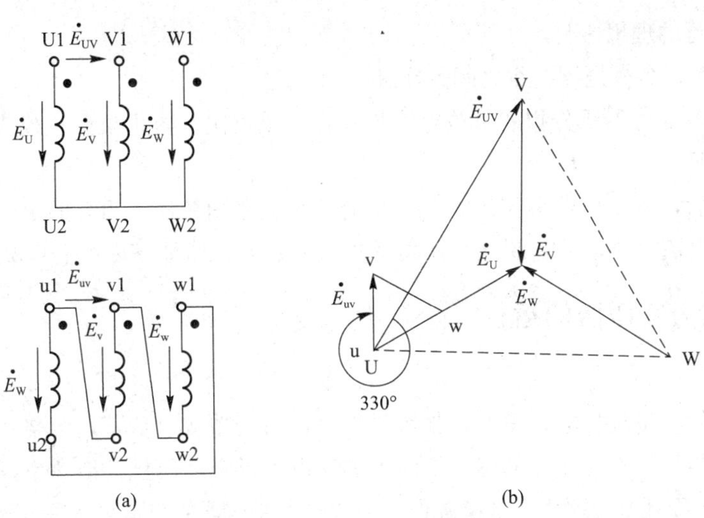

图 12-15　“Y，d11”连接组

（a）接线图；（b）相量图

变压器连接组的数目很多，为了方便制造和并联运行，对于三相双绕组电力变压器，一般采用“Y，yn0”“Y，d11”“YN，d11”“YN，y0”“Y，y0”五种标准连接组。其中，前三种最常用。“Y，yn0”用于电压侧电压为 400 ～ 230 V 的配电变压器中，供给动力与照明混合负载。“Y，d11”用于电压侧电压超过 400 V 的线路中。“YN，d11”用于高压侧需接地且低压侧电压超过 400 V 的线路中。“YN，y0”用于高压侧需接地的场合。“Y，y0”只用于三相动力负载。

4．三相变压器的并联运行

在电力系统中常采用多台变压器并联运行的方式，所谓变压器的并联运行，就是将两台或两台以上的变压器一次绕组连接到同一电源上，二次绕组连接到公共母线上，共同给负载供电，如图 12-16 所示。

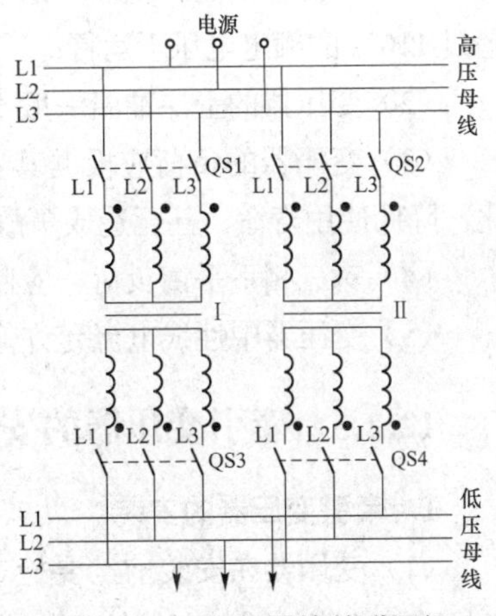

图 12-16　变压器的并联运行

（1）采用并联运运行的优点。

①当某台变压器发生故障或需要检修时，可以把它从电网切除，而电网仍能继续供电，提高了供电的可靠性；

②可以根据负载的大小，调整并联运行变压器的台数，以提高效率；

③随着用电量的增加分期安装变压器，可以减少设备的初投资；

④并联运行时每台变压器的容量小于总容量，这样可以减小备用变压器的容量。

从现代制造水平看，容量特别大的变电所只能采用并联运行，当然，并联运行的变压器的台数也不宜过多，因为单台大容量的变压器比总容量与其相同的几台小容量变压器造价要低，且安装占地面积也小。

（2）并联运行的理想情况。

①空载运行时，各变压器绕组之间无环流；

②负载时，各变压器所分担的负载电流与其容量成正比，防止某台过载或欠载，使并联的容量得到充分发挥；

③带上负载后，各变压器分担的电流与总的负载电流同相位，当总的负载电流一定时，各变压器所分担的电流最小，或者说当变压器的电流一定时，所能承受的总负载电流为最大。

12.2.2　电力变压器的运行

1．容量选择

配电变压器的容量选择非常重要，如容量过小，将会造成过负荷，会烧坏变压器；如容量选择过大，变压器将得不到充分利用，不但增加了设备投资，而且会使功率因数降低，线路损耗和变压器本身的损耗都会增大，效率降低。一般电力变压器的容量可按下式选择：

$$S=\frac{PK}{\eta\cos\varphi} \tag{12-6}$$

式中　S——变压器容量；

P——用电设备的总容量；

K——同一时间投入运行的设备实际容量与设备总容量的比值，一般为 0.7 左右；

η——用电设备的效率，一般为 0.85 ～ 0.9；或用电设备的功率因数，一般为 0.8 ～ 0.9。

一般选择变压器容量时，还应考虑到电动机直接启动的电流是额定电流的 4 ～ 7 倍。通常直接启动的电动机中，最大一台的流量不宜超过变压器容量的 30%。

2．运行标准

（1）变压器的运行电压一般不应高于该运行分接头额定电压的 105%，特殊情况下允许在不超过 110% 的额定电压下运行；

（2）变压器的上层油温一般不应超过 85 ℃，最高不应超过 95 ℃；

（3）变压器的负荷应根据其容量合理分配，输出电流过大将导致发热严重，容易使绝缘老化，降低使用寿命，甚至造成事故；长期欠载将使功率因数降低，设备得不到充分利用；

（4）对三相不平衡负荷，应监视最大相电流；

（5）变压器中性线电流允许值为额定电流的 25% ～ 40%。

12.2.3　牵引变压器的安装与运维

1．牵引变压器的安装

（1）变压器在安装前，要检查空气干燥器里是否有油，如果发现空气干燥器里没油，应当更换硅胶。变压器与车体的安装通过 8 个螺栓连接。

（2）动车组牵引变压器绝缘等级为 F 级，使用耐热等级高的脂油，设计使用环境温度为 –25 ℃～＋ 45 ℃，可以在 –40 ℃～＋ 80 ℃的温度下储存，但不应当把充满油的变压器露天存放。变压器储存场地必须干燥，必须用塑料布把变压器罩起来。每年，必须按 IEC 61099 标准要求分析所用变压器油。

（3）油位探测器利用光纤检测膨胀油箱中的最低油位。如果油位变得太低，就会自动断电，将它与电源连接起来才能恢复工作。

（4）油位计位于储油柜上，可以显示最低和最高油面位置。变压器要100%地加满油，直至储油柜相应温度下的刻度。在最低温度为 −20 ℃，最高温度为＋120 ℃时，油位计显示必须能够被看清。

（5）在正常工作期间，每次接通变压器之后都要用油位探测器检查油位。

2．牵引变压器的运维

（1）如果列车及变压器较长时间不使用，至少6个月应进行一次检查油位的工作。正常情况下油位必须和油位上的相应温度刻度相同（偏差为＋20 ℃/−0 ℃）。

（2）为了保证检查结果真实，应使变压器保持水平。如果油位低于其相应温度刻度，就应当对变压器进行检查并向变压器里加油。但如果油位探测器检测到油位太低，绕组可能低于实际油位而不在真空状态下，此时需判断清楚方可补油。

（3）第一次试运行3个月之后要进行第一次取油样工作，以后年年如此。在取油样时应使用干净和干燥的容器，这些容器内不得有清洁液的残留物。在取油样之前应清扫一次变压器上的排油阀。取样时需排出数升油。取油后取样容器也要用油润洗。油样必须避光。盛油瓶必须完全充满油。可用暗色玻璃制成的玻璃瓶，带有磨砂玻璃塞。

（4）空气干燥器大致要每3个月检查一次硅胶的颜色变化。当有一半以上的硅胶变成无色的（被水饱含），就应该更换。饱和硅胶在130 ℃～160 ℃条件下可以失水复原。虽然经上述处理的硅胶可以再用，但这种干燥方法对同一硅胶不得使用太多。过一段时间硅胶似乎就不那么有效了，可能是由于时间太长混入灰尘所致。

项目12任务书

项目编号	12	项目名称	认识变压器

任务描述：

变压器是通过磁耦合作用传输交流电能和信号的变压变流设备，广泛应用于电力系统和电子线路。在电力系统输电方面，可以利用变压器提高输电电压。在输送相同电能的情况下，不仅可以减小输电线的截面面积，节省材料，同时还可以减小线路损耗。因此，交流输电都是用变压器将发电动机发出的电压提高后再输送。在用电方面，为了保证安全和符合用电设备的电压要求，还需要利用变压器将电压降低。在电子线路中，除常用的电源变压器外，变压器还用来耦合或隔离电路，传递信号，实现阻抗匹配等。

学习目标

☆知识目标：

1. 掌握常用变压器的基本结构和工作原理；
2. 掌握单相变压器的运行原理、运行特性及参数测定方法；
3. 了解三相变压器的磁路系统和电路系统；
4. 了解其他常用变压器的特点、原理和用途。

☆技能目标：

1. 能够完成小型变压器的修理；
2. 能够完成小型变压器的故障分析与排除；
3. 能够正确使用仪用变压器；
4. 能够正确使用自耦变压器。

☆情感目标：

1. 培养学生理论联系实际的良好学习习惯；
2. 激发浓厚的学习兴趣，培养严谨的学习态度；
3. 培养良好的职业道德。

知识学习（参考书及知识链接内容）

1. 学习变压器的基本结构

引导性问题

（1）__________和__________是组成变压器的两个主要部分，__________是磁路部分，__________是电路部分。

（2）铁芯结构的基本形式有芯式和壳式两种，如图1、图2所示。

（3）在变压器中，一般把接到__________的绕组称为一次侧绕组或原边绕组，接到__________的绕组称为二次侧绕组或副边绕组。

（4）根据一次侧、二次侧绕组在铁芯柱上排列的方式不同，变压器的绕组可分为__________式和__________式两种。__________式绕组是将一次侧、二次侧绕组同芯地套装在铁芯柱上；而__________式绕组是将一次侧绕组及二次侧绕组分成若干个线饼，沿着铁芯柱的高度交替排列着，如图3所示。图3（a）所示为__________式绕组，图中1和2分别是__________绕组和__________绕组；图3（b）所示为__________式绕组，图中1和2分别是__________绕组和__________绕组。

续表

图 1 所示是________变压器，其结构特点是________，包围着__________	图 2 所示是________变压器，其结构特点是________，包围着__________
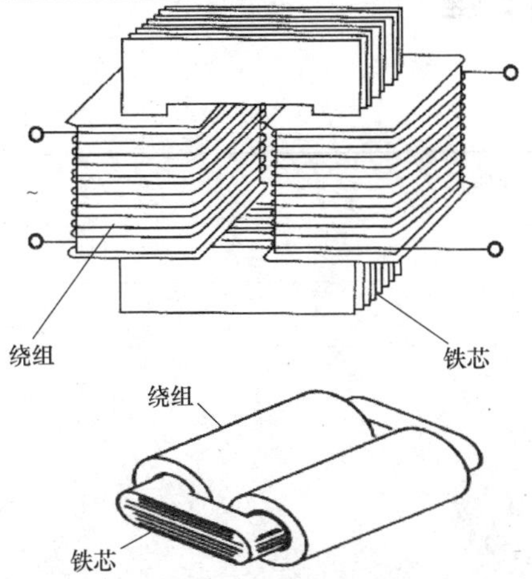 绕组 铁芯 绕组 铁芯 **图 1　变压器 1**	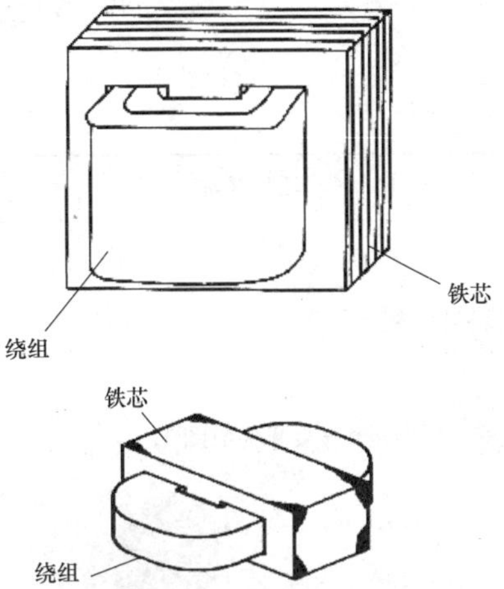 铁芯 绕组 铁芯 绕组 **图 2　变压器 2**

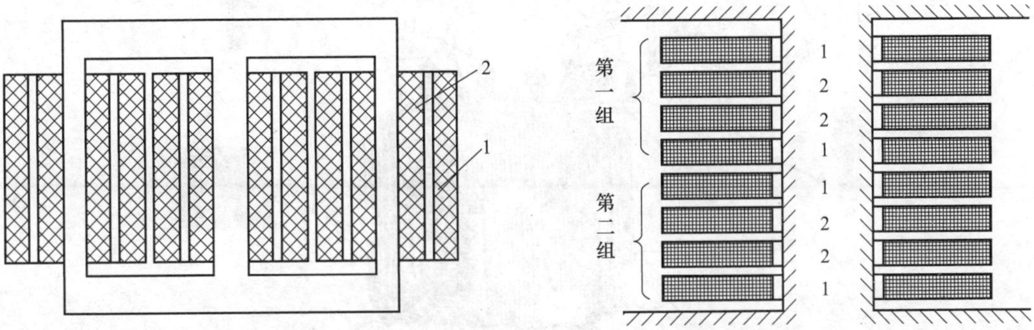

图 3　变压器绕组

2．学习变压器的工作原理

引导性问题

（1）变压器一般只用于____________电路，它的作用是____________电能，而不是产生电能，它只能改变交流____________、____________的大小，而不能改变____________。

（2）变压器一次侧、二次侧绕组的电压与绕组的匝数成______________比，一次侧、二次侧绕组的电流与绕组的匝数成______________比。因此只要改变绕组的匝数比，就能达到改变输出______________和输出______________大小的目的，这就是变压器的基本工作原理。

项目 12 工作单

项目编号	12	项目名称	认识变压器	成绩	
班级		小组		日期	
小组成员					

1. 认一认

认真观察变压器，并按要求完成图 1。

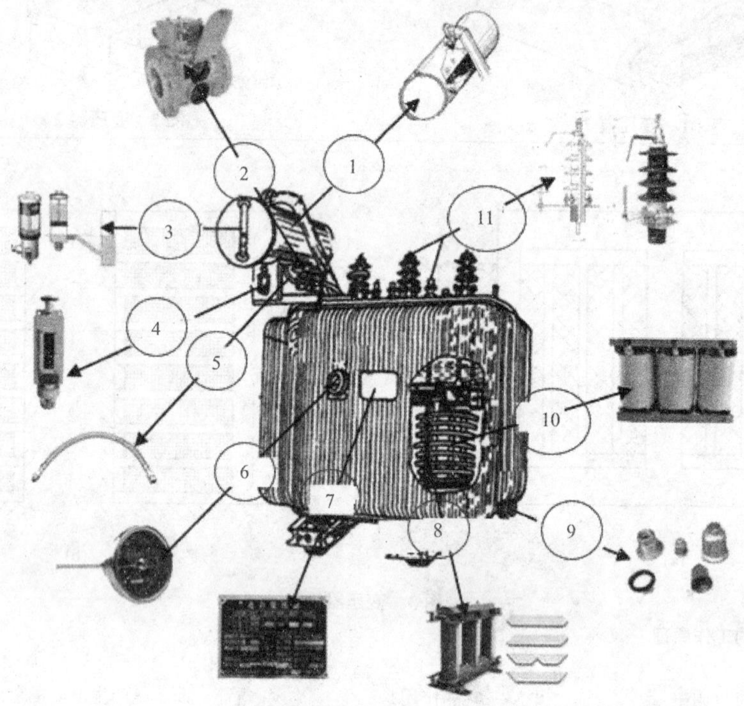

图 1　变压器

1__________；2__________；3__________；

4__________；5__________；6__________；

7__________；8__________；9__________；

10__________；11__________。

续表

2．看一看

观察图2所示的铭牌，回答问题。

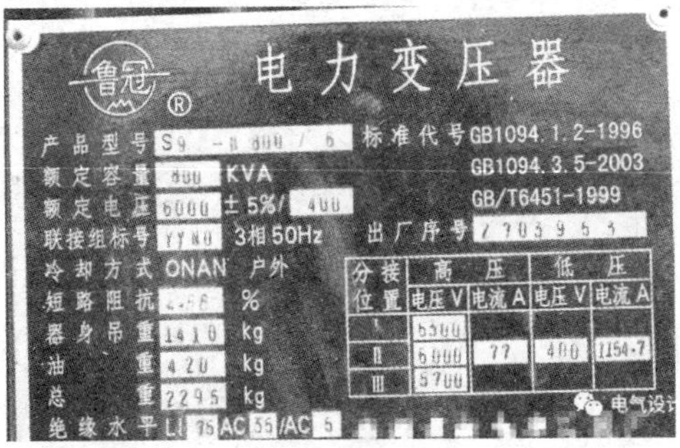

图2　铭牌

（1）额定容量____________，额定频率____________；

（2）一次侧额定电压____________，二次侧额定电压____________；

（3）一次侧额定电流____________，二次侧额定电流____________；

（4）连接组标号____________，冷却方式____________。

3．修一修

电厂运行人员在巡检时发现一台20 kV•A的单相变压器运行时温度过高并伴有异响，二次额定电压为220 V，指示仪表显示变压器二次负载电流为72 A。根据上述现象分析该变压器是否工作正常？应如何处理？

4．测一测

（1）测绕组。如图3所示，在变压器的一次侧接入电源，测量二次侧的电压。

一次侧电压：____________，二次侧电压：____________，变比：____________。

（2）测极性端。按图4接线，区分同名端和异名端。

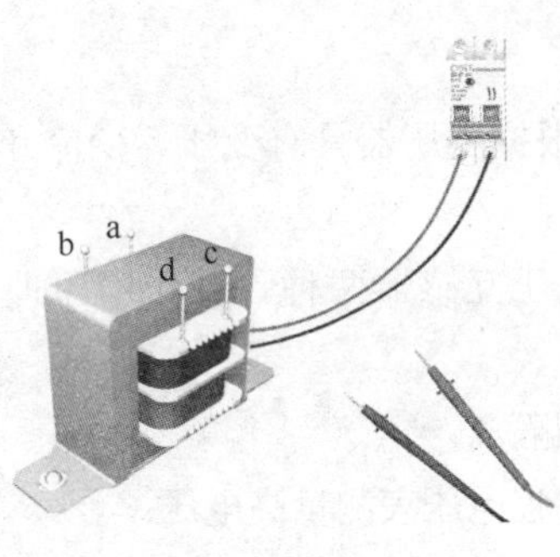

图3　测绕组

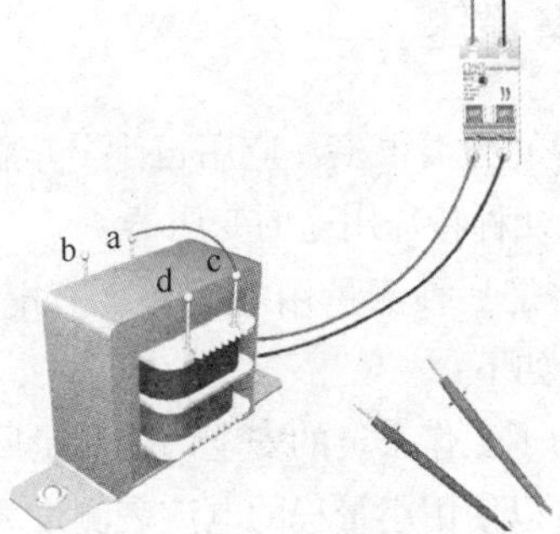

图4　测极性端

5．成果展示与总结

项目 13　特殊用途变压器的运行与应用

知识目标

1. 掌握电压、电流互感器的原理；
2. 理解变压器的空载与负载运行；
3. 掌握自耦变压器的原理。

能力目标

1. 能够正确选择仪用互感器；
2. 能够正确使用自耦变压器；
3. 能够正确使用仪用互感器。

任务 13.1　仪用互感器的运行与应用

任务描述

变压器的种类很多，应用也十分广泛，本节主要根据变压器具有变压、变流和变阻抗的性质，来讨论几种特殊用途的变压器。

互感器是一种测量用电设备，有电流互感器和电压互感器两种。其作用原理和变压器相同。其作用如下：

（1）为了工作人员的安全，使测量回路与高压电网隔离；

（2）可以使用小量程的电流表测量大电流，用低量程电压表测量高电压；

（3）用于各种继电保护装置的测量系统。通常，电流互感器的二次侧额定电流为 5 A 或 1 A，电压互感器的二次侧额定电压为 100 V。

通过本任务的学习，学习者应掌握电压互感器、电流互感器的使用注意事项与接线方法。

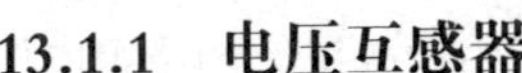

13.1.1　电压互感器

1．变压器的空载运行与电压变换

变压器的空载运行是指给变压器的一次侧绕组施加正弦交流额定电压，二次侧绕组开路的运行状态，如图 13-1 所示。

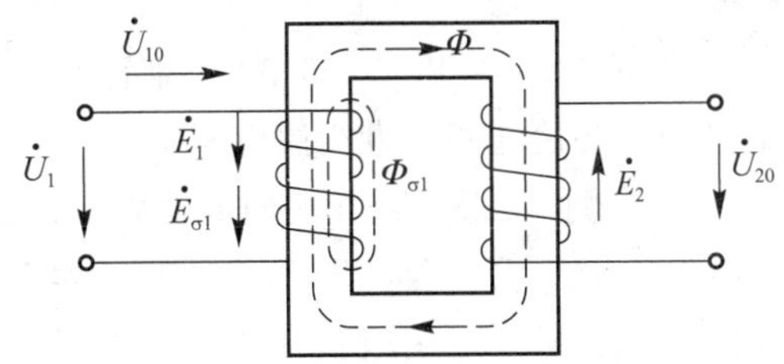

图 13-1　变压器的空载运行

（1）变压器中各量参考方向的规定。由于变压器中电压、电流、磁通及电动势的大小和方向都是随时间做周期性变化的，因此它们的参考方向原则上是可以任意规定的。为了能正确表明各量之间的关系，必须首先规定它们的参考方向，或称为正方向。

为了统一，习惯上都按照“电工惯例”来规定参考方向，具体如下：

①同一支路中，电压 U 的参考方向与电流 I 的参考方向一致。

②由电流 I 产生的磁动势所建立的磁通 Φ 与电流 I 的参考方向符合右手螺旋定则。

③由磁通 Φ 产生的感应电动势 E 的参考方向与产生磁通 Φ 的电流 I 的参考方向一致。

（2）空载运行时各电磁量之间的关系。由图 13-1 不难看出，变压器空载运行时，由于二次侧电流等于零，变压器铁芯中的磁通都是由一次侧绕组电流 $\dot{I}_{10}$ 产生的。通常，将变压器空载电流 $\dot{I}_{10}$ 称为励磁电流，$\dot{I}_{10}N_1$ 称为励磁磁动势。

由 $i_{10}N_1$ 产生的磁通可分为主磁通 Φ 和漏磁通 $\Phi_{\sigma1}$ 两部分。主磁通经铁芯形成闭合回路，因此，它同时穿过一次侧、二次侧绕组；漏磁通除经过部分铁芯外，还要经过空气而形成闭合回路，因此，它仅穿过一次侧绕组。由于铁芯是由铁磁材料构成的，磁阻甚小，所以在数量上，漏磁通要比主磁通小得多。

根据电磁感应原理，主磁通 Φ 在一次侧、二次侧绕组中感应出感应电动势 $\dot{E}_1$、$\dot{E}_2$，漏磁通 $\Phi_{\sigma1}$ 只在一次侧绕组中感应漏电动势 $\dot{E}_{\sigma1}$，另外，空载电流 $\dot{I}_{10}$ 流过一次绕组的电阻 r_1 还会产生电阻压降 $\dot{I}_{10}r_1$。上述过程的电磁关系可用图 13-2 表示。

$$\dot{U}_1 \Rightarrow \dot{I}_{10} \Rightarrow \dot{F}_{10}=\dot{I}_{10}N_1 \Rightarrow \begin{cases} \dot{\Phi}_0 \Rightarrow \begin{cases}\dot{E}_1\\ \dot{E}_2\end{cases} \\ \dot{\Phi}_{\sigma1} \Rightarrow \dot{E}_{\sigma1} \end{cases}$$

$$\dot{I}_{10} \Rightarrow \dot{I}_{10}r_1$$

图 13-2　各量的参考方向

如上所述，一次侧绕组电压平衡方程为

$$\dot{U}_1=\dot{I}_{10}R_1-\dot{E}_1-\dot{E}_{\sigma1} \tag{13-1}$$

式（13-1）中，若略去漏磁通的影响，不考虑绕组上电阻的压降，则可认为一次侧绕组上的电动势近似等于电源电压，则

$$\dot{U}_1\approx-\dot{E}_1 \tag{13-2}$$

在二次侧绕组，由于 $\dot{I}_2=0$，而感应电动势 $\dot{E}_2$ 也是由主磁通 Φ 产生，故二次侧绕组电压平衡方程式为

$$\dot{U}_{20}\approx -\dot{E}_2 \tag{13-3}$$

由式（13-1）和式（13-3）不难看出，虽然二次侧绕组与一次侧绕组没有直接电路上的联系，却能通过主磁通 Φ 而获得感应电压。

一次侧、二次侧绕组感应电动势有效值分别为

$$E_1=4.44fN_1\Phi_m \qquad E_2=4.44fN_2\Phi_m \tag{13-4}$$

式中 N_1，N_2——一次侧、二次侧绕组的匝数；

f——电源频率；

Φ_m——主磁通的最大值。

一次侧、二次侧绕组感应电动势有效值之比为

$$\frac{E_1}{E_2}=\frac{44.4fN_1\Phi_m}{44.4fN_1\Phi_m}=\frac{N_1}{N_2}=K \tag{13-5}$$

式中，$K=N_1/N_2$ 称为变压器的匝数比。显然，一次侧、二次侧绕组的感应电动势之比等于绕组的匝数比。

考虑到式（13-2）和式（13-3）的关系，则

$$\frac{U_1}{U_{20}}\approx\frac{E_1}{E_2}=\frac{N_1}{N_2}=K \tag{13-6}$$

式（13-6）表明，一次侧绕组电压与二次侧绕组开路电压之比等于变压器的匝数比。当一次侧、二次侧绕组匝数不同时，变压器就可以将某一数值的交流电压变换为同频率的另一数值的电压，这就是变压器的电压变换作用。当一次侧绕组匝数 N_1 大于二次侧绕组匝数 N_2 时，$K>1$，这种变压器称为降压变压器；反之，若 $N_1<N_2$，$K<1$，则为升压变压器。

2．变压器的应用——电压互感器

在高铁上，电压互感器与一个受电弓连接，用于测量和监视电网接触线的电压，它有两个次级绕组，把电压信号送到各个牵引变流器，互感器位于受电弓与主断路器之间。

电压互感器可用于扩大交流电压表的量程，其实质上相当于一台空载运行的变比较大降压变压器。使用时，电压互感器的一次侧绕组匝数很多，并联于待测电路两端；二次侧绕组匝数较少，与电压表及电能表、功率表、继电器的电压线圈并联，如图 13-3 所示。

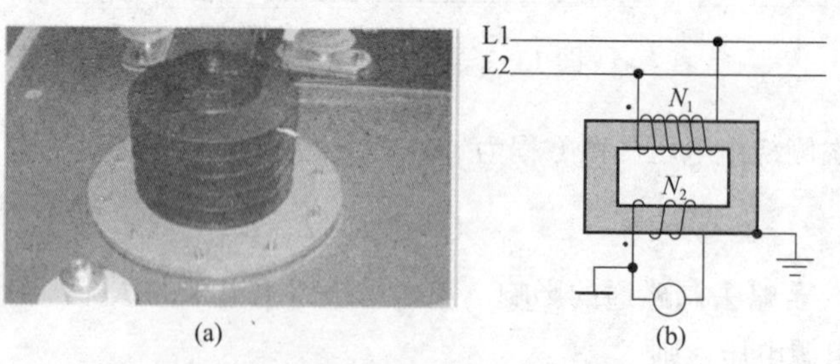

图 13-3　电压互感器

（a）实物图；（b）原理

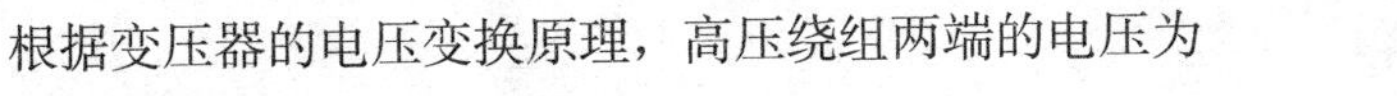

根据变压器的电压变换原理，高压绕组两端的电压为

$$U_1=K_uU_2 \tag{13-7}$$

式中　K_u——电压互感器的变压比，是常数。

由式（13-7）可见，高压线路的电压等于二次侧所测得的电压与变压比的乘积。当电压表与一只专用的电压互感器配套使用时，电压表的刻度就可按电压互感器高压侧的电压标出，这样就可不必经过换算，而直接从该电压表上读出高压线路的电压值。电压互感器属于仪用互感器的一种，其优点如下：

（1）使测量仪表与高压电路分开，以保证工作安全。

（2）扩大测量仪表的量程。

使用时，应注意以下几个方面：

（1）电压互感器的二次侧不允许短路。因为一旦发生短路，二次侧将产生一个很大的电流，导致一次侧电流随之激增，由此将烧坏互感器的绕组。

（2）电压互感器的二次侧应当可靠接地。

（3）电压互感器的二次侧阻抗不得小于规定值，以减小误差。

通常，电压互感器二次侧绕组的额定电压均设计为同一标准值 100 V，如果电压表与电压互感器配套，则电压表指示的数值已按变压比被放大，可直接读取被测电压数值。电压互感器的额定电压等级有 3 000 V/100 V、1 000 V/100 V、600 V/100 V 等。

13.1.2　电流互感器

1．变压器的负载运行与电流变换

变压器一次侧接在额定频率、额定电压的交流电源上，二次侧接上负载的运行状态，称为负载运行，如图 13-4 所示。

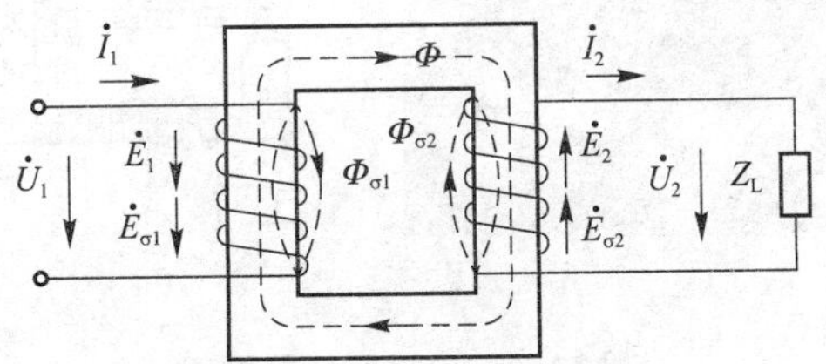

图 13-4　变压器负载运行原理

变压器负载运行时，二次侧绕组电流 $\dot{I}$ 产生磁动势 $\dot{I}_2N_2$，并在铁芯中产生生磁通，这时，变压器铁芯中的主磁通是由一次侧、二次侧绕组的磁动势共同产生的。显然，$\dot{I}_2N_2$的出现将有改变铁芯原有主磁通的趋势。但是，如果从空载运行到负载运行，施加在变压器一次侧绕组的电源电压 $\dot{U}_1$不变，则铁芯中主磁通 Φ 基本上也保持不变，因而，一次侧绕组的电流将由空载运行时的电流 $\dot{I}_{10}$变化为负载运行时的电流 $\dot{I}_1$，以满足下列关系式：

$$\dot{I}_1N_1+\dot{I}_2N_2=\dot{I}_{10}N_1 \tag{13-8}$$

这是变压器负载运行时的磁动势平衡方程式。

由于空载电流相比之下很小，一般不到变压器额定电流的 10%。所以，在额定运行情况

下，忽略空载磁动势 $\dot{I}_{10}N_1$，可得

$$\dot{I}_1N_1 \approx -\dot{I}_2N_2 \tag{13-9}$$

可见变压器负载运行时，一次侧、二次侧绕组的磁动势方向相反，即二次侧电流 $\dot{I}_2$ 对一次侧电流 $\dot{I}_1$ 产生的磁通有去磁作用。因此，当负载阻抗减小、二次侧电流 I_2 增大时，铁芯中的磁通 Φ 将减小，于是一次侧电流 I_2 必然增加，以保持磁通基本不变，所以，二次侧电流变化时，一次侧电流也会相应变化。

由式（13-9）可得，一次侧、二次侧电流的有效值关系为

$$\frac{I_1}{I_2} \approx \frac{N_2}{N_1} = \frac{1}{K} \tag{13-10}$$

由式（13-10）可见，当变压器额定运行时，一次侧、二次侧的电流之比近似等于其匝数比的倒数。改变一次侧、二次侧绕组的匝数，可以改变一次侧、二次侧绕组电流的比值，这就是变压器的电流变换作用。

2．变压器的应用——电流互感器

电流互感器常用来将交流电路中的大电流转换为一定比例的小电流（我国标准为 5 A），以供测量和继电保护之用。

图 13-5 所示为电流互感器。电流互感器的一次侧绕组线径较粗、匝数少，与待测电路负载串联；二次侧绕组线径细且匝数多，与电流表及电能表、功率表、继电器的电流线圈串联。

由于电流互感器二次侧所接仪表的阻抗很小，运行时二次侧相当于短路，因此电流互感器实际运行时相当于一台二次侧短路的升压变压器。

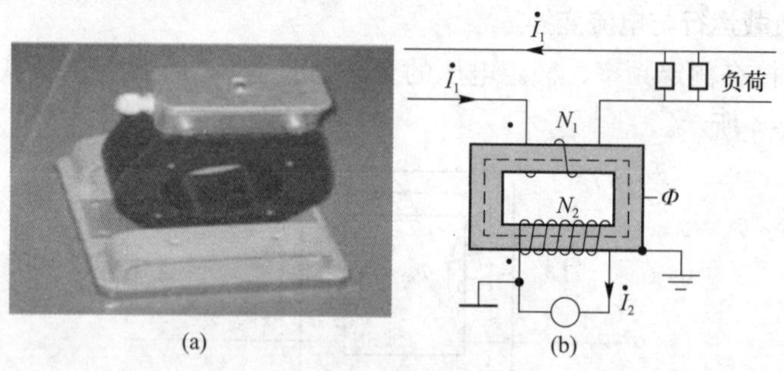

图 13-5　电流互感器原理

（a）实物图；（b）接线图

为了减小测量误差，电流互感器铁芯中的磁通密度一般设计得较低，所以励磁电流很小。若忽略励磁电流，由磁动势平衡关系可得

$$\frac{I_1}{I_2} \approx \frac{N_2}{N_1} = K_i \tag{13-11}$$

即

$$I_1 = K_iI_2 \tag{13-12}$$

式中　K_i——电流互感器的变流比，是常数。

由此可见，通过负载的电流就等于二次侧线圈所测得的电流与变流比的乘积。如果电流表同一只专用的电流互感器配套使用，则电流表的刻度就可按大电流电路中的电流值标出。电流

互感器次级电流最大值，通常设计为标准值 5 A。不同电流的电路所配用的电流互感器是不同的，其变比有 10 A/5 A、20 A/5 A、30 A/5 A、40 A/5 A、50 A/5 A 等。

使用电流互感器时须注意以下事项：

（1）二次绕组绝对不允许开路。若二次侧开路，电流互感器将空载运行，此时被测线路的大电流将全部成为励磁电流，铁芯中的磁通密度就会猛增，磁路严重饱和，一方面造成铁芯过热而烧坏绕组绝缘；另一方面二次侧绕组将会感应很高的电压，可能击穿绝缘，危及仪表及操作人员的安全。

（2）二次侧绕组及铁芯应可靠接地。

（3）二次侧所接电流表的内阻抗必须很小，否则会影响测量精度。

任务 13.2 自耦变压器的运行与应用

任务描述

自耦变压器作为交流电动机的降压启动设备和实验室的调压设备，在电力系统中被广泛应用。在对自耦变压器原理学习的基础上，完成自耦变压器的测量与认识。

13.2.1 自耦变压器的结构特点

自有变压器的结构特点是一次侧、二次侧绕组共用一部分绕组，因此，其一次侧、二次侧绕组之间既有磁的耦合，又有电的联系。自耦变压器一次侧、二次侧共用的这部分绕组称为公共绕组；其余部分绕组称为串联绕组。自耦变压器有单相和三相之分。单向自耦变压器的接线原理如图 13-6 所示。

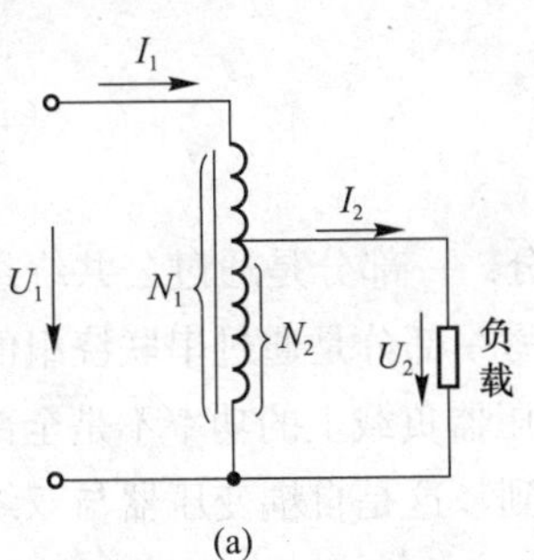

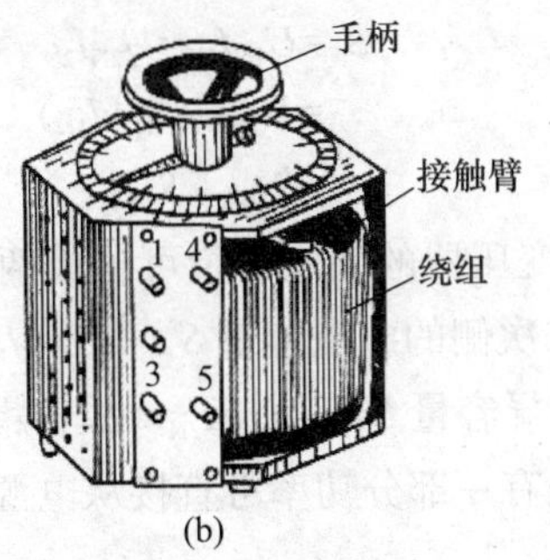

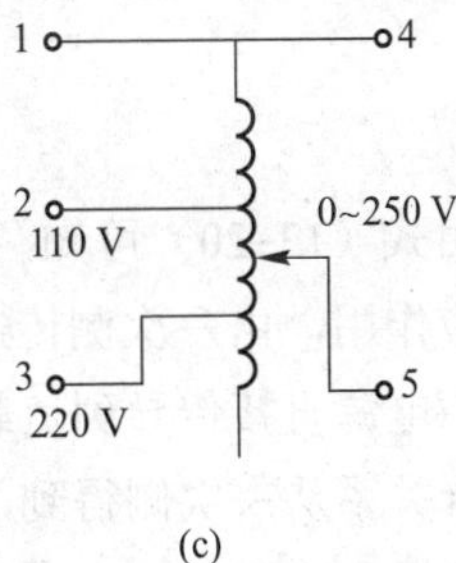

图 13-6 自耦变压器

（a）原理图；（b）外形；（c）实际电路

13.2.2　自耦变压器的工作原理

自耦变压器也是利用电磁感应原理工作的。因此，自耦变压器与双绕组变压器有着同样的电磁平衡关系。

（1）电压比关系。

$$\frac{U_1}{U_2}=\frac{N_1}{N_2}=k \tag{13-13}$$

（2）电流关系。从图 13-6 中可知，其磁动势平衡关系式为

$$\dot{I}\ (N_1-N_2)+(\dot{I}_1+\dot{I}_2)\ N_2=\dot{I}_0N_1 \tag{13-14}$$

若忽略励磁电流，则

$$\dot{I}N_1+\dot{I}_2N_2=0$$

即

$$\dot{I}_1=-\frac{N_2}{N_1}\dot{I}_2=-\frac{i_2}{k_a} \tag{13-15}$$

由图 13-6 可知公共绕组的电流为

$$\dot{I}=\dot{I}_1+\dot{I}_2=\left(1-\frac{1}{ka}\right)\dot{I}_2 \tag{13-16}$$

由式（13-16）可知，$\dot{I}_1$ 与 $\dot{I}_2$ 相位相反，因此可得以下有效值关系：

$$I=I_2-I_1 \tag{13-17}$$

（3）容量关系。对普通双绕组变压器而言，其功率全部是通过一次侧、二次侧绕组之间的电磁感应关系从一次侧传递到二次侧的，因此，变压器的容量就等于一次侧绕组或二次侧绕组容量。但对于自耦变压器，铭牌容量和绕组的额定容量却不相等。

自耦变压器的额定容量为

$$S_N=U_{1N}I_{1N}=U_{2N}I_{2N} \tag{13-18}$$

根据式（13-17）可得

$$I_{2N}=I_N+I_{1N} \tag{13-19}$$

将式（13-19）代入式（13-18）可得

$$\begin{aligned}S_N&=U_{1N}I_{1N}=U_{2N}I_{2N}\\&=U_{2N}\ (U_N+I_{1N})\\&=S_{感应}+S_{传导}\end{aligned} \tag{13-20}$$

由式（13-20）可知，自耦变压器的额定容量可分成两部分：一部分是通过公共绕组的电磁感应作用，由一次侧传递到二次侧的电磁容量 $S_{感应}=U_{2N}I_N$；另一部分是通过串联绕组的电流 I_{1N}，由电源直接传导到负载的传导容量 $S_{传导}=U_{2N}I_{1N}$，故自耦变压器负载上的功率不是全部通过磁耦合关系从一次侧得到，而是有一部分功率可直接从电源得到，这是自耦变压器与双绕组变压器的根本区别。

由以上分析可知，额定运行时，自耦变压器的绕组容量小于自耦变压器的额定容量。

（4）自耦变压器的特点。与额定容量相同的双绕组变压器相比，自耦变压器的主要优点如下：

①自耦变压器绕组容量小于额定容量，故在同样的额定容量下，自耦变压器的主要尺寸小，有效材料（硅钢片和铜线）和结构材料（铜材）都比较节省，从而降低了成本。

②因为耗材少，使得铜损耗和铁损耗也相应减少，因此自耦变压器的效率高。

③由于自耦变压器的尺寸小，质量减轻，因此便于运输和安装，且占地面积小。

自耦变压器的主要缺点如下：

①由于自耦变压器一次侧、二次侧绕组间有电的直接联系，因此要求变压器内部绝缘和过电压保护都必须加强，以防止一次侧的过电压传递到二次侧。

②与相应的普通双绕组变压器相比，自耦变压器的短路阻抗标准值较小，因此短路电流较大。

③为防止一次侧发生单相接地时引起二次侧非接地相对电压升得较高，造成对地绝缘击穿，自耦变压器中性点必须可靠接地。

目前，在高电压大容量的输电系统中，三相自耦变压器主要用来连接两个电压等级相近的电力网，做联络变压器之用。在工厂里，三相自耦变压器可用作异步电动机的启动补偿器；在实验室中，自耦变压器二次侧绕组的引出线做成可在绕组上滑动的形式，以便调节二次侧电压，这种自耦变压器称作自耦调压器。

项目13任务书

项目编号	13	项目名称	特殊用途变压器的运行与应用

任务描述：

变压器的种类很多，应用也十分广泛，本任务主要根据变压器具有变压、变流和变阻抗的性质，来讨论几种特殊用途的变压器。

互感器是一种测量用电设备，有电流互感器和电压互感器两种。其作用原理和变压器相同。其作用如下：

（1）为了工作人员的安全，使测量回路与高压电网隔离；

（2）可以使用小量程的电流表测量大电流，用低量程电压表测量高电压；

（3）用于各种继电保护装置的测量系统。通常，电流互感器的二次侧额定电流为5 A或1 A，电压互感器的二次侧额定电压为100 V。

通过本任务的学习，学习者应掌握电压互感器、电流互感器的使用注意事项与接线方法。

学习目标

☆**知识目标：**

1. 掌握电压、电流互感器的原理及特点；
2. 理解变压器的空载与负载运行；
3. 掌握自耦变压器的原理及特点；
4. 了解其他常用变压器的特点、原理和用途。

☆**技能目标：**

1. 能够正确使用自耦变压器；
2. 能够正确使用仪用互感器；
3. 能够正确选择仪用互感器。

☆**情感目标：**

1. 培养学生理论联系实际的良好学习习惯；
2. 激发浓厚的学习兴趣，培养严谨的学习态度；
3. 培养良好的职业道德。

知识学习

1．学习电压互感器

引导性问题

（1）变压器的空载运行是指给变压器的一次侧绕组施加__________，二次侧绕组__________的运行状态。

（2）一次侧绕组电压与二次侧绕组开路电压之比等于变压器的__________比。

（3）当一次侧、二次侧绕组匝数不同时，变压器就可以把某一数值的交流电压变换为同频率的另一数值的电压，这就是变压器的__________作用。

（4）当一次侧绕组匝数N_1大于二次侧绕组匝数N_2时，$K>1$，这种变压器称为__________变压器；反之，若$N_1<N_2$，$K<1$，则为__________变压器。

（5）电压互感器可用于扩大交流__________表的量程，其实质上相当于一台空载运行的变比较大__________变压器。

（6）电压互感器的作用是：使__________，以保证工作安全；扩大测量仪表的__________。

（7）电压互感器使用时应注意：电压互感器的二次侧不允许__________；电压互感器的二次侧应当__________；电压互感器的二次侧阻抗不得__________规定值，以减小误差。

续表

2．学习电流互感器

引导性问题

（1）变压器一次侧接在额定频率、额定电压的____________上，二次侧接上____________的运行状态，称为负载运行。

（2）变压器额定运行时，一次侧、二次侧的电流之比近似等于其____________。即改变一次侧、二次侧绕组的匝数，就可以改变一次侧、二次侧绕组____________，这就是变压器的作用。

（3）电流互感器的一次侧绕组线径较____________、匝数少，与待测电路负载____________联；二次侧绕组线径____________且匝数多，与电流表及电能表、功率表、继电器的电流线圈串联。

（4）由于电流互感器二次侧所接仪表的阻抗很小，运行时二次侧相当于短路，因此电流互感器实际运行时相当于一台二次侧短路的____________变压器。

（5）使用电流互感器时须注意：二次侧绕组绝对不允许____________；二次侧绕组及铁芯应可靠____________；二次侧所接电流表的内阻抗必须____________，否则会影响测量精度。

3．学习自耦变压器

引导性问题

（1）自耦变压器的结构特点是一次侧、二次侧绕组____________，因此其一次侧、二次侧绕组之间既有____________，又有____________。自耦变压器一次侧、二次侧共用的这部分绕组称为____________，其余部分绕组称为____________绕组。

（2）为防止一次侧发生单相接地时引起二次侧非接地相对电压升得较高，造成对地绝缘击穿，自耦变压器中性点必须____________。

项目 13 工作单

<table>
<tr><td>项目编号</td><td>13</td><td>项目名称</td><td colspan="2">特殊用途变压器的运行与应用</td><td>成绩</td><td></td></tr>
<tr><td>班级</td><td></td><td>小组</td><td colspan="2"></td><td>日期</td><td></td></tr>
<tr><td>小组成员</td><td colspan="6"></td></tr>
</table>

1. 认一认

识别图 1 所示的电器元件，并写出名称。

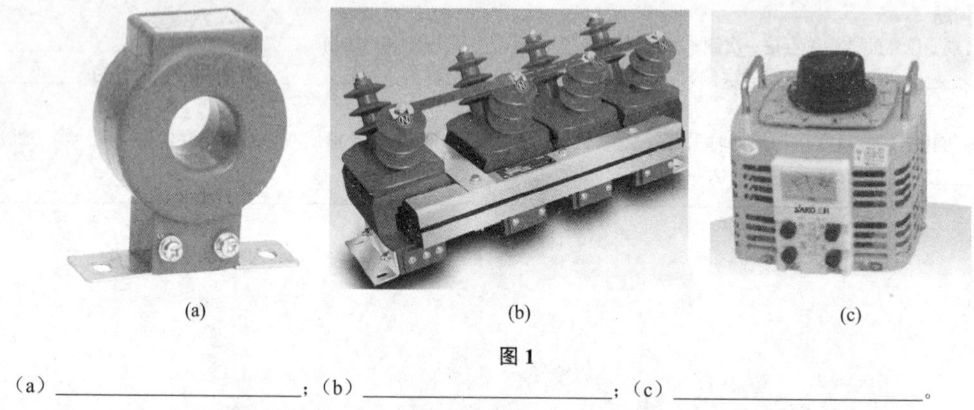

(a) (b) (c)

图 1

（a）____________；（b）____________；（c）____________。

2. 选一选

10 kV 车间变电所内需要安装一块三相三线制电能表计量车间用电量，电表精度等级为 0.5 级，额定电压为 100 V，额定电流为 5 A，电能表悬挂安装在变电所内高压配电柜内，出现柜额定电流为 2 000 A，根据要求设计电能表接线原理图，并按图纸要求安装与接线。

（1）互感器选择。

（2）设计接线原理图。

续表

3．测一测

在教师指导下使用自有变压器进行输出电压测量，并将测量数值填入表1中。

自耦变压器型号：____________；额定容量：____________；

输入电压：____________；输出电压范围：____________。

表1　电压测量数值

序号	调节操作记录	测量数据
1		
2		
3		
4		
5		

4．成果展示与总结

参考文献

[1] 张晓娟，李俊涛. 电动机拖动与控制［M］. 北京：北京理工大学出版社，2016.
[2] 张晓娟. 工厂电气控制设备［M］.2 版. 北京：电子工业出版社，2012.
[3] 张晓娟，王晓晶. 电动机及拖动基础［M］.2 版. 北京：科学出版社，2014.
[4] 徐建俊，居海清. 电动机拖动与控制［M］. 北京：高等教育出版社，2015.
[5] 谢家的，祁冠峰. 电力机车电器［M］. 北京：中国铁道出版社，2008.
[6] 陈廷凤，龙明贵，王慧，等. 城市轨道交通车辆电器[M]. 成都：西南交通大学出版社，2010.
[7] 华平，唐春林. 城市轨道交通车辆电气控制［M］. 北京：机械工业出版社，2016.